检察新探索丛书

海南省哲学社会科学2009年规划课题（HNSK09－18）

中国特色社会主义
农村检察制度研究

马勇霞／著

ZHONGGUO TESE SHEHUIZHUYI
NONGCUN JIANCHA ZHIDU YANJIU

中国检察出版社

图书在版编目（CIP）数据

中国特色社会主义农村检察制度研究/马勇霞著. —北京：中国检察
出版社，2014.10
（检察新探索丛书）
ISBN 978 - 7 - 5102 - 1239 - 0

Ⅰ.①中…　Ⅱ.①马…　Ⅲ.①检察机关 – 司法制度 – 研究 – 中国
Ⅳ.①D926.3

中国版本图书馆 CIP 数据核字（2014）第 154568 号

中国特色社会主义农村检察制度研究

马勇霞　著

出版发行：中国检察出版社
社　　址：北京市石景山区香山南路 111 号　（100144）
网　　址：中国检察出版社（www.zgjccbs.com）
编辑电话：(010) 68650028
发行电话：(010) 68650015　68650016　68650029　68686531
经　　销：新华书店
印　　刷：三河市西华印务有限公司
开　　本：720 mm×960 mm　16 开
印　　张：14.25 印张
字　　数：259 千字
版　　次：2014 年 10 月第一版　　2014 年 10 月第一次印刷
书　　号：ISBN 978 - 7 - 5102 - 1239 - 0
定　　价：40.00 元

目　　录

第一章 导 论

第一节 农村检察制度研究的必要性、目的及现状

一、农村检察制度研究的必要性

我国是一个农业大国，13.39 亿人口中约有 6.7 亿人生活在农村，① 农业、农村、农民问题始终是中国革命和建设的根本性问题，关系到我国改革开放和社会主义现代化建设的进程。邓小平同志在 20 世纪 80 年代指出："中国有百分之八十的人口住在农村，中国稳定不稳定首先要看这百分之八十稳定不稳定。城市搞得再漂亮，没有农村这一稳定的基础是不行的。"②近代中国的发展进程表明，"19 世纪以来发展中国家的大量事实证明，农村的兴衰治乱是一个国家稳定与否的基石和标志。国家的乱始于农村，农村的治必然带来国家的兴盛与安定，这几乎是发展中国家的政治发展的普遍规律。"③ 塞缪尔·亨廷顿指出："在发展中国家中，得农村者得天下，农村的作用是个变数，它是不稳定的根源，就是革命的根源；农民的作用非常重要，如果农民默许并认同现存的制度，他们就为该制度提供了一个稳定的基础，如果他们积极地反对这个制度，他们就会成为革命的载体。"④ 可见，思考和研究当代中国的一切重大问题，都绕不开"三农"问题，否则就不能真正理解和掌握中国问题的实质所在。

改革开放以来，我国农业和农村经济发生了翻天覆地的变化。农业产量稳步增加，粮食等主要农产品产量以及人均占有量均大幅度增加，如 2007 年我

---

① 《2010 年第六次全国人口普查主要数据公报（第 1 号）》，参见 http：//politics. people. com. cn/GB/1026/14506836. html，访问时间：2011 年 5 月 2 日。

② 《邓小平选集》第 3 卷，人民出版社 1993 年版，第 65 页。

③ 张厚安、徐勇：《中国农村政治稳定与发展》，武汉出版社 1995 年版，第 12 页。

④ ［美］塞缪尔·亨廷顿：《变革社会的政治秩序》，李盛平等译，华夏出版社 1988 年版，第 267 页。

国粮食总产量达到 50160 万吨，比 1978 年增加近 20000 万吨，增长 65%；农村基础设施建设明显加强，生产条件大大改善，农业机械化水平逐年提高；农村居民生活水平和质量实现了跨越式提高，1978—2007 年，农民人均纯收入由 134 元提高到 4140 元，扣除物价因素，平均每年增长 7.1%。农业和农村经济的快速发展，不仅解决了 13 亿中国人的吃饭问题，而且对世界农业也作出了积极贡献，取得的辉煌成就举世瞩目。进入新世纪新阶段，党中央、国务院坚持"多予、少取、放活"的方针，不断加强支农、惠农政策，在全国彻底取消农业税和农业特产税，终结了延续 2600 多年的农民种田交税的历史，对种粮农民进行补贴，对主要粮食品种实行保护价收购政策，农业生产持续稳步增长。党的十七届三中全会通过了《中共中央关于推进农村改革发展若干重大问题的决定》，明确了今后一个时期推进农村改革发展的指导思想、目标任务、重大原则和政策措施，为我国农村改革发展指明了方向。我国农村改革发展正处于新的历史阶段。

在我国农村经济社会快速发展的同时，我国乡村治理结构也发生了巨大变化。由于"治理"概念的多样性，在此有必要对"治理"的概念进行界定。按照全球治理委员会的《我们的全球伙伴关系》的解释："治理是各种公共的或私人的个人和机构管理其共同事物的诸多方式的总和，它是使相互冲突的或不同的利益得以调和并且采取联合行动的持续的过程。"① 有学者认为，乡村治理的含义包含着国家权力和农村社区公共权力在乡村地域中的配置、运作、互动及其变化。② 有学者认为，在乡村治理体系中，多种主体相互依存，通过"参与"、"谈判"和"协调"等合作的方式来解决冲突，实现良好、和谐的秩序。③ 学术界关于乡村治理的定义存在着分歧，这主要体现在对治理主体的界定上：一部分学者强调其"权威性"，认为是由政府及其他社会公共权威来完成治理过程；另一部分学者则强调其"多元性"，认为政府或者其他社会公共权威只是治理主体一个比较重要的组成部分，它们只有与其他社会力量协同才能达到乡村治理的目的。本书采用"多元性"治理主体的概念，治理是政府、社会组织等多元主体参与的协调利益、维护秩序的行为；乡村治理是乡镇党委、政府、村民自治组织等多种主体，通过参与、谈判、协调等方式解决冲突、实现社会和谐的过程。在各个历史时期，由于统治者治理乡村社会的特殊

---

① 俞可平：《治理与善治》，社会科学文献出版社 2005 年版，第 5 页。

② 吴毅、贺雪峰：《村治研究论纲——对村治作为一种研究范式的尝试性揭示》，载《华中师范大学学报》2000 年第 5 期。

③ 赵树凯：《乡镇治理与政府制度化》，商务印书馆 2010 年版。

目的和所处的具体环境不同，乡村治理的结构和运行机制势必存在差异，从而表现出时代性特色和阶段性特征，形成为不同的治理体制。乡村治理关涉到乡村权力的结构及其运行，关涉到权力与权利的配置与博弈，极大地影响着农民合法权益的维护和农村社会秩序的稳定。

1978 年以来，伴随着家庭联产承包责任制的推行，农村的经济基础和生产方式发生了变化，农民获得了生产经营自主权，解放了生产力，也使得干部靠上级任命、生产和分配以集体为单位的管理体制失去了依托。人民公社制度开始解体，村民自治在我国农村逐步兴起和发展。20 世纪 80 年代初，广西罗城、宜山一些地方农民自发组成的村委会，在组织群众发展生产、兴办公益事业、制定村规民约、维护社会治安等方面发挥了显著作用。1982 年宪法明确规定，村委会是群众性自治组织。同年，中共中央在第 36 号文件中，要求各地开展建立村委会的试点工作。1987 年，六届全国人大常委会第二十三次会议审议通过了《村委会组织法（试行）》，对村委会组织和村民自治作出了具体规定。1990 年，民政部下发了《关于在全国农村开展村民自治示范活动的通知》，民政部成为村民自治工作的主管部门。经民政部大力推动，村民自治工作在全国普遍展开。截至 1998 年年底，全国共确定村民自治示范县（市、区）488 个，示范乡镇 10754 个，示范村 20.7 万个，占村委会总数的 25%，形成省有村民自治示范县、地（市）有示范乡镇、县（市）有示范村的格局。全国农村普遍举行了两到三届村委会换届选举。1998 年 10 月，中共十五届三中全会提出要全面推进村民自治，将其确定为我国农村跨世纪发展的重要目标。1998 年 11 月 4 日，九届全国人大常委会第五次会议正式颁布了修订后的《村民委员会自治法》，为全面推进村民自治提供了法律保障。据民政部的数据，截至 2003 年，全国有 28 个省、市和自治区制定了《村民委员会组织法实施办法》，25 个省、市和自治区出台了《村民委员会选举办法》。全国有 579 个乡镇达到了民政部确立的村民自治要求的标准，80% 以上的村建立了村民会议或村民代表大会制度，制定了村规民约或村民自治章程，90% 以上的农村推行了村务公开制度。各地基层选举的民主化、规范化程度不断提高，民主管理、民主决策、民主监督制度普遍建立，村民自治的广度和深度正在不断拓展。

农村基层民主政治的全面推进和蓬勃发展，进一步释放了农村和农民的活力，促进了农村经济社会的快速发展，传统的单纯依靠行政命令、政治动员式的治理方式也逐渐发生改变，我国农村逐步形成"乡政村治"的治理模式，替代了人民公社"公社—大队—生产队"三级管理的模式。所谓的"乡政村治"，即乡镇一级作为国家在农村的基层政权，按照《中华人民共和国宪法》和《中华人民共和国村民委员会组织法》的规定，依法行政；农村村民委员会作为村民的自治组织，依法进行自治。"乡政"以国家强制力为后盾，具有行政性和集权性，是国家基层政权所在；"村治"则以村民意愿为基础，具有自治性和民主性，由村民自己处理基层社会事务。

"乡政村治"的治理模式改变了农村社会长期以来依靠行政权力对农村进行治理的状况，村不再是国家行政权力的最末梢，而是自治型组织，乡镇与村的关系由领导关系变为指导关系，乡镇政府不能再依靠行政命令对农村进行治理。在这种情况下，国家要保持和加强对农村社会的有效治理，而又不干扰、破坏农村基层民主，实现"从威权压力管制型向民主法治型"或者说"命令—服从型转向法制—遵守型"的转变，① 需要两个条件：一是农村基层民主有序推进，真正发挥自我管理、自我监督的功能；二是为整个农村社会提供行为准则的法治完善，公权力在宪法和法律的限度内运行，而不逾越权力的边界。然而，在当前我国农村治理方式的转型过程中，这两个条件都存在一定的缺陷和不足。以基层民主为例，在实践中存在着民主选举纠纷较多、民主决策尚待进一步完善、民主管理不健全、民主监督流于形式等问题。农村基层民主存在的这些问题，极大地损害了村民自治作用的发挥，甚至可能造成农村政治秩序的失序及社会生活的混乱，如在实践中大量发生的村干部贪污、挪用、侵吞支农惠农补贴、农民土地征地补偿款等职务犯罪，侵害了农民利益，引发了农民上访、群体性事件等。因此，农村基层民主仍需进一步健全完善。但是，在我国农村社会治理方式转型过程中，旧的依赖行政权力的"命令—服从型"治理方式解体，基层政权无法通过传统的行政命令方式解决这些问题，也无法依靠现有的"乡政村治"治理模式提供的解决问题的途径解决这些问题，如基层政权对村民自治的指导，村民自治本身设置的民主选举、民主管理、民主决策、民主监督程序等。因此，必须为农村基层民主引入新的治理机制或者力量。

社会主义民主需要社会主义法制的保障。社会主义法制既是社会主义民主发展的制度成果，又是推动社会主义民主健康发展的动力。因此，民主发展的过程也是法制发展的过程。② 要解决当前我国农村基层民主建设中出现的种种问题，充分发挥"乡政"与"村治"的功能，归根结底需要通过加强社会主义法制建设来解决，通过法治来规范公权力的边界，使两者在各自的权力边界内依法规范运行，建立新的基层民主政治秩序。有学者指出，我国农村基层民

---

① 李昌平：《关于新农村建设的几个问题》，载中国选举与治理网，http//www. china-elections. org/NewsInfo. asp? NewsID = 4009，访问时间：2008 年 12 月 20 日。

② 彭真：《论社会主义民主与法制建设》，中央文献出版社 1989 年版。

主发展中存在的问题关键在于法治供给不足。① 法治在农村的缺失，使得权力缺乏监督和制约。而不受监督和制约的权力，必然会造成基层政权及其组织滥用公权力，甚至走向腐败，加上农村基层民主本身存在的不足，进一步扭曲了农村基层民主应有的价值和功能，限制了"乡政村治"功能的充分发挥。

从我国农村的国家权力架构和组织形式来看，我国农村拥有完备的国家权力架构和组织。乡镇政权的结构和权力的分配基本上是比照上级政权机关设置的。乡镇政权主要包括三个部分：一是乡镇党委系统；二是乡镇政府机关，主要有：乡镇政府办公室、民政办公室、司法办公室、计划生育办公室、财政所、城镇建设所（办公室）、土地管理所（办）、农经站（办）、文教卫生办公室、教委（教育办公室）、企业办公室、统计站等；三是"七站八所"，是指县市区及上级部门在乡村的派出机构。这里的"七"和"八"都是概指。这样的机构，通常在 20 个以上，有的高达 30 多个。主要有：乡镇直属事业站（所），包括司法所、房管所、农机站、农技站、水利站、城建站、计生站、文化站、广播站、经管站、客运站等；区直部门与乡镇双层管理的站（所），包括土管所、财政所、派出所、林业站、法庭、卫生院等；还有"条条管理"的机构，包括国税分局（所）、邮政（电信）所、供电所、工商所、信用社等。乡镇站所的性质是事业单位，但实际上行使行政职能。总的来看，我国乡镇维持了一种政、经、社全能的体制，并把权力的触角延伸到了基层社会。在农村形成了上自乡镇党委书记下至"七站八所"和村干部（主要是村党支部书记）的"金字塔"型权力结构。不过，在这个完备的权力架构和组织中，权力监督制约体系存在先天不足，虽然有乡镇纪委的监督、乡镇人大的监督、上级部门的监督等，但由于最低层级的人民检察院设置在县一级城区，在乡镇缺乏检察机构，农村权力监督制约体系中唯独缺乏检察机关的法律监督，导致农村法律监督存在薄弱环节。

从村民自治组织实际运行过程来看，推行"乡政村治"后，村民委员会不再是乡镇政权的下级组织，乡镇政权缺乏有效的手段和方式监督制约村民委员会，《村民委员会自治法》规定的监督制约方式，由于立法过于模糊、缺乏操作手段等原因，同样不能有效监督制约村民委员会，农村基层组织固有的化解矛盾纠纷、调整社会关系的功能逐步弱化，造成农村社会矛盾淤积，不断上交。可以说，农村出现了两个"断层"：一是乡镇党政管理与村民自治组织"断层"。乡镇党政管理主要依靠行政指令方式运行，而村民自治组织则是农民群众自我管理、自我教育、自我服务，行使村民自治权力的组织，乡镇政权

① 赵树凯：《基层民主呼唤法治提速》，载《南方周末》2007 年 8 月 23 日。

的行政权力不能直接领导、指挥村民自治组织，村民自治组织在一定范围内享有自主权，二者在权力性质、来源和运行方式等方面存在的差异，形成了对农村基层管理监督的"断层"。二是村委会与村民小组（经济社）"断层"。村委会与村民小组（经济社）是领导与被领导关系，村民小组（经济社）区划的设立和变更由村民委员会决定，但村民小组组长，由村民小组会议推选。由于集体所有的土地、山林、水塘等财产基本上掌握在村民小组（经济社）手中，是农村真正的经济实体，导致一些村民小组组长（经济社社长）任意处置集体资产，村委会无法有效管理监督。"乡政村治"的制度设计方向是正确的，但在实践中由于乡政与村治及村治内部"断层"的存在，影响了其效力和作用的发挥，甚至成为了许多矛盾纠纷产生的根源。因此，如何加强对乡镇政权及村民委员会的监督制约，促使其发挥应有的作用是迫切需要解决的重要问题，这关系到农村社会的长治久安与和谐稳定。

作为国家的法律监督机关，切实履行好法律监督职能是宪法和法律赋予检察机关的重要职责。在贯彻落实党的十七届三中全会精神过程中，全国检察机关积极作为，在法律监督的职责范围内，结合各地实际，推出了一系列旨在加强农村检察工作，维护农民权益，促进农村和谐稳定的新举措新方式，有效地加强了对农村公权力的监督制约，促使农村公权力依法规范运行，在维护农村社会稳定、促进基层政权及组织人员依法用权等方面，取得了很好的效果。如2008年以来，海南省检察机关全面推进基层检察工作重心下移、检力下沉、设置派驻乡镇检察室工作，通过在广大农村设置派驻乡镇检察室，改变了基层检察机关在农村没有"腿"的状况，使法律监督的触角更好地延伸到广大农村，这一创新之举得到了最高人民检察院、全省各级党委、政府和广大人民群众的充分肯定。与此同时，各省检察机关也推出了诸如派驻社区检察室、检察工作站等形式多样的农村检察工作组织形式，极大地丰富和推动了农村检察工作。

值得指出的是，我国人民检察制度从1931年创立至今，在80多年的历史中，经历过土地革命战争、抗日战争和解放战争、新中国成立初期和恢复重建等不同历史时期，既留下了诸如工农通讯员、检察通讯员、检察联络员、派驻企业、行业检察室等涉农检察工作组织形式，也积累了走群众路线、依靠广大人民群众执法办案的宝贵经验，还有对检察机关是否要设立基层工作力量的讨论。这些工作理念、组织形式和执法办案的经验，是中国检察制度史和思想史的宝贵财富，有许多工作方式、组织形式依然处在检察机关今天的探索中。如何看待、总结、反思和借鉴这些工作方法和制度，是值得认真思考的问题。因此，有必要对人民检察制度创立以来，检察机关开展农村检察工作的途径和方式进行适当的总结、归纳和提炼，从人民检察制度的历史和现实中，总结和探索出一条适合我国当前农村实际情况、能够解决农村突出涉检问题的农村检察工作道路，促进我国农村检察工作的创新发展，更好地服务社会主义新农村建设。为了更加清晰、完整地总结归纳出我国农村检察工作的全貌，更加准确地认识我国农村检察工作的意义和价值，本书用"农村检察制度"一词来概括人民检察制度诞生以来涉及农村检察工作的工作思路、工作方式方法、组织机构、管理方式等一系列制度。

农村检察制度，是"农村"和"检察制度"两个概念的组合，可以从语言逻辑演绎出农村检察制度的基本概念。首先，要清楚地界定农村检察制度，必须掌握"农村"的含义。"农村"是一个使用非常广泛的词语，但是在当今快速发展的中国社会，经济社会结构迅速变化，"农村"一词的含义也在一直变化，学术界和实务界都没有统一的界定，缺乏一致的认识。有的将"农村"泛指为"村"，有的将"农村"界定为"乡"和"村"，还有的认为"农村"包括"乡"、"镇"和"村"。本书倾向于将"农村"界定为包括"乡"、"镇"和"村"的组合，理由是，镇的发展水平、商业化水平虽然高于村庄，但是与城市在生活方式、人员构成、功能作用等方面有重大区别，无论从地域隶属、社会分层上，还是从生活习惯等方面，都应属于农村系列。当然，由于我国经济社会发展不平衡，在南方沿海地区，有一些镇的城市化水平相当高，但这仅仅是中国改革开放过程中的特例，广大中西部地区的乡镇依然停留在较为落后的状态中。检察制度是国家制度的重要组成部分，是通过国家的宪法和法律加以规定的关于检察机关的性质、任务、机构、职能、工作程序与活动原则等一系列法律规范的总和。农村检察制度，就是指关于农村检察机构的性质、任务、职能、工作程序与活动原则的一系列法律规范，具体而言是指以广大农村和农民为主要服务对象、以行使法律监督权为核心和主要内容，旨在监督制约农村权力、维护农民合法权益的检察工作理念、组织形式、方式方法等法律规范的综合。农村检察制度，来源于中国共产党在长期的革命和建设中对农村工作的重视，来源于中国特色社会主义检察制度的实践，是人民检察制度在长期的实践中产生和形成的，其本身就是中国特色社会主义检察制度的特色的具体体现。就世界检察制度而言，没有哪个国家的检察制度专门形成了一套完整的适用农村、服务广大农民、体现农村特点的检察工作制度，因此，在这个层面上，"农村检察制度"又可称为"中国特色社会主义农村检察制度"。为了表述方便，本书除标题和目录外，都将"中国特色社会主义农村检察制度"简称为"农村检察制度"。

二、农村检察制度研究的目的

"研究"是人们的一种主动的、有目的的活动，目的是描述、解释和预测自然与社会现象，或者说研究是为了回答"什么样"、"为什么"及"会怎样"等问题。有学者将人们进行社会科学研究归纳为"探索、描述和解释"。一是探索性研究。探索性研究就是对某种社会现象作一个初步的、粗略的了解。虽然这种研究不可能圆满地回答所研究的问题，但有利于我们拓展新的研究领域、提出新的观点，并为探寻正确的答案提供有效的研究方法。这类研究的目的是：满足研究者的好奇心和对某种事物想更加了解的欲望；探讨对某议题进行细致研究的可行性；发现后续研究中需要使用的方法。二是描述性研究。"描述性研究是用精确的测量并报告研究总体或现象的特征"，回答"是什么"的问题。调查研究就是我们最为熟悉、最为常用的描述性研究。三是解释性研究。解释性研究是探讨研究并报告研究对象各层面之间的关系，回答"为什么"的问题。[1]农村检察制度研究同样包含这三种目的。一是对农村检察制度的源起、发展历程、基本构成等的描述性研究，即在对中国特色社会主义检察制度发展的各个时期的检察制度进行历史考察的基础上，提炼、归纳出农村检察制度的基本构成、理论基础和基本原则，以廓清农村检察制度的全貌，回答农村检察制度"是什么"、"什么样"的问题。二是对农村检察制度的反思性研究，即在全面掌握农村检察制度全貌的基础上，分析和反思农村检察制度的兴衰曲折，寻找农村检察制度发展历程中兴衰的原因，回答"为什么"的问题。三是在前面研究的基础上，结合当前党和国家的政策、法律及广大农村、农民和农业遇到的问题、需求、期待等，对我国农村检察制度未来的走向、发展等进行初步的预测，回答"会怎样"的问题。

三、农村检察制度研究的现状

按照本书对农村检察制度概念的界定，目前学术界对农村检察制度的研究处于非常零散的局面，缺乏系统的、有深度的研究成果。[2] 当前，涉及农村检察制度的研究主要集中在以下几个方面：一是对农村检察工作的对策性研究。

① ［美］艾尔·巴比：《社会研究方法》，邱泽奇译，华夏出版社 2005 年版。
② 以"农村检察制度"为题名在中国知网上搜索的结果为空白，即使在百度、Google 等搜索引擎上用"农村检察制度"进行搜索得到的结果也与农村检察制度无关。

这一类研究主要针对农村存在的诸多问题，提出开展农村检察工作的建议和措施，这类研究的实用性、目的性、时效性非常强，往往针对某类突出问题提出对策、建议，实践色彩浓厚，理论性较为欠缺。如对农村职务犯罪情况的调查分析、农村刑事犯罪发案原因分析、加强农村检察工作的对策与建议，等等。二是对某一项与农村检察工作相关的制度、措施的研究。如对派驻乡镇检察室的研究、涉农检察工作方式、检察联络员、检察通讯员的研究，等等，这一类研究虽兼具理论性和实践性，但视域有限，局限性较强，不能从整体上把握农村检察工作制度的价值、意义、功能和体系，对促进中国特色社会主义检察制度的理论发展完善没有起到应有的推动作用。总的来说，这些研究具有以下不足：一是理论性不足。这些研究以对策性研究和应用为主，往往是对农村社会存在的某一具体问题提出对策建议，缺乏对与农村检察工作相关的具体措施、方针、政策、组织结构等的系统总结、归纳和提炼，停留在对策研究层面，看不到具体工作措施、制度、工作方法背后蕴藏着的理论意义和价值，无法开掘蕴含其中的、体现中国特色社会主义检察制度的特色资源。二是系统性不强。这些研究表现为论文、调研报告、专题报告等形式，没有形成系统的专门性著作，不能展现农村检察工作的全貌，不能从方向上有效地指引农村检察工作。三是从事研究的主体单一。主要由检察系统人员构成，且以基层检察官为主，这些检察官常年工作在基层，对农村情况较为熟悉，感受也最深刻，研究的动力更为直接。不过，由于长期从事检察实践工作，往往侧重于解决实践中遇到的具体问题，对研究主题的理论意义挖掘不够，大多数停留在就事论事的对策性的重复研究上。与理论研究层面上的苍白、单调不同，农村检察工作在实践层面如火如荼，不少省市检察机关都在积极探索、努力推进这一工作，并产生了许多积极的经验、做法。为何一项在实践中备受重视的制度在理论上未受到应有的关注？笔者认为，其主要原因是：

一是对中国国情的漠视。虽然说近年来我国法学界已经开始反思脱离中国国情的法学研究范式，但是这种自觉和意识还仅仅停留在反思、批判的层面，以中国本土司法实践为样本，提炼升华而成的研究成果并不多。事实上，对学者而言，"什么是中国的国情"这一简单而质朴的问题是最难回答的，因为要准确把握和认识中国国情，既需要深入细致的实证研究，又需要敏锐的学术嗅觉，以致当前很多研究并没有找到真正深入中国实际的入口和路径，以前人（包括外国汉学家）对中国社会的研究来替代当代中国的实际情况，依靠这种方式所得出的研究成果，很难对实践产生实质性的影响和触动。以对检察制度的研究为例，很少有学者对中国检察制度的实际运行状况进行客观的研究，大部分研究除了搬用欧美、日本等西方国家的检察制度和理论对我国现行检察制度进行质疑、批判外，很少深入我国检察工作实际，研究检察权的实际运行方式。由于对中国检察制度实际运作的环境并不熟悉或缺乏应有的考虑，难免削足适履。这并不是说不应该学习和借鉴西方法学理论和检察制度中有益于中国检察制度完善的做法和经验，而是主张在学习、借鉴之前，首先要对"什么是中国的国情"有清楚而准确的把握和认识，这是客观地研究、评价我国检察制度的前提和基础。

二是对中国特色社会主义检察制度的特色缺乏深刻体认。如何认识中国特色社会主义检察制度的特色是一个老生常谈的问题，也是发展、完善具有中国特色社会主义检察制度过程中不可回避的重要课题。虽然理论界和实务界对中国特色社会主义检察制度的理解各异，但基本上都集中在检察机关的一些重大基本原则上，如坚持党的领导、行使国家法律监督权等。中国特色社会主义检察制度的特色不仅是由这些重大的基本原则构成的，也是由一些具体而细微的工作制度、措施，甚至是由工作方式、方法构成的，否则，中国特色社会主义检察制度的特色就是空洞的词语堆砌，难以通过具体的检察实践来增强理论的说服力，增强社会各界对中国特色社会主义检察制度特色的认同。因此，关注中国特色社会主义检察制度更要关心具体的检察制度，考察其运作过程、效果，以小见大，进而发现和证成中国特色社会主义检察制度的特色。或许，农村检察制度就是如此，虽然是一个容易被检察理论界和实务界人士忽视的研究领域和命题，但是可以通过对其研究，寻找到一条证成中国特色社会主义检察制度的特色的现实路径。

三是以法院（审判）为中心的司法理论。长期以来，在我国的法学研究中，学者们普遍以现代西方法学特别是英美法系的司法理论为标杆来衡量和解构我国司法制度，形成一种几乎是通说的司法理论。这种理论认为，现代司法制度应以法官为中心来建构，司法过程所追求的终极目标是公正的裁判，裁判是司法活动的核心。这种司法理念将高度复杂的司法活动简单抽象为裁判的作出过程，而将民事诉讼中两造当事人的调查取证过程、刑事诉讼过程中追诉部门的侦查、审查起诉过程中被害人及其律师的防御过程边缘化。只强调作出裁判的法官在司法活动中的地位，形成了以法院（审判）为中心来构建整个司法制度的基本思路。依照这一思路的结果是忽视对检察制度的研究，反映在学术研究上，就是学术界对人民法院在农村的制度体系、运作过程、解决纠纷等方式的研究，涉及的领域和主题非常广泛，成果丰硕，且不乏精品，如朱苏力所著的《送法下乡：中国基层司法制度研究》（中国政法大学出版社 2000 年版），高其才主编的《中国司法研究》系列著作①等。与此相对照，对检察制度的研究远没有达到这种深度和广度，关于检察权在农村的具体运作的研究，即使在检察系统内部也没有引起足够的重视。

针对这些问题，我们力图努力贴近中国国情，在对我国检察制度予以理解的基础上，致力于开掘检察机关开展农村检察工作的路线、方针、政策、组织形式及其做法、经验等，并整合这些零散的研究，将其归于"中国特色社会主义农村检察制度"之下进行系统研究，努力提升研究的理论性、系统性、全面性，为全面认识农村检察制度做一次尝试。

第二节　农村检察制度研究的总体思路和意义

一、农村检察制度研究的总体思路

一是将农村检察制度的研究置于加强党的执政能力中去思考。党的执政能力，就是党提出和运用正确的理论、路线、方针、政策和策略，领导制定和实施宪法与法律，采取科学的领导制度和领导方式，动员和组织人民依法管理国家和社会事务、经济和文化事业，有效治党治国治军，建设社会主义现代化国家的本领。执政能力建设是党执政后的一项根本建设，党中央对此高度重视，号召全党紧紧围绕提高领导水平和执政水平、提高拒腐防变和抵御风险的能力这两大历史性课题，着重从思想和作风、体制和机制、方式和方法、素质和本领等方面加强和改进，有力地推动了党和国家事业的发展。执政能力的内涵非常丰富，党的十六大提出，执政能力包括五个方面的能力，即科学判断形势、驾驭市场经济、应对复杂局面、依法执政及总揽全局。党的十八大报告指出要"更加注重发挥法治在国家治理和社会管理中的重要作用"，这是立足我国经济社会发展的客观实际和紧迫需要作出的一个重要论断。改革开放30多年来，我国社会发生了巨大的变化，从原来高度集权的计划经济时代过渡到社会主义市场经济时代，当前，仅靠单一的行政手段难以有效管理社会，因此，熟练运用包括法治在内的多种手段进行社会治理，是党的执政能力的题中应有之义。

---

① 主要包括：《基层司法——社会转型时期的三十二个先进人民法庭实证研究》、《乡土司法——社会变迁中的杨村人民法庭实证分析》、《政治司法——1949—1961年的华县人民法院》、《伦理司法——中国古代司法的观念与制度》、《多元司法——中国社会的纠纷解决方式及其变革》等。

检察工作是党的工作的重要组成部分，农村检察制度的健全、完善将为党依法治理农村提供法治的手段和途径，有利于实现党的农村工作目标，强化党对农村的治理，巩固和加强党在农村的执政根基。

二是将农村检察制度的研究置于完善中国特色社会主义检察制度中去思考。中国特色社会主义检察制度的特色不应仅仅体现在宏大的基本原则中，更应该体现在具体、细微的微观制度上，否则，中国特色社会主义检察制度的特色将是"无源之水，无本之木"。农村检察制度是中国特色社会主义检察制度的重要组成部分，认识和研究农村检察制度不能离开中国特色社会主义检察制度，农村检察制度是中国特色社会主义检察制度的重要表现形式和载体，适用其基本原则和核心工作职能；中国特色社会主义检察制度必须要关注农村、切实维护农民群众的合法权益，为党和国家"三农"工作的各项方针政策在农村的落实提供强有力的司法保障。

三是将农村检察制度的研究置于健全农村基层政法组织体系中去思考。近年来，中共中央把加强农村基层政法组织建设作为一项重要的工作任务来抓。2001年中央工作会议明确提出，要"加强乡镇综治办和基层派出所、司法所、人民法庭等基层政法组织建设，充分发挥其维护社会稳定的第一道防线作用"。在同年印发的中共中央、国务院《关于进一步加强社会治安综合治理的意见》中，再次强调要进一步加强基层公安派出所、人民法庭、司法所等政法基层组织建设，充分发挥他们在社会治安综合治理工作中的重要作用。当前，我国农村基层政法组织体系日益健全，人民法院、公安机关和司法行政机关都在基层设有派出机构，人民法庭、公安派出所、司法所等基层政法组织已经在农村建立了较为完善的工作机构，为国家司法权力向农村延伸、畅通农民司法诉求渠道提供了组织保障，发挥了化解社会矛盾的"第一道防线"作用，是党通过司法途径保持同人民群众密切联系的桥梁和纽带，也是展示国家司法权威和提高司法公信力的重要窗口。但在这一组织体系中，唯独缺少检察机构。按照我国宪法第135条和刑事诉讼法第7条规定，人民法院、人民检察院和公安机关进行刑事诉讼，应当分工负责，互相配合，互相制约，以保证准确有效地执行法律。我国公安机关、人民检察院、人民法院三机关之间是分工负责、互相配合、互相制约的关系，基层政法组织体系中不能缺少专司法律监督职能的检察机关。农村检察制度的建立和健全，是在农村基层落实宪法规定公检法三机关分工负责、相互配合、相互制约原则的重要措施和手段，有利于健全完善农村基层政法组织体系，更好地发挥基层政法组织的作用，进一步夯实维护社会和谐稳定的基础。

四是将农村检察制度的研究置于健全完善农村治理方式中去思考。长期以来，我国农村的治理方式是行政命令式的，依赖"命令—服从"的治理逻辑。然而，目前我国农村基层民主发展迅速，以村民自治为主要内容的农村基层民主的范围、水平不断扩大和提高，传统的"命令—服从"的治理方式对农村出现的新情况新问题不再有效，基层政权及其组织在农村的权威不断下降，化解农村社会内生矛盾的能力下降，直接关系到农村的和谐稳定。健全完善农村治理方式，实现对农村的有效治理，有必要从加强农村法治建设，提高农村治理中的法治水平和含量入手，以适应日益扩大的基层民主政治形势。加强农村检察制度建设，强化农村法律监督工作，有利于完善农村基层政权组织体系构架中的监督制约体系；加强对村民自治组织的监督制约，促使真正实现民主选举、民主决策、民主管理、民主监督；促进农村基层组织及其人员依法用权，规范公权力行使，保障农民合法权益，最终实现农村治理模式的转型，实现治理的民主化、法治化。

二、农村检察制度研究的意义

开展中国特色社会主义农村检察制度研究的意义是：

一是系统认识和了解农村检察制度的全貌，进一步加深对中国特色社会主义检察制度的体认。农村检察制度的形成与确立是中国特色社会主义检察制度建立与发展的缩影，是其特色的重要体现，通过对农村检察制度的系统研究，可以更加全面地了解中国特色社会主义检察制度的发展历程。中国特色社会主义检察制度的特色并不是一蹴而就的，而是经过漫长的发展过程形成的，通过对历史的追溯，开掘背后蕴涵的深远的政治、社会和文化渊源，可以为系统认识、深刻把握中国特色社会主义检察制度的特色提供最基本的素材和依据。

二是进一步拓展中国检察学研究的范围和领域，增强检察学理论研究对检察实践的指导作用。我国检察学是一门新兴的法学交叉学科，其研究正处于不断发展和完善之中。目前，理论界对检察学的基本范畴、学科体系、研究领域等方面存在一些争论，但就现有研究来看，都未将农村检察制度纳入研究的视野和范畴，这不能不说是一种遗憾。对农村检察制度的深入研究，将拓展检察学的研究视野，增强检察学研究的理论性和实践性，促进检察学学科体系的健全与完善。我们必须认真对待我国检察制度的历史和正在进行的各种有价值的实践探索，对农村检察制度进行科学、客观的梳理、提炼，形成有益于中国特色检察制度发展、进步的理论研究成果，反哺并指导实践，以推动检察工作和检察制度的自身完善。

三是推动检察实践的发展，使检察机关更好地履行法律监督职能，服务农村经济社会发展，满足农民群众司法需求。检察理论研究的最终目的要落脚于检察实践中。通过对农村检察制度的历史考察和现实研究，进一步加深对农村检察工作规律的认识，归纳和总结出农村检察工作的方法、经验，形成有利于当前农村检察工作发展的思路、对策，为当前的农村检察工作提供理论支撑，以推动农村检察工作的创新发展，满足农民群众日益增长的司法需求，解决农村基层组织存在的法律监督缺位问题，维护农民群众的合法权益。

四是健全完善中国特色社会主义检察制度，促进检察制度发展。"农村检察制度"命题的提出，能够系统研究、整体审视中国特色社会主义检察制度中涉及农村检察工作的理念、制度、方法、组织及其背后蕴含的政治、文化、历史意义。通过这些研究，能够总结农村检察工作得失成败的一般规律，为更好地做好农村检察工作、服务社会主义新农村建设提供理论支撑和智力支持，促进农村检察制度的不断成熟、完善，最终成为中国特色社会主义检察制度中不可或缺的组成部分。

第三节　农村检察制度的研究方法

一、重视微观、以小见大的研究方法

中共中央在党的十七大指出，要高举中国特色社会主义伟大旗帜，坚持中国特色社会主义道路，坚持中国特色社会主义理论体系。同时强调，要充分发挥我国社会主义司法制度的优越性，继续积极稳妥地推进司法体制改革，努力建设公正、高效、权威的社会主义司法制度。按照党的十七大精神，深刻认识我国社会主义司法制度的优越性，深刻认识中国特色社会主义检察制度的鲜明特色，对于在检察工作中高举中国特色社会主义伟大旗帜，始终坚持中国特色社会主义政治方向，更加自觉地坚持和完善中国特色社会主义检察制度，推进人民检察事业的创新和发展具有十分重要的意义。

我国检察制度的社会主义内涵是社会主义检察制度的本质特征，反映了社会主义检察制度的基本属性和共同特点。我国检察制度的中国特色是在中国特色社会主义理论体系的指导下，通过继承新民主主义革命时期检察工作的优良传统，汲取中国历史上政治制度的精华，结合当今中国实际，在实践中逐步形成的。一般而言，在论述我国检察制度的特色时，主要从人民检察院权力行使的一般原则、与其他政法机关的关系、领导体制等宏观方面着手，如人民检察院与人民法院和公安机关在刑事诉讼中分工负责、互相配合、互相制约，独立行使检察权与接受监督相结合，等等。但是，中国特色社会主义检察制度不仅仅体现在这些宏观层面，也体现在细致入微的具体制度上，否则，这些体现我国检察制度特色的性质或特点将无法实现，如"独立行使检察权与接受监督相结合"就必须通过检察机关向人大报告工作等具体工作制度来实现。因此，认识和坚持中国特色社会主义检察制度，可以摆脱从宪政、检察权的性质等宏观方面入手的一般路径，尝试从细微之处发现和证明中国特色社会主义检察制度特色的方法，如研究一项微观制度对形成中国特色社会主义检察制度的重要性等，我们可以把这种研究路径称为微观路径。当然，宏观和微观本身是相对的，中国特色社会主义检察制度相对于农村检察制度而言，是宏观与微观的关系；而农村检察制度与其中的一项工作制度，如派驻乡镇检察室，也可构成宏观与微观的关系。鉴于本书研究的主要内容是农村检察制度，因此，我们将尽量遵循这种微观的研究方法，从农村检察制度的细微之处入手，来认识中国特色社会主义检察制度的特色所在。

二、实证的研究方法

实证的研究方法来源于实证主义，实证主义（positivism）是强调感觉经验、排斥形而上学传统的西方哲学派别，又称实证哲学。产生于19世纪三四十年代的法国和英国，创始人为法国哲学家、社会学始祖 A. 孔德，主要代表有英国的 J. S. 密尔和 H. 斯宾塞。其形成标志为1830年开始陆续出版的孔德的六卷本《实证哲学教程》。以孔德为代表的实证主义称为老实证主义，20世纪盛极一时的逻辑实证主义称为新实证主义。实证主义的基本特征是：将哲学的任务归结为现象研究，以现象论观点为出发点，拒绝通过理性把握感觉材料，认为通过对现象的归纳就可以得到科学定律。它把处理哲学与科学的关系作为其理论研究的中心问题，并力图将哲学融解于科学之中。检察学是一门集理论性和实践性于一体的学科，要更好地认识和把握检察制度，离不开对检察实践的深刻体悟，而这必须借助于实证的研究方法，从大量的、客观存在的检察实践出发，总结、归纳出检察理论的真谛。对农村检察制度的研究也应如此，必须通过对其在检察实践中的运作过程、取得的效果进行客观描述、科学分析，为进一步研究奠定实证基础。

三、历史唯物主义的研究方法

社会历史发展的规律性告诉人们，注重历史的联系是从事理论研究的基础，这不仅有助于准确把握这项制度的全貌和本质特征，而且有助于防止出现断章取义的偏差论断。列宁指出，对待国家问题的真正科学态度，就是"不要忘记基本的历史联系，要看某种现象在历史上怎样产生，在发展中经过了哪些主要阶段，并根据它的这种发展去考察它现在是怎样的"。① 历史研究的方法，既是传统的方法，又是在赋予新的观点和手段的条件下，具有新的活力和持久生命力的方法。任何一项制度都不是一天生成的，都有它的发展过程，它的过去、现在和未来，是具有客观的、内在的运动规律的统一体，是在实践中的反复试错之后形成的。只有了解一项制度的过去，才能更好地认识现在；只有了解过去和现在，才能对其未来的走向作出一些基本的判断。忽视历史，就不能全面地认识事物的现在、把握事物的未来，这是历史研究方法长盛不衰的根本原因。当代中国检察制度，是历史的产物，也是历史的一部分。研究中国检察制度形成的历史，就在于与其现实有着复杂的关联，可以为现实提供借鉴。农村检察制度，是中国特色社会主义检察制度的重要组成部分，是伴随着中国特色社会主义检察制度在长期的演进过程中形成的，对农村检察制度的研究也只能以历史唯物主义为指导，把研究放到影响中国社会和谐发展的矛盾中进行考察，探究这项制度的演进过程，分析其地位、作用、组成和发挥作用的途径，为检察机关更好地履行法律监督职责，服务社会主义新农村建设，满足人民群众日益增长的司法需求提供历史借鉴。

四、法社会学的研究方法

认识一项制度，不能脱离其存在的社会。司法制度是社会的产物，社会发展状况决定了司法的性质和特点，社会结构、社会环境及文化影响和制约其功能的发挥。中国特色社会主义检察制度是中国社会政治、经济、文化发展的产物，有其自身内在的规律和特征。作为中国特色社会主义检察制度的重要组成部分，农村检察制度在工作理念、思想渊源、组织机构、工作制度、工作方法等方面具有明显的中国特色。因此，必须通过把握中国社会的政治、经济、文化特征理解和认识包括农村检察制度在内的中国特色社会主义检察制度；同样，通过对中国特色社会主义检察制度，特别是对农村检察制度的研究也能更加清楚地认识和了解中国社会。

---

① 列宁：《论国家》（1919 年 7 月 11 日），载《列宁选集》第 4 卷，人民出版社1960 年版，第 43—44 页。

第二章 中国特色社会主义
农村检察制度概论

第一节 中国特色社会主义农村
检察制度的定义及其特征

一、中国特色社会主义检察制度与农村检察制度概要

我国检察机关是国家的法律监督机关，承担着维护国家法律统一正确实施的神圣职责。它既不同于西方国家的检察机关仅是公诉机关，也不同于前苏联等国家将检察机关的职能扩展为"一般监督"，而是定义为中国特色社会主义检察制度。特色是一事物显著区别于其他事物的风格、形式，是由事物赖以产生和发展的特定的、具体的环境因素所决定的。中国特色社会主义检察制度与我国社会主义的基本国情相适应，植根于我国的政治制度、经济制度和法律文化，是历史的必然选择。和西方检察制度相比，中国特色社会主义检察制度具有六个方面的鲜明特色：具有独特的宪法和宪政地位；是国家的司法机关；在履行职责中实现法律监督权和检察权的统一；实行上级领导下级的体制和对同级权力机关负责的原则；实行检察委员会民主集中制与检察长负责制相结合的领导体制；坚持党的领导、人大监督与依法独立行使检察权的有机统一。① 也有论者认为，就中国特色社会主义检察制度的特色而言，主要体现在人民检察院与人民法院和公安机关实行分工负责、互相配合、互相制约；检察委员会民主集中制与检察长负责制相结合；独立行使检察权与接受监督相结合等方面。除这三个最重要、最突出的方面以外，还有三个方面的中国特色也是不可忽视的，其中之一就是："在检察权的运行机制上，强调检察机关的专门工作与群众路线相结合。在检察工作中注重发动和依靠人民群众，倾听人民群众的批评

---

① 张耕：《具有鲜明中国特色的社会主义检察制度——纪念人民检察院恢复重建30周年》，载《人民日报》2008 年 7 月 7 日。

和建议，是我国检察机关的优良传统和工作作风。"①虽然在表述方式上存在差异，但这些都是体现和凸显我国检察制度特色的主要方面和具体表现，与我国历史文化传统和社会主义初级阶段的基本国情相适应，与西方国家在"三权分立"政治体制下建立的检察制度有着根本区别。

不过，我国检察制度的上述特色都是一些原则性或者方针性的特色，具有很强的宏观性。这些宏大的特色要落到实处，切实发挥作用，必须要有一些具有特色的具体的工作制度来支撑，如我国检察机关的领导制度实行检察委员会民主集中制与检察长负责制相结合，如果没有检察委员会委员构成、准入等制度支撑，检察委员会制度将难以实施。因此，中国特色社会主义检察制度的特色是一个系统的整体，不仅仅体现在一些宏观的原则性特色上，也体现在具体的微观制度上。具有特色的宏观性原则为我国检察制度的运行、发展和改革确立了大的方向，是对具体工作制度和实践的升华与提升。具有特色的具体工作制度，则是实现这些具有特色的宏观原则的必要组成部分，是落实和体现中国特色社会主义检察制度基本原则的落脚点，是其在检察实践中的贯彻和反映。两者共同构成了中国特色社会主义检察制度的特色。以中国特色社会主义检察制度的特色之一"检察机关的专门工作与群众路线相结合"为例，其实现必须依赖诸如下乡巡回办案、巡回接访、设置农村检察工作机构等具体的制度来实现。因此，认识和把握中国特色社会主义检察制度的特色，不仅仅要注意宏观的基本原则，更应该重视检察实践中具体的工作制度。通过这些具体工作制度的健全和完善，不断证成和突出中国特色社会主义检察制度的特色，增强中国特色社会主义检察制度的说服力，促进中国特色社会主义检察制度的完善和不断发展。

正是基于对中国特色社会主义检察制度"特色"的上述认识和理解，本书将在我国检察制度建立、形成和发展过程中，依靠党的群众路线形成的，始终以广大农村和农民作为检察工作的出发点和落脚点的一整套包括指导思想、组织体系和规范制度在内的检察工作制度，概括为农村检察制度。

农村检察制度伴随着中国特色社会主义检察制度的形成共同成长。我国现行检察制度的雏形——中华苏维埃检察机关称为"工农检察机关"，从其名称上就体现了服务对象的特定性，工农群众是检察机关的主要服务对象，维护农民利益是检察机关的重要职能。1949 年 10 月 1 日中华人民共和国成立后，新中国的检察机关同样注意加强农村检察工作。1954 年，最高人民检察署副检察长高克林在第二届全国检察工作会议上提出要加强各级人民检察署的建设。

---

① 孙谦主编：《中国特色社会主义检察制度》，中国检察出版社 2009 年版，第 20 页。

在 1954 年应首先充实与健全省（市）以上的检察机构，并加强城市、工矿区人民检察署和有重点地建设铁路、水运沿线和工矿区的人民检察署；同时强调："在工作基础和干部条件较好的省，应尽可能有步骤地普遍建立和健全县的检察机构。在工作基础和干部条件较弱的省，应建立和充实若干县的检察机构，作为开展农村检察工作的基点。"① 这是较早出现的"农村检察工作"的提法。2008 年，最高人民检察院检察长曹建明在陕西调研基层检察院建设时，就基层检察机关如何按科学发展观改进和加强基层检察院工作，贯彻落实党的十七届三中全会精神，更好地服务广大农村和农民提出了明确要求，他指出："基层检察院要将工作重心进一步下移，确保问题解决在基层，矛盾化解在萌芽状态。当前，各级检察机关特别是基层检察院要认真贯彻党的十七届三中全会精神，高度重视涉农检察工作，加强对'三农'问题的了解和研究，改变工作方法，创新工作方式，完善农村检察制度建设，依法坚决打击各种侵害农民利益、危害农业生产、影响农村社会稳定的犯罪活动，保障农民合法权益，服务社会主义新农村建设。"② 曹建明检察长的讲话再一次指出了"农村检察工作"的重要性，并将完善"农村检察制度"作为检察机关服务"三农"的重要工作方式提出。这些不同历史时期的关于农村检察工作的组织机构、工作讲话等，为我们研究农村检察制度提供了丰富的理论渊源。

在长期的检察工作中，我们虽然认识到了农村检察工作的重要意义和作用，但是对农村检察制度尚缺乏理性、系统的研究和关注。农村检察制度从整体上而言尚处于探索阶段，既缺乏统一、系统的组织机构、工作制度，也缺乏完善的理论体系，这既不利于从整体上推进农村检察工作，发挥法律监督在农村的职能作用，也不能很好地利用、整理、归纳农村检察工作中有价值的做法和经验，从理论层面完善中国特色社会主义检察制度。因此，建立健全农村检察制度，有利于检察机关在农村更好地履行法律监督职能，发挥其打击刑事犯罪、惩治和预防职务犯罪、受理群众控告申诉、化解农村社会矛盾等职能，维护农民合法权益，促进农村公平正义。所以，我们有必要对农村检察制度进行理论上的专门研究和探索，分析、总结和提炼农村检察制度的相关理论，为我国农村检察工作提供坚实的理论支撑。而要对农村检察制度作出系统的概括和研究，首先必须对农村检察制度的定义、特征、基本构成、价值和功能等作一

---

① 高克林：《关于过去检察工作的总结和今后检察工作方针任务的报告》，载闵钐编：《中国检察史资料选编》，中国检察出版社 2008 年版，第 517 页。

② 肖玮、倪建军：《曹建明在陕西调研基层检察院建设时强调加强和改进基层检察工作有效推动和实现科学发展》，载《检察日报》2008 年 11 月 7 日。

些初步的界定。

二、中国特色社会主义农村检察制度的定义及其特征

"制度是一系列被制定出来的规则、应遵循的要求与合乎伦理道德的行为规范，用以约束追求福利或利益最大化的个人行为，制度提供了人类相互影响的框架，制度确定合作和竞争的关系，这些关系构成一个社会，或者更确切地说，构成一种经济秩序。"① 舒尔茨在其《制度与人的经济价值的不断提高》一文中将制度定义为一种行为规则，这些规则涉及社会、政治与经济行为。制度是一套行为规则，被用于支配特定的行为模式与相互关系。② 制度并不只限于经济领域，而是包括人类社会政治、经济、法律等方面的行为规则。对制度的界定必须要考虑制度运行的主体、客体、目的及其所处的系统。中国特色社会主义农村检察制度可以从以下几个方面来界定和理解：

一是从系统论上来讲，农村检察制度是中国特色社会主义检察制度的重要组成部分。中国特色社会主义检察制度是从中国国体、政体和国情出发，在吸收中国历史上政治法律制度的精华、总结社会主义民主法治建设正反两方面经验教训、借鉴其他国家检察制度的基础上建立和发展起来的，是马列主义基本原理同中国具体实际相结合的产物。中国特色社会主义农村检察制度是我国检察机关针对我国大多数人口是农民、是一个城市和农村经济社会发展不平衡、城乡二元结构突出的农业大国的国情探索建立的，通过在农村发挥法律监督职能作用，加强对农村公权力的监督制约，服务广大农村和农民群众，维护农村社会公平正义的检察工作制度。农村检察制度来源于长期的检察实践，是对中国特色社会主义检察制度中关于农村检察工作的理念、工作规则、组织机构、工作方法等的总结和升华，是中国特色社会主义检察制度的重要组成部分和具体体现。

二是从地域和服务对象上来说，农村检察制度是服务广大农村和农民群众的检察工作路线、方针、组织体系。一项制度，乃至于一个制度体系，都有其适用的空间效力范围，即制度能够发挥作用的空间领域。农村检察制度是中国特色社会主义检察制度的一个子系统，从其字面含义来理解，广大农村是农村

---

① ［美］道格拉斯·C. 诺思：《经济史中的结构与变迁》，陈郁、罗化平译，上海人民出版社、上海三联书店1984年版，第225—225页。

② ［美］舒尔茨：《制度与人的经济价值的不断提高》，载《财产权利与制度变迁》，刘守英译，上海三联书店、上海人民出版社1994年版，第251、260页。

检察制度发挥作用的空间领域，广大农民群众就是其服务对象。城市和农村之间长期存在的二元结构带来的经济、社会发展差异，加上现代法律本身就拥有异于农耕文明的特质，造成了司法改革、法学研究、立法活动关注的焦点和司法资源的分配往往只关注城市，国家和社会的司法资源向代表现代生活秩序的城市倾斜，农民分享到的司法资源远远少于城市。① 以农民享有的法律服务为例，"（2003年）全国现有乡镇法律服务所20771家，法律服务工作者7万余人。全国目前共有乡镇39240个，平均一个乡（镇）一所都没有达到。必须特别说明的是，在7万余名法律服务工作者中多数是兼职，严格地讲是指持证人数，而不是专职从业人数。仅以海南为例，全省乡镇法律服务所114家，基层法律服务工作者145人，其中专职人员12人，仅占持证人数的8.3%"、"仅以海南省为例：全省共有执业律师626名，其中在海口、三亚两个地级市执业的599名，占执业律师总数的95.7%。在其他16个县（市）从业的仅有27名，只占总数的4.3%，其中有10个县（市）至今因为律师数量不足3人不能设立律师事务所，只好由厅里动员省会市较大的律师所设立分所，才勉强填补了空白"。②司法部司法研究所"农村法律服务现状调研报告"也显示："无论是在经济发达的浙江，还是处于发展中的湖北，还是经济相对落后的陕西，律师事务所和律师呈现高度集中、分布严重不均衡的态势，在全国范围内也是如此，主要密集在经济发达的大城市，经济不发达的县律师很少，扎根农村的更少；法律援助机构虽在县（区）级普遍设立，但法律援助专职人员数量很有限。"③ 在某种程度上，广大农民群众的司法需求、诉求和分享国家司法服务等各种与法律相关的权利并没有得到国家平等地对待，农村司法供给的不足，加上市场经济的冲击、农村原有传统权威的解体或无能无力，④ 使农村累积的大量矛盾和诉求涌向其他领域和环节，如高度依赖上访解决诉求，增大了党和政府维护农村社会稳定的压力。而农村检察制度的建立和完善，虽然说不能从根本上扭转这一局面，却有助于这一状况的好转，让广大农民群众能够

---

① 朱苏力：《道路通向城市》，法律出版社2004年版。

② 这是截至2003年的数据，目前这种状况已经得到改善，但是在海南各县市的法律服务水平还是低于海口、三亚两地。施文：《拓展农村法律服务的思考》，载《中国律师》2003年第12期。

③ 吴玲：《农村法律现状调研报告》，载中国普法网，http：//www.legalinfo.gov.cn/index/content/2010-08/20/content_2249573.htm? node=7879，访问时间：2010年12月20日。

④ 农村市场经济的发展使得农村出现了许多农村社会传统权威无法调处的纠纷，如产品质量纠纷，农民购买了假种子、假奶粉等，更何况农村社会传统权威也正在逐渐消解。

均等地分享到检察机关提供的司法救济和帮助，为农村社会提供了一条诉诸检察机关解决纠纷的渠道。

三是从法律行为上来界定，农村检察制度是为农民群众提供法律监督服务、落实司法便民的工作制度。地域、文化、习俗等特征，决定了农村检察制度通常具有一定的非正式性，因为我国农村人口居住较为分散，以村庄为据点，且具有自身的文化习俗，决定了适用于城市的制度安排必须适应这种地理、文化条件，作适当的调整和重新安排；服务对象的特点，决定了从事农村检察工作的主体拥有的知识、行使权力的方式等方面也与城市的检察制度有所区别，如在以农业为主的农村日常生活中，其社会知识的构成显然异于城市，对从事农村检察工作的检察官来说既要具有检察专业知识，又要具有社会生活经验，尤其是要有跟农民群众打交道的群众工作经验；从农村检察制度的目的来看，农村检察制度与其他检察工作制度并无差异，都是行使法律监督权，只是监督的对象、场所和地域发生了变化，也正是因为这种变化产生和形成了一种独特的检察工作的方式、组织体系，即农村检察制度。

四是从职能上来看，农村检察制度以加强对农村公权力监督制约为核心，确保公权力依法规范运行。我国检察机关是宪法规定的法律监督机关，行使好法律监督权是检察机关的核心职能，检察机关通过履行侦查、批准逮捕、审查起诉、支持公诉等法律监督职能，保证国家法律的统一正确实施。检察机关的具体职权包括如下七个方面：（1）对于叛国案、分裂国家案以及严重破坏国家的政策、法律、政令统一实施的重大犯罪案件，行使检察权。（2）对于直接受理的国家工作人员利用职权实施的犯罪案件，进行侦查。（3）对于公安机关、国家安全机关等侦查机关侦查的案件进行审查，决定是否逮捕、起诉或者不起诉，并对侦查机关的侦查活动是否合法实行监督。（4）对于刑事案件提起公诉，支持公诉，对于人民法院的刑事判决、裁定是否正确和审判活动是否合法实行监督。（5）对于监狱、看守所等执行机关执行刑罚的活动是否合法实行监督。（6）对于人民法院的民事审判活动实行法律监督，对人民法院已经发生效力的判决、裁定，发现违反法律、法规规定的，依法提出抗诉。（7）对于行政诉讼实行法律监督，对人民法院已经发生效力的判决、裁定发现违反法律、法规规定的，依法提出抗诉。从实质上看，我国检察机关的上述职权都是通过加强对权力的监督制约来实现的，如查办和预防职务犯罪，对人民法院、公安机关的审判监督和执法监督等，其本质都是对权力的监督。农村检察制度虽然有其特殊性，但是农村检察工作的职责、工作程序、机构设置等都是围绕法律监督职权展开的，不能偏离法律监督的轨道，必须在法律监督职能中准确定位。偏离了法律监督职能，农村检察工作将趋同于党委、行政或社会等其他工作，将丧失其作为检察制度和司法制度的基本特征，也将失去其自身存在的价值和意义。因此，农村检察制度的职能，必须围绕加强对农村公权力的监督制约来展开，通过监督和制约农村公权力依法规范行使，促使依法行政、公正司法，保护农民合法权益，促进农村社会和谐稳定。

五是从目的上来看，农村检察制度是维护农村社会公平正义、保障农民权利的检察工作制度。受制于地域和对法律知识的掌握不足，农村、农民群众在获得检察机关法律监督的帮助、救济的途径上存在一定的不便。从检察机关的地域分布来看，《人民检察院组织法》规定的最低层级的检察机关设置在县一级城区，农民获得检察机关的司法救济和帮助比获得党委、政府的帮助付出的成本要大得多，如举报反映村官贪污腐败、提供职务犯罪线索等，需要到县城，不仅耗时耗力，而且增加路费等额外支出；另外，一般农民群众在文化水平上的不足特别是法律知识的空白，使其对"法律监督"的内容和含义的理解与体悟远不如对"有困难找党委、政府"的理解更直接、更直观。造成这些问题的原因是多方面的，其中也与农村检察制度不健全，检察机关未能主动深入农村，缺少与农民群众经常性的沟通渠道相关。因此，建立健全农村检察制度能够更好地畅通广大农民群众的诉求渠道，方便农民群众获得检察机关的司法帮助和救济，使其借助于检察机关的法律监督职能，维护其合法权益。

综上，中国特色社会主义农村检察制度是指以广大农村和农民为主要服务对象，以行使法律监督权为核心和主要内容，旨在监督制约农村权力、维护农民合法权益的检察工作理念、组织形式、方式方法等的综合，是中国特色社会主义检察制度的重要组成部分。

第二节　中国特色社会主义农村检察制度的基本构成

美国法社会学家弗里德曼（Lawrence Friedman）认为，一个法律制度是由"结构、实体以及文化"组成的。① "结构"指制度中长期存在的总体外形、轮廓以及内部框架；"实体"则指存在于该架构中的规则与规范，既包括我们通常所说的实体法，也包括程序性的规范；"文化"则指人民对法的观念、态度、信念以及期望。我国一些学者认为，根据社会学的观点，司法制度是由概

---

① Lawrence Friedman, Law and Society – An introduction (1977), at 6 – 7, 转引自宋冰：《读本：美国与德国的司法制度及司法程序》，中国政法大学出版社 1998 年版，第 1—2 页。

念系统、组织系统、规则系统和设备系统构成的，与弗里德曼的理解有很大的相似之处。① 概念系统就是司法制度的理论基础，不同类型的司法制度，其理论基础是不同的。组织系统就是司法组织体系，亦即司法制度的主体结构，它是由各个司法机构和法律授权的专门组织组成的一个有机整体。规则系统是指司法规范体系，包括司法组织规则和司法活动规则。司法组织规则包括司法组织的设置规则和司法组织的关系规则，司法活动规则主要指活动规则和程序，包括民事司法规则、刑事司法规则、行政司法规则。设备系统指司法物质设施，是司法组织赖以进行正常活动的物质基础，包括法庭、监狱以及其他物质设备。概念系统和规则系统属于"软"系统，组织系统和设备系统属于"硬"系统，司法制度就是一个"软"、"硬"皆备的大系统，古今中外，概莫能外。② 中国特色社会主义农村检察制度是以广大农村和农民为主要服务对象，以行使法律监督权为核心和主要内容，旨在维护农民权益的检察工作制度。这一制度的核心是通过发挥法律监督职能作用，确保农民群众能够得到便捷、及时、有效的法律监督的帮助和保护，维护其合法权益，使国家权力能够有序运行。中国特色社会主义农村检察制度同样是一个由概念系统、组织系统、规则系统和设备系统构成的"软"、"硬"皆备的大系统。

　　农村检察制度的概念系统即理论基础包括两部分：一是农村检察制度与中国特色社会主义检察制度共有的理论基础，如马克思主义、毛泽东思想、邓小平理论和"三个代表"、科学发展观以及列宁的法律监督思想等。二是农村检察制度所特有的理论基础，由于目前我国理论界和实务界对农村检察制度的研究和总结重视不够，成果很少，农村检察制度的理论基础还非常薄弱，有待加强。农村检察制度的组织系统是农村检察制度构建的核心。农村检察制度之所以成为一项专门的制度，必须要具备专门的组织机构来处理涉农检察工作。这种组织机构应当包括专门从事农村检察工作的机构、主体等。农村检察制度的规则系统包括农村检察工作的组织规则和活动规则。农村检察工作的组织规则包括农村检察组织的设置规则，如规定农村检察机构的布局、规模的规则等。农村检察工作的活动规则主要指农村检察组织机构处理涉农案件时应该遵守的刑事、行政、民事等方面的法律规定，既包括实体法规定，也包括程序法规定。农村检察制度的设备系统是指农村检察制度运作所必需的各种物质设施，如专门的检察机构、办公设备等。

---

① 鲁明键：《中国司法制度教程》，人民法院出版社1991年版，第3页；熊先觉：《中国司法制度新论》，中国法制出版社1999年版，第2—4页。

② 姚建龙：《少年司法制度概论》，载《当代青年研究》2002年第5期。

上述四个系统是农村检察制度成为制度所必需的基本要素，缺一不可，这四个系统构成了农村检察制度的基本内容，也是农村检察制度是否完善的四个基本标志。建立健全中国特色社会主义农村检察制度和理论体系，必须从完善这四个系统入手。

一、农村检察制度的理论基础

农村检察制度以其独特的服务对象和工作方法，在世界检察制度中算得上是真正具有特色的检察工作制度之一。这种特色来自两个方面：一是权力监督制约理论。我国检察机关是国家的法律监督机关，承担维护宪法和法律统一正确实施的职责。检察机关的法律监督是国家权力监督体系的重要组成部分，权力监督制约是中国特色社会主义检察制度的重要理论基础，也是新时期农村检察制度健全和完善的重要理论基础。加强权力监督制约，是农村检察制度赖以存在的根基和之所以能够不断发展的原因。二是检察工作的人民性。检察工作的人民性揭示了中国特色社会主义检察制度的本质特征，是人民检察院最根本的政治属性，体现为坚持党的领导、人民当家做主、依法治国的有机统一。检察工作的人民性决定了检察工作的目标、权力来源、宗旨和运行方式。检察权来自于人民，属于人民，必须用来为人民服务，并使人民检察院得到人民的充分信赖和支持。随着全面落实依法治国基本方略、建设法治国家步伐的加快，人民群众的法治意识、维权意识不断增强，广大人民群众，特别是农民群众对检察工作有许多新要求、新期待。检察工作的人民性就是要求检察机关要树立人民利益至上的观念，不断改进执法理念和执法方式，尤其是涉农检察工作的方式，回应农民群众的新要求、新期待，实现好、维护好和发展好最广大人民的根本利益。检察工作的法律监督属性和人民性的有机统一构成了农村检察制度的理论基石，是农村检察制度存在和发展的正当性和合法性基础，是其不断发展的源泉和动力。

二、农村检察制度的组织机构

我国《宪法》和《人民检察院组织法》对我国检察制度的组织形式进行了系统规定。最高人民检察院是国家最高检察机关，领导地方各级人民检察院和专门检察院的工作。地方各级人民检察院包括省、自治区、直辖市人民检察院；省、自治区、直辖市人民检察院分院，自治州和省辖市人民检察院；县、市、自治县和市辖区人民检察院。专门人民检察院主要包括军事检察院和铁路运输检察院。《人民检察院组织法》还规定："省一级人民检察院和县一级人民检察院，根据工作需要，提请本级人民代表大会常务委员会批准，可以在工矿区、农垦区、林区等区域设置人民检察院，作为派出机构。"我国检察机关是"一府两院"政治构架的组成部分，检察机关的设置一般是按照行政级别对应设置的，专门检察院和派出检察院是例外。农村检察制度是检察机关专门服务广大农村和农民群众的工作制度，检察机关根据不同时期的工作特点，采取了不同的农村检察工作形式，如国内革命战争时期，工农检察机关设置了工农通讯员，组建了轻骑队、突击队等群众性检察工作组织；在解放战争时期，则在区、乡人民法庭派出检察员；新中国成立后则设立了检察通讯员、办案游击工作组等。1978 年，检察机关恢复重建后，农村检察制度的组织形式更加多样，如设置派驻乡镇、企业、行业检察室，检察工作服务站，检察工作队，检察工作组等。可以说，农村检察制度多样的组织形式，极大地丰富了农村检察制度，也为我们进一步健全和完善农村检察制度特别是中国特色社会主义检察制度提供了可资借鉴的丰富素材和经验。

三、农村检察制度的工作机制

主要包括农村检察组织机构的设置原则和方案、职权范围、工作程序、工作方法、队伍建设、检务保障、考核评价方式等具体工作制度，目的是规范农村检察工作执法行为，建立健全工作机制，强化内部管理监督，做到用制度管人、按程序办事、严格依法监督，确保严格、公正、文明、廉洁执法。农村检察制度作用的充分发挥离不开这些具体的工作制度，只有完善和健全这些具体的工作制度，农村检察制度才能走上规范化、制度化和法治化的轨道，才能有条不紊地开展农村检察工作，发挥其应有的法律监督职能，实现应有的价值。

四、农村检察制度的运行机制

我国检察机关是宪法规定的国家的法律监督机关。所谓法律监督，是指人民检察院为了国家法律的统一正确实施，依照宪法和法律，运用检察权对法律实施情况进行的具有法律效力的监督，是检察工作的核心内容。行使检察权的原则主要有：依法独立行使检察权原则、客观公正原则、公益原则、保障人权原则、检察一体原则和接受监督原则。这些原则集中体现了检察权运行的一般规律、法律监督职能的基本特点以及党和国家对检察工作的基本要求，综合反映了当代中国检察机关的性质、地位和职能作用。行使检察权的基本原则贯穿检察活动的全过程，它决定着检察活动的方向，体现着行使检察权的基本价值。农村检察制度作为中国特色社会主义检察制度的重要组成部分，也应该坚持和反映法律监督权运行的一般规律。虽然农村检察工作有其特殊性，在具体的工作原则、方法、策略上可以体现适合农村工作需要的特点，但是这些工作原则、方法、策略是其核心任务和基本原则的展开与具体化，是针对广大农村和农民群众的特点进行的有限度的调整，而不是对其核心和基本原则的动摇和偏离，这是检察工作区别于党和国家其他工作的最重要标志，否则，农村检察制度的优势、作用都不能体现出来。因此，农村检察制度的运行机制实质是检察工作在坚持法律监督权运行规律的范围内，结合农村实际进行的调整和创新。

第三节　中国特色社会主义农村检察制度的功能、价值及其历史使命

我国学术界对价值的界定多采用马克思的"关系说"。马克思指出，"价值这个普遍的概念是从人们对待满足他们需要的外界关系中产生的"，"是人们所利用的并表现了对人的需要的关系的属性"。[①] 就价值的本质而言，它表示的是事物在满足人的需要中的有用性。价值是从主体的需要和客体能否满足主体的需要以及如何满足主体需要的角度，考察和评价各种物质的、精神的现象及主体的行为对个人、阶级、社会的意义。[②] 马克思主义哲学认为，价值的本质是现实的人同满足其某种需要的客体属性之间的一种关系，任何价值都有其客观的基础和源泉，具有客观性。价值是客体属性的反映，又是对客体属性的一种评价和应用。"关系说"以人的主体性需要为纽带说明了价值的概念，将价值的客观性与主观性有机地结合起来。一般而言，法的价值包括秩序、自由、利益、正义等基本种类。农村检察制度的价值是指作为客体的农村检察工作与国家、执政党、社会、农民群众等主体的需要之间的一种特定的关系，所回答的是农村检察制度"应该做什么"、"应该具有什么作用"，体现的是一种期待效应。农村检察制度的功能是指农村检察制度所具有的能力和作用，所回答的是农村检察制度"具有什么作用"，体现的是一种事实效应。

农村检察制度的价值与农村检察制度的功能的区别表现为如下几个方面：首先，农村检察制度的功能是由农村检察制度的结构所决定的，是农村检察制

---

①　《马克思恩格斯全集》第 19 卷，人民出版社 1960 年版，第 406 页。
②　《哲学小词典》，上海辞书出版社 2003 年版。

度内在所固有的，农村检察制度一经产生就具有一定的功能；农村检察制度的价值是农村检察制度主体与客体之间的一种特殊关系。其次，农村检察制度的功能是客观的，不以人的意志为转移的；农村检察制度的价值具有主观性，它是从农村检察制度主体对待满足其需要的农村检察制度这一客体的关系中产生的。最后，农村检察制度功能的发挥在于农村检察制度自身活动方式的实现，有正负之分；农村检察制度的价值是正向的，能满足农村检察制度主体需要而被肯定的农村检察制度功能才具有价值。功能是价值的基础，价值是功能的抽象与提升，而各个价值与功能之间又是互相支撑的。农村检察制度的价值与农村检察制度的功能的联系表现在以下两个方面：第一，农村检察制度价值的实现依赖于农村检察制度功能的发挥。价值不等于功能，只有客体的功能作用于主体时才产生价值。如果农村检察制度不具备各种功能，如果其功能无法发挥，也就无价值可言。第二，农村检察制度功能发挥得如何又取决于人们对农村检察制度价值的认识。不同农村检察制度主体在不同价值取向下会对农村检察制度活动的属性和功能作出不同的选择，从而影响农村检察制度功能的发挥。

一、农村检察制度的功能

法学理论告诉我们，"法的功能是作为一种特殊的社会规范本身所固有的性能和功用。这就是说，不论法是否直接地、实际地影响于社会，但法的性能和功用却是固有存在的。而且这些功用是基于法的属性、内部诸要素及其结构所决定的某些潜在的能力"、"法的功能是法内在所具有的。法一经产生就具有了其功能量度的规定性"。[①] 作为农村检察制度所具有的能力和作用，农村检察制度的功能具有客观性，它是由农村检察制度的结构所决定的，客观存在于农村检察制度之中，不以人的意志为转移。同时，农村检察制度的结构是复杂的，人和社会也是多层次和多方面的，所以农村检察制度的功能亦具有多样性，主要体现在以下几个方面：

（一）保障功能

当前，我国村民自治的广度、深度日益扩大，基层民主政治建设取得了很大的成绩，但与此同时，发生在农村的犯罪也呈现多样化。在这种情况下，农村检察制度通过发挥法律监督职能作用，可以成为维护农村社会和谐稳定的有

---

① 卢云主编：《法学基础理论》，中国政法大学出版社 1994 年版，第 43 页。

生力量。通过严厉打击农村刑事犯罪，特别是严厉打击发生在农村的暴力犯罪、毒品犯罪、村霸黑恶势力犯罪等刑事犯罪，为农业生产和农民生活营造平安、稳定的社会环境。积极参加社会治安治理各项工作，及时收集突发事件信息，根据农民群众反映的重要信息，向地方党委、政府提供有情况、有分析、有建议的报告。积极发现、收集农村职务犯罪线索和协助查办农村职务犯罪，惩处和预防利用职权贪污、挪用国家支农、惠农补贴款和救灾、抢险、防汛、优抚、扶贫等救济款物的职务犯罪，确保支农、惠农政策和资金真正落实到位。打击破坏农村民主管理的犯罪，依法打击利用家族、宗族势力拉票贿选、破坏选举的犯罪活动，保证农民群众的知情权、参与权和监督权有效落实，维护农民群众的民主权利，切实推进农村基层政权和村民自治组织建设。加强农村检察制度建设，将法律监督触角延伸到广大农村，更加有效地预防和惩治各种危害农村社会和谐稳定的犯罪，提高人民群众的安全感，促进农村社会平安建设；将更加有利于贯彻宪法法律和党中央的农村工作政策，强化党中央决策部署和支农惠农政策在农村的落实，同时，通过履行法律监督职能，有利于减少和遏制农村基层政权及组织滥用公权力损害党的威信的现象，从而夯实党的执政根基。

（二）利益协调功能

经过30多年的改革开放，我国农村经济社会飞速发展，农民生活水平不断提高，但是因征地拆迁补偿、腐败、医疗、教育、社保、环境污染等引发的矛盾纠纷也不断凸显，群体性事件数量和规模都有不同程度的上升。党的十七届三中全会通过的《中共中央关于推进农村改革发展若干重大问题的决定》指出："必须切实保障农民权益，始终把实现好、维护好、发展好广大农民根本利益作为农村一切工作的出发点和落脚点。"党的十八大报告再次把"三农"问题作为全党工作的重中之重，充分体现了我们党对国情、农情的深刻认识和准确把握。维护农民合法权益，促进农村和谐稳定，已成为关系改革发展稳定全局的迫切任务。面对农村利益日益多元化的现状，急需建立通畅的农民诉求表达渠道。农民表达自身利益诉求的渠道不畅，将造成矛盾纠纷的累积叠加，形成民怨的"堰塞湖"，进一步增加诱发包括群体性事件在内的不稳定因素。农村检察制度的建立，可以在农村架设农民表达自身利益诉求的平台，增加疏浚、分流矛盾纠纷的渠道，避免矛盾淤积，也使检察机关能够更好地倾听农民的呼声，零距离接受农民投诉、控告、举报，进一步密切与农民群众的联系；同时，通过履行法律监督职能，依法严肃查办涉农案件，强化涉农法律监督和司法保护，可以强化农村检察制度的利益协调功能，推动农村利益协调机制不断健全，纠正损害农民利益的突出问题，切实保障农民的物质利益和民主权利，维护好广大农民的根本利益。

（三）权力监督制约功能

农村检察制度作为中国特色社会主义检察制度的一部分，通过开展涉农法律监督，促进基层组织及其人员依法行政、公正执法，确保农村权力在法治轨道运行，是其核心职能，也是其他国家机关不可替代的关键所在。目前，我国基层农村形成了以人民法庭、公安派出所、司法所为主的农村基层政法组织体系，农村检察制度的健全和完善，将有利于构建农村基层政权的监督制约体系，弥补当前农村基层政权构架和组织体系中缺乏专门法律监督机关——检察机关的缺失和不足，进一步完善我国宪法规定的公安机关、人民法院和人民检察院相互配合、相互监督的权力监督和制约模式，进一步健全党和国家在基层农村的政权架构。

（四）促进农村社会治理转型功能

农村社会治理模式要实现从命令服从型向民主法治型的转型，必须加强农村法治建设。检察工作作为国家法治建设的重要环节，当前在广大农村的作用发挥有限，广大农民群众对其知晓度不高，在农村调研中，农民群众反映公安机关是抓人的、法院是坐堂审案的，但是对检察机关的作用、职能就不清楚了。当发生公权力滥用、自身权利遭受侵害时，农民群众也不知道向什么机关反映，因此不得不借助于上访等方式，加大了问题处理的成本。所以，加强农村法治建设，首先要加强农村检察制度建设，通过完善农村监督制约体系，通过发挥法律监督职能，促使各个职能部门正确用权，依法管理农村社会事务，减少不作为、乱作为现象，真正做到依法治理，从而促进农村社会治理模式转型。

二、农村检察制度的价值

农村检察制度的价值主要体现在维护农村社会秩序、确保农村基层国家权力依法运行、最大限度地保障农民群众的权益等方面。

（一）维护农村社会秩序

法学上所言的秩序，主要是指社会秩序，它表明通过法律机构、法律规范、法律权威所形成的一种法律状态。由不同的人组成的社会要得以维系、存在与发展，就必须确立基本的秩序形式，而在其中，法律在促成人类社会秩序的形成方面发挥着重要作用。任何一种法律都是要追求并保持一定社会的有序状态。秩序是法律所要实现的最基本的价值和首要价值，它构成法律调整的出发点，也是法律所要保护和实现其他价值的基础。当前，广大农村社会秩序总体上是好的，但也存在着多种不稳定因素，比如群众上访呈上升趋势，各种群体性事件时有发生；社会治安状况恶化，犯罪率上升；宗教迷信和邪教组织活动重新抬头……这种状况的形成，原因是多方面的，既与农村处于经济社会发展的转型时期，各种利益冲突加剧有关；又与农村本身的特点有关，如农民的法律意识较城市市民淡薄等，但是其主要原因是负责维护农村社会秩序的相关职能部门或基层组织不履行或不正确履行职责，以致农村小的矛盾纠纷未能得到有效处理，久拖不决，甚至积累升级。因此，农村检察制度对于维护农村社会秩序而言，固然要发挥检察机关应有的打击刑事犯罪的职能，但更重要的是要发现农村社会不稳定的根源性、基础性和根本性问题，督促、促使相关职能部门切实履行维护社会秩序的职能，以监督促管理，最终促进整个农村社会秩序的好转。

（二）促进农村社会正义

"正义"本身是个关系范畴，它存在于人与人之间的相互交往之中，其基本含义可以界定为"把各人应得的东西归予各人"。正义是法的基本标准和评价体系。法律只有合乎正义的准则时，才是真正的法律；如果充斥着不正义的内容，则意味着法律只不过是推行专制的工具。正义也极大地推动着法律的进化和完善，使法律成为实现社会正义的手段。当前，我国农村经济社会进入全面快速发展的新时期，市场经济在农村更加活跃，农村社会的流动性也日益增加，村民自治制度日益健全，农民群众的民主意识、法治意识日益增强，参政议政的要求日趋强烈。不过，处于社会转型时期的农村社会也存在诸多矛盾和问题，如村民自治不健全，农村基层干部的整体素质不能满足新形势的要求，部分农村基层干部仍然沿用计划体制下的行政命令的管理方式，没有完全按村民自治的要求实行民主化管理，作风粗暴，方法简单。有些农村基层干部对村务公开、民主管理制度有抵触情绪，村务公开内容不实，民主管理和民主监督没有落实；一些农村基层干部法律知识缺乏，法制意识淡薄，不依法办事、不依法行政，甚至以言代法、以权压法，侵害群众利益；农民群众维权要求与处置滞后、处置不力之间的矛盾，等等，都损害了农村社会的公平正义。农村检察制度在宪法和法律规定的职权内，通过发挥法律监督职能作用，顺势而为、积极作为，依法正确办理每一起案件，公正回应群众的每一件诉求，就能够平衡和修复社会关系，进而能够让人民群众感受到公平正义就在身边。

（三）协调农村利益关系

法所体现的意志背后乃是各种利益。法是社会共同的、由一定物质生产方式所产生的利益和需要的表现。所谓利益，就是人们受客观规律制约的、为了满足生存和发展而产生的、对于一定对象的各种客观需求。离开了利益关系，法既无从产生也无从存在。法对社会的控制和调整主要是通过对利益的调控实现的。法对利益的调控，具体表现为以下两种情况：第一，利益表达。法表达利益的过程，同时即是对利益选择的过程。立法者应当坚持利大于害的选择，追求容小害图大利，消除有利无害、一本万利的幻想性选择。在表达利益要求时，决不可回避利益冲突。第二，利益平衡。人类社会之所以产生法律争讼，主要是存在着利益要求相对立的各方。对匮乏社会资源控制的不同导致了利益差别，利益差别构成了利益冲突的基本原因。法律必须对各种利益冲突加以平衡，从而不致使人类社会在无谓的利益纷争中毁灭。近年来，伴随着体制的转轨和社会的转型，农村社会的各种利益关系也呈现出错综复杂的状况，由利益之争引发的社会矛盾日益增多。要解决这些利益冲突，依靠农村社会传统的纠纷解决方式已经力不从心了，如家族长老、农村士绅等权威在解决日常家庭纠纷中可能具有天然的优势，但在今天的农村，且不说这些权威本身是否减弱或消退，对于与市场经济密切联系的纠纷，他们显然无能为力，因此只有借助法律途径解决才是正确的选择。农村检察制度的建立和完善，将近距离、面对面地听取农民群众的诉求，健全农民利益诉求表达渠道，同时，通过发挥法律监督职能作用，协调农村利益关系，保障农民群众合法权益，实现农村社会和谐。

（四）实现效益最大化

效益，也称为效率，其基本的意义是：从给定的投入量中获取最大的产出，实现价值最大化，即以最少的资源消耗取得同样多的效果，或以同样的资源消耗取得最大的效果。农村检察制度的效益是指，通过发挥农村检察制度的作用，尽可能利用少的时间、空间、人力以及物力取得更大的法律效益和现实效益，实现政治效果、社会效果和法律效果的统一。但是在检察实践中，检察制度的效益价值并未得到充分的体现，特别是在农村检察工作中存在的不足使得广大农民群众对检察机关的性质、职责和作用并不了解，在日常生活中发生涉检事项也并不懂得向检察机关寻求帮助和支持，通常只有向党委或政府上访，诉求表达的渠道和方式十分有限，既不利于广大农民群众维护自身合法权益，也增加了基层党委和政府维护社会稳定的成本：农村一些小的矛盾纠纷如果长期得不到有效解决，往往会"小事拖大，大事拖炸"，甚至引发群体性事件，增加了社会治理的成本。因此，在这种情况下，通过加强农村检察工作，充分发挥农村检察工作贴近农民群众、能够及时了解农民群众需求、畅通农民群众诉求渠道、化解农村社会矛盾纠纷的优势，可以有效降低因农民群众诉求渠道不畅通、现有诉求机制解决纠纷效率低下等产生的额外成本。总的来看，农村检察制度的效益主要体现在以下三个方面：一是对农民群众而言，农村检察制度的健全完善将使农民群众及时获得检察机关的法律帮助或司法救济，减少因农民群众与检察机关之间信息不对称而产生的额外成本。二是对党和政府而言，农村检察制度的健全完善能够充分发挥检察机关在维护农村社会稳定、化解农村矛盾纠纷、惩治和预防农村职务犯罪、开展法制宣传等方面的作用，实现"小事不出村，大事不出镇"的目标，将群体性事件化解在萌芽状态，降低基层党委和政府维稳的压力和成本；通过惩治和预防农村职务犯罪，减少农村基层职权及其组织人员不作为、乱作为，促使公权力依法规范运行，降低权力行使过程中的损耗和腐败；等等。三是对检察机关自身而言，通过健全完善农村检察工作制度，可以增强检察机关对农村问题的把握，能够及时了解农民群众的需求，调整工作方向和重点，更好地服务农村改革发展，促进实现农村社会和谐稳定的目标。

三、农村检察制度的历史使命

当前，我国农村经济社会发展已进入一个新的历史时期。党的十七届三中全会作出了在新的起点上推进农村改革发展的重大战略部署。全会认为，"我国总体上已进入以工促农、以城带乡的发展阶段，进入加快改造传统农业、走中国特色农业现代化道路的关键时刻，进入着力破除城乡二元结构、形成城乡经济社会发展一体化新格局的重要时期"。这一历史阶段的重要任务是解放和发展生产力，着力破除城乡二元结构、加快推进城乡一体化改革和结构调整，形成城市与农村相互促进、农业与工业联动、经济与社会协调发展的新格局。农村检察制度作为中国特色社会主义制度体系的一个有机组成部分，在完成这一历史任务的过程中扮演着重要的角色、具有特定的历史使命。具体来说，应当包括以下几项内容：

（一）促进巩固党的基层政权

党的基层政权组织是党的工作和战斗力的基石，是我们党领导和执政的重要基础，也是社会主义国家政权的重要基础。党的宗旨是全心全意为人民服务，而基层政权组织正处于为人民服务的第一线，依法规范行使人民赋予的权力，是党赢得民心、取得人民信任、进一步夯实党的执政根基的重要环节。坚持党的事业至上，必须全力维护党的执政地位，这是检察机关坚持正确政治方向的首要目标。检察机关的法律监督职能在巩固党的基层政权建设过程中具有不可替代的作用，特别是农村检察制度的建立健全，进一步强化了农村法律监督工作，能够促进农村公权力依法规范行使，有利于增强党的基层组织的创造力、凝聚力、战斗力，提高党的基层组织科学执政、民主执政、依法执政的水平，有利于党和国家的支农惠农政策落到实处，使广大农民群众共享改革发展的成果，从而更加拥护党和政府，巩固党的执政地位。

（二）服务农村经济社会发展

破除城乡二元结构，实现城乡共同繁荣，建设社会主义新农村是当前和今后一个时期我国农村改革发展的重要任务。在这一过程中，需要将农村经济建设的发展纳入法制保障的范畴，维护社会的和谐与稳定。可以说，社会的和谐与稳定是社会主义事业平稳快速发展的基础，是社会主义初级阶段基本任务实现的重要保证。社会和谐与稳定要求我国农村检察制度必须能够及时有效地处理解决农村社会冲突，配合党委政府依法处置突发性事件、群体性事件，平息社会矛盾，最大限度地增加和谐因素、减少不和谐因素，以稳定求发展、促繁荣。

（三）回应和满足人民群众的司法需求

坚持人民利益至上，维护好、实现好、发展好最广大农民群众的根本利益，是检察机关一切工作的出发点和落脚点。当前，农民群众存在广泛的涉检需求，但却缺乏有效的回应。农村检察制度的健全完善，可以在检察机关与农村、农民之间架起一座桥梁，方便农民群众表达利益诉求，为其提供快捷、方便的法律服务和司法救济。

（四）推进农村基层民主法治建设

农村检察制度的健全完善有利于加强对人民法庭、派出所等基层政法机关的法律监督，有效预防和惩治农村基层组织人员职务犯罪，促进农村公权力依法规范行使；通过监督，督促村民自治组织依法行使自治权力，整章建制，规范管理，促进村民自治组织真正实现民主选举、民主决策、民主管理、民主监督，充分发挥村民自治组织的作用。

　　以上是对农村检察制度的价值、功能和历史使命所作的一些应然层面的阐释。"一步实际行动比一打纲领更重要"。农村检察制度的这些应然的价值与功能要想在检察实践中得到全面的实现，仅有这些理论是不够的，需要在检察实践中通过扎实、具体、细致的检察工作，解决农民群众迫切需要解决的涉检问题，满足农民群众涉检司法需求，如此，才能实现农村检察制度的价值，农村检察工作才能获得广大农民群众的认可，农村检察制度才真正具有生命力。

第三章 中国特色社会主义农村 检察制度的历史考察

历史是一面镜子，通过对事物的历史考察分析，可以理清其发展变化的脉络。同样，通过对我国农村检察制度演变历史的考察，将有助于我们掌握农村检察制度的源流及其背后的思想演变，总结和归纳出农村检察制度运行的某些规律，以更好地继承和发挥中国特色社会主义检察制度的特色，促进农村检察制度的健全完善。

第一节 苏维埃工农检察机关时期

农村检察制度最早可以追溯到中央苏区政府的工农检察机关。中华苏维埃共和国的检察制度伴随苏维埃共和国临时中央政府的成立而诞生。1931 年 11 月，中华苏维埃第一次全国代表大会在江西瑞金召开，中华苏维埃共和国临时中央政府成立，建立了包括检察机关在内的中华苏维埃共和国的政权机构。苏区检察机构由中央工农检察人民委员部（工农检察委员会）、国家政治保卫局检察科、军事检察（查）所和最高法院、各级裁判部内设的检察人员等组成。

中央工农检察人民委员部，简称工农检察部，兼有行政监察和职务犯罪检察等多种职能，实行双重领导体制，即"工农检察机关受该级执行委员会及其主席团的指挥，同时受它上级工农检察机关的命令"。根据《工农检察部组织条例》，中央政府设工农检察人民委员部，省、县、区三级设工农检察部，城市设工农检察科。其职能主要是承担对苏维埃党政机关及其工作人员以及国家企业工作人员贯彻执行苏维埃法律、法令、方针政策、履行职责及工作和生活作风进行检察、监督的任务。《工农检察部组织条例》规定：

"工农检察部的任务，是监督国家企业和机关及有国家资本在内的企业和合作社企业等，要那些企业和机关坚决地站在工人、雇农、贫农、中农、城市贫苦劳动群众的利益上，执行苏维埃的劳动法令、土地法令及其他一切革命法令。要适应某阶段的革命性质、正确地执行苏维埃的各种政策，特规定工农检察机关的具体任务如下：

甲、监督苏维埃的机关，要他们正确地站在工人、雇农、贫农、中农的利益上去没收并分配土地。

乙、监督各级苏维埃机关正确地去执行苏维埃的政纲和策略，以适合某阶段的革命利益。巩固苏维埃区域和苏维埃政权，并向外发展。

丙、监督苏维埃机关对于苏维埃的经济政策。首先是财政与租税政策，是否执行得正确。

丁、有向各该级执行委员合理建议撤换或处罚国家机关与国家企业的工作人员之权，但对于该企业或机关的工作设施，有直接建议之权。

戊、若发觉了犯罪行为，如行贿、浪费公款、贪污等，有权报告法院，以便施行法律上的检查和裁判。"①

从上述规定可以看出，工农检察部的设立，已经初步具备了国家法律监督机关的基本职能。工农检察部成立后开展了一系列惩治腐败、促进苏区政府廉洁的工作。1932年2月，中央人民委员会发布了第五号命令，要求对那些执行上级命令和国家法律疏忽懈怠者严肃纪律，对贪污腐化予以严厉打击。"这些工作的检查，刻不容缓，各级必须坚决执行"，"各级政府应绝对执行这一工作，不得稍有玩忽和怠工"。1932年12月1日，中央工农检察人民委员部又发布《关于检查苏维埃机关和地方武装中的阶级异己分子及贪污腐化动摇消极分子问题》的第二号训令，要求严惩贪污腐败分子。

工农检察机关是代表工农与城市贫民进行检察和监督的广义上的法律监督机关。其工作方式是组织各种专门检察委员会和突击队、轻骑队，采用公开或秘密方式，对国家机关及经济事业单位进行检查监督，若发现犯罪行为，有权报告法院，进而施行法律上的检查和制裁。苏区时期的检察工作由四部分组成，分别隶属于工农检察人民委员部、裁判部内设置的检察员、军事检查（原文如此——编者注）所、政治保卫局检察科。② 为了适应革命斗争的需要，工农检察部在组织结构上也极为精简。中华苏维埃第一次全国代表大会期间，中央工农检察人民委员部的领导人只有何叔衡、高自立、董必武、刘少奇、张人亚5人。中华苏维埃第二次全国代表大会到红军长征前，工农检察人民委员部改为中央工农检察人民委员会，领导人由"人民委员"改称"主席"，项英

---

① 参见《工农检察部组织条例》（1931年11月），载闵钐编：《中国检察史资料选编》，中国检察出版社2008年版，第199—201页。

② 最高人民检察院编：《人民检察史——纪念人民检察机关恢复重建30周年》，中国检察出版社、江西美术出版社2008年版，第23—24页。

为主席，委员有赖荣光、滕代远、罗荣桓、蔡畅、董必武等 35 人。张闻天在《苏维埃工作的改善与工农检察委员会》一文中指出："工农检察委员必须是党和苏维埃最好的干部，这个干部必须是群众中最有威信的同志，他们应该将全部精力用在他们自己的工作上，把工农检察委员会的工作作为苏维埃其他各个部门的榜样和模范。"[①]

1932 年 2 月，中华苏维埃共和国临时最高法庭成立。同月，成立最高法院。根据《中央苏维埃组织法》、《地方苏维埃暂行组织法（草案）》及《裁判部暂行组织及裁判条例》等有关法律、法规，最高法院内设检察长 1 人、副检察长 1 人、检察员若干人；省裁判部设正、副检察员各 1 人；县裁判部设检察员 1 人；区裁判部则不设检察员。此外，在鄂豫皖苏区和川陕省苏维埃政权的革命法庭内，设"国家公诉处"，由公诉员代表国家向法庭提起公诉。

国家政治保卫局是专门负责镇压反革命的机关，对一切反革命案件均有侦查、逮捕和预审之权。国家政治保卫局在省、县分别设有省分局、县分局，在区设特派员；在红军方面军、军团、军区设分局，师、团及独立营则设特派员及干事；在某些机关中也设有特派员。上下级政治保卫局之间实行严格的垂直领导。各级政治保卫局均设有检察科，行使检察权，主要负责政治保卫局侦查案件的预审和公诉。军事检察（查）所是苏维埃时期又一重要的检察机构，与各级军事裁判所并立。1932 年 2 月《军事裁判所暂行组织条例》规定，在初、高两级军事裁判所所在地，建立初、高两级军事检察（查）所。军事检察（查）所实行垂直领导，对于检察重要案件，所长有决定权。

苏维埃工农检察人民委员会成立初期，由于不少地方的工农检察机构组织不健全，工作人员不固定，主要领导人普遍兼职，而且调动频繁，严重影响工作的开展。为改变这种状况，临时中央政府在总结实践经验的基础上，提出了一系列旨在加强工农检察机关的原则与措施。包括充实工农检察委员会的领导力量，加强地方各级工农检察机关的组织建设，实行主要负责人专职专责，建立专职的检察工作队伍。这一时期，虽然是人民检察制度的起步探索阶段，但也形成了许多农村检察工作的组织形式和工作方法，为农村检察制度日后的发展奠定了较好的基础。具体而言，主要体现在以下几个方面：

一、工农检察机关的名称和性质

1927 年至 1937 年的 10 年时间，即第二次国内革命战争时期，中国共产

---

① 孙谦：《人民检察的光辉历程》（上篇），载《检察日报》2008 年 6 月 3 日。

党在其根据地内立宪颁制，参照苏联的做法，比较完善地建立了中华苏维埃政权。随着革命根据地的巩固和扩大，为了便于领导各革命根据地的政权，1931年11月7日至20日，中国共产党在江西省瑞金召开了中华苏维埃第一次代表大会，通过了《中华苏维埃共和国宪法草案》、《土地法》、《劳动法》等重要法案。1931年12月1日，中央执行委员会发布第一号布告，庄严宣布中华苏维埃共和国成立。中华苏维埃政权体制是由全国中华苏维埃代表大会、中华苏维埃中央执行委员会、中央执行委员会主席团、人民委员会、最高法院、审计委员会等组成。根据《中华苏维埃共和国宪法大纲》的规定，中华苏维埃政权的性质是"工人和农民的民主专政国家。苏维埃政权是属于工人、农民、红色战士等一切劳苦民众的"，并对军阀、官僚、地主豪绅、资本家及一切反革命分子实行专政。革命根据地的红色政权是无产阶级（通过共产党）领导的，以工农联盟为基础的工人、农民和城市小资产阶级联合的，反对帝国主义、封建买办阶级的工农民主专政。苏维埃政权的性质决定了这一时期检察机关的性质，决定了其是为广大农民群众服务的，如工农检察部的任务，是"要那些企业和机关坚决地站在工人、雇农、贫农、中农、城市贫苦劳动群众的利益上，执行苏维埃的劳动法令、土地法令及其他一切革命法令"，并明确其具体任务："监督苏维埃的机关，要他们正确地站在工人、雇农、贫农、中农的利益上去没收并分配土地。"

二、工农检察机关的组织机构和工作方式

这一时期的检察机关不仅从名称和性质上直接反映了服务农民和农村的特征，而且也体现在组织机构和工作方式上。工农检察机关在农村设置了专门的检察机构，也设置了群众性检察组织，充分体现了依靠群众、服务工农的检察工作特色。根据《工农检察部组织条例》，在中央、省、县设有工农检察人民委员部或工农检察部，在县所属的区也设置了工农检察部，还专门区分了农村和城市的检察机构——省、县、区三级设工农检察部，城市设工农检察科，且最低层级的检察机关机构是县以下的区工农检察部。而且在中央苏区还建立了突击队、轻骑队、工农通讯员等群众性组织，接受工农检察部的管辖和指导，以作为工农检察机关的助手。国家政治保卫局虽然没有在县以下的区设置分局，但在区设特派员，肩负着对反革命案件的检察职能。

（一）轻骑队

1933年12月20日，苏区中共中央局通过的《轻骑队的组织与工作大纲》

规定：轻骑队是在团组织直接领导下的青年群众监察组织。主要任务是："检查苏维埃机关内、企业内、经济和合作社组织内的官僚主义、贪污、浪费、腐化、消极怠工等现象，举发对于党和政府的正确政策执行的阻碍与曲解。"它的具体组织形式是：在地方上，乡成立大队，区以上不成立更高的组织；在红军作战部队里，一般不组织轻骑队，但在诸如兵站、供给部兵工厂、被服厂这些军需后勤部门，则要组织轻骑队。轻骑队直属各该级政治部的领导。各级轻骑队在组织上受共青团组织的领导，在业务上受工农检察部的领导。

轻骑队的主要任务是：监督、检查苏维埃各机关、企业及合作社组织内的官僚主义、贪污浪费、消极怠工、行贿受贿等腐败现象。但它的职权范围只限于揭露、检举和控告，最后的处理权仍归属于监察机关和司法机关。由青年团员组成的轻骑队，在中央苏区的反腐败斗争中充分发挥了其思想纯洁、斗争坚决、立场坚定的政治优势，许多大案要案都是由轻骑队检举、揭发而被苏维埃司法机关查获的。据资料统计，在 1934 年年初开始的惩腐肃贪运动中，有 40% 的大贪污犯、大官僚腐败分子都是由轻骑队协助查获的。其中，最引人注目的是对腐败分子左祥云一案的查处。左祥云捕前系苏维埃大会工程所主任，他在任职期间勾结反动分子贪污巨额公款，犯下了严重的罪行。轻骑队奉命对该案展开侦查，不仅很快查清了左祥云贪污公款、窃取机密、私偷公章、企图逃跑等犯罪事实，而且查出了包庇、私放罪犯，索贿受贿，贪污浪费公款的徐毅、赵宝成等人。

（二）突击队

1932 年 8 月 13 日，中央工农检察人民委员会颁布的《突击队的组织和工作》规定：中央和地方各级监察机关在进行反腐败廉政工作时，可以组织突击队去检查某国家机关或企业的工作。突击队是工农群众在工农检察部指导之下，监督、检查国家政权机关及其工作人员的一种方式。凡有选举权的人都可加入突击队。中央和地方各级监察机关都可以组织突击队，但每一支突击队只隶属于同级工农监察机关，突击队之间没有上下级关系。突击队的任务是监督和检查苏维埃机关和国家企业对政纲、政策的执行是否正确，工作计划是否完成，参战程度如何，是否有官僚腐化、贪污受贿等腐败现象。其工作方式有两种：一种方式是公开地突然去检查某苏维埃机关或国家企业、合作社，以揭破该机关或企业的贪污浪费及一切官僚腐败现象；另一种方式是扮作普通工农群众到某机关去，请求解决某种问题，看该机关的工作人员对工农群众的态度、办事的效率，以测验该机关的工作现状。①

（三）工农通讯员

1933 年 4 月，中央工农检察人民委员会发布第三号训令，要求在各级机关、企业、作坊、学校、社会团体、街道、村落中，推选并委任优秀分子为通讯员。工农通讯员不脱离生产，是群众性的义务监察人员，接受各级工农检察机关的指导，要求通讯员每月要通讯两次，能写信的写信，不能写字的或请人代写，或口头报告，至于所用的笔、墨、纸、邮票等，由工农检察机关给予补贴。20 世纪 30 年代，这支工农通讯员队伍活跃在中央苏区，他们是不脱产的群众监察员。《中华苏维埃共和国地方苏维埃暂行组织法（草案）》规定，省、县、区各级工农检察部或科，必须在一切国家机关、企业、学校、社会团体及街道村落中，设立工农通讯员。他们的任务是：对国家机关、企事业单位的工作人员进行监督、检查，遇有上述机关和人员违法失职、贪污浪费、违反政策及侵害群众利益等行为时，有权而且也应该负责搜集材料，经所属机关领导审查后，以通讯的方式向监察机关报告。同时，在一切国家机关、企业、学校、社会团体、街道、农村中，发展不脱产通讯员，形成工农检察的通讯网，工农通讯员是工农检察部的耳目，哪里有腐化分子，他们就及时写信反映到工农检察部。②

1934 年年初，中央工农检察委员会下达了《怎样检举贪污浪费》的指示，总结前一段时期开展群众检举运动的成绩、经验和存在的问题，分析贪污浪费的特点，并对今后进一步开展检举运动提出了要求。同年 4 月 9 日，又发出了《继续开展检举运动》的训令，指出"检举运动是广大群众斗争的行动，我们不仅动员自己的通讯员突击队来参加，揭发一切坏现象与坏分子来帮助检举的进行"，而且要"采取一切方法来鼓励和吸收群众的意见，特别是依靠该机关党的领导和帮助，这样才能使检举运动成为广大群众的斗争行动"。③ 通过发动群众检举，许多贪污案件被揭露出来。1934 年 3 月 27 日《红色中华》刊出的《关于中央一级反贪污斗争的总结》一文指出，"这一检举活动，发动了中央一级的工作人员，积极参加这一斗争，特别是各级机关的工农通讯员，他们

---

① 何叔衡：《突击队的组织和工作》，载《红色中华》第 32 期，1932 年 9 月 6 日。

② 苏扬：《工农通讯员：不脱产的群众监察队伍》，载《检察日报》2004 年 3 月 2 日，第 8 版。

③ 参见《中央工农检察委员会检字第二号——继续开展检举运动》，载《红色中华》第 77 期，1934 年 3 月 27 日。

起了很大的作用，大多数的贪污案件是由于通讯员的通讯和检举而破获的"。①
中央互济总会财务部原部长谢开松贪污案，就"是由本会通讯员的报告与该
会主任的控告"而被揭露出来的。②

（四）控告局、控告箱

为了加强检举、监督力度，经何叔衡提议、毛泽东批准，工农检察部增设
了控告局。《工农检察部组织条例》规定："工农监察部之下设立控告局，以
接受工农对政府机关或国家企业的缺点和错误的控告事件，在工农集中的地
方，得制定可靠的工农分子代收工农的控告书，并须在工农集中的地方，悬挂
控告箱，以便工农投递具名意见书。"何叔衡在《工农检察部控告局的组织纲
要》中对控告局的人员、接受举报等进行了明确说明。③

控告箱为木制，悬挂于各机关单位、街道路口。控告箱箱顶中间开了一条
窄缝以便投入控告书。箱的正面与顶部之间钉有插销，可锁。正面上书"控
告箱"三个大字，箱盖上写着："各位工农群众们，一切什么事情都可来这里
控告。所写的控告意见书，必须要盖好私章才能作效力，没有盖私章的概作废
纸，而且还要用信套密封好，并且要注明送某机关工农检察部控告局长收。"
箱子的右侧写着："苏维埃政府机关和经济机关，有违反苏维埃政纲、政策及
目前任务工农利益发生贪污、浪费、官僚腐化和消极怠工的现象，苏维埃的公
民无论任何人都有权向控告局控告！"箱子的左侧写着："控告人向控告局投递
控告书，必须署本人的真实姓名而且要写明控告人的住址，同时要将被告人的
事实叙述清楚。无名的控告书一概不作处理，倘发现挟嫌造谣诬控等，一经查
出即送法庭受苏维埃法律的严厉制裁。"控告局设有调查员，他们每天到各个
控告箱去收取控告信，然后根据群众的控告，调查核实。控告箱上这些说明文
字，均是由何叔衡亲自拟定的。在反贪污浪费运动中，控告箱发挥了很大作
用，中央印刷厂、中央造币厂等大量贪污案件的线索，都是检察人员从群众投
入控告箱的检举信中发现的。其中，中央印刷厂、中央造币厂案是刘少奇亲自
主持查办的。中央印刷厂厂长杨其鑫、中央造币厂厂长陈祥生任人唯亲，分别

---

① 参见《关于中央一级反贪污斗争的总结》，载《红色中华》第167期，1934年3
月27日。

② 参见《检举中央各机关的贪污案件的结论》，载《红色中华》第152期，1934年2
月20日。

③ 何叔衡：《工农检察部控告局的组织纲要》，载《红色中华》第32期，1932年9
月6日。

任用兄杨其兹、内兄凌全香为本厂会计科长。因缺乏监管，两会计科长采取少支出多报账、虚列工人工资的手段，贪污公款，后被判刑。两个厂长也因此受到处分。①

第二节　抗日战争和解放战争时期

一、抗日战争时期

1934 年 10 月，中共中央机关和中央红军撤离中央苏区，开始长征。1937 年 1 月，中共中央领导机关迁驻延安。此后，延安成为指引中国革命方向、照耀中华民族前程的红星。1937 年 7 月 7 日，"卢沟桥事变"爆发，日本帝国主义发动了全面侵华战争。在中华民族面临生死存亡的危急关头，国共两党开始了第二次国共合作，国民党正式承认陕甘宁革命根据地的合法地位。同年 9 月，以国共两党合作为基础的抗日民族统一战线正式形成。中国共产党将陕甘苏区改名为陕甘宁边区，并成立了边区政府。抗日战争开始后，八路军、新四军以及中国共产党领导的其他抗日武装，遵照党中央、毛泽东同志的指示，向敌后挺进，放手发动群众，广泛开展游击战争。到 1945 年 8 月抗日战争胜利，中国共产党共建立了陕甘宁、晋绥、晋察冀、晋冀豫、冀鲁豫、山东等 19 个根据地。在各抗日根据地，随着民主政权的建立、法制建设的逐步健全，检察制度也逐渐发展起来，陕甘宁、晋察冀、晋冀鲁豫、山东等抗日根据地均建立了检察机构。这一时期人民检察制度基本上实行的是审检合署，在法院内设检察处，配备检察人员。包括检察机构在内的司法机关的设置以抗日根据地的实际状况和需要为依据，以便民简政为原则，实行政府领导司法机关的体制。

二、解放战争时期

1945 年 8 月，抗日战争胜利后，中国革命进入了解放战争时期。随着革命战争的节节胜利，解放区迅速扩展。各解放区基本沿袭了原来根据地行之有效的检察制度，多数实行审检合署，但专职检察人员不多，有的由公安机关代行检察职能。关东解放区的检察制度有新的发展。1947 年 6 月，关东行署颁布《关东各级司法机关暂行组织条例草案》，规定"关东所有机关、社团，无

---

① 《六问六答：检察史上的名人名事》，载《检察日报》2009 年 7 月 13 日。

论公务人员或一般公民，对于法律是否遵守之最高检察权，均由检察官实行之"；"关东高等法院首席检察官由关东人民代表大会选举之，任期至下届关东人民代表大会选举后止，连选得连任"。这赋予了检察机关在维护法制中的广泛权能，开创了检察机关由国家权力机关产生之先河。解放战争时期没有成立独立的检察机关，有的地方由公安机关代行检察权，有的地方在法庭内设置检察员履行职能。主要有人民法庭的检察机构、关东地区各级法院的检察机构、特别法庭的检察机构等几种形式。虽然这一时期缺乏统一的检察体制和机构设置，也没有像中华苏维埃时期那样明确的农村检察工作机构，但是依然存在类似的服务农村和广大农民群众的检察组织，如在农村的人民法庭设置检察员，行使检察职能。按照《中国土地法大纲》关于组织人民法庭审批破坏土地改革犯罪分子的规定，各解放区制定了人民法庭组织条例，并规定在乡人民法庭中设置检察员。例如，1948 年 2 月的《苏皖边区第六行政区人民法庭组织条例》规定，人民法庭审判委员会的产生采用人民大会选举和上级委派相结合。人民法庭分县、区、乡三级，在各区人民法庭审判委员会设主席 1 人、审判员 1 人、检察员 2 人、书记员 1 人；各乡设立审讯检察组，设组长 1 人、检察员 2 人、记录员 2 人。1948 年 1 月 1 日发布的《东北解放区人民法庭条例》规定，设立区、村两级人民法庭，受区村农民大会及农民委员会的直接领导，并受上一级政府的领导。村人民法庭设审判委员 7 人（由村民大会选出 6 人，区政府委派 1 人），互推 1 人为主席、2 人为审判员、1 人为书记员、3 人为检察员。区人民法庭设审判委员 5 人（由区农民代表大会选举 4 人，县政府委派 1 人），互推主席 1 人、1 人为审判员、1 人为书记员、2 人为检察员。①

第三节　新中国成立后至检察机关恢复重建时期

新中国检察制度是在新民主主义革命根据地检察制度的基础上，学习借鉴苏联的检察制度，结合中国国情创制的。1949 年 9 月 27 日，中国人民政治协商会议第一次全体会议通过的《中华人民共和国中央人民政府组织法》明确规定：设立国家的检察机关。我国的检察制度是社会主义类型的检察制度，与苏联的检察制度具有许多共同的特征，但是又具有自己的特殊性，主要表现

---

① 曾宪义主编：《检察制度史略》，中国检察出版社 2008 年版，第 220 页；另可参见孙谦主编：《人民检察制度的历史变迁》，中国检察出版社 2009 年版，第 260 页。

在：第一，检察制度建立的思想基础是人民民主的国家观，因而更注重政权建构的集中和民主性；第二，检察机关的法律监督主要是运用诉讼手段针对具体案件的监督，而不是一般监督意义上的监督。"检察机关行使职权，是代表国家所进行的一种法律监督性质的活动。检察机关的创建是在相当困难的条件下进行的。由于艰苦激烈的战争环境，新民主主义革命时期的检察机构没有延续下来，因而，创建新中国检察机关时，既无组织基础，又缺乏工作经验，一切不得不从头做起。再加上中国历史上缺乏民主和法制的传统，检察工作又是一项新的工作，它的性质、任务是什么，为什么有了公安机关和人民法院还要设置检察机关等问题，很少为人们了解，甚至出现了检察机关'可有可无'的说法。"

1954 年，最高人民检察署副检察长高克林在第二届全国检察工作会议上作了《关于过去检察工作的总结和今后检察工作方针任务的报告》。高克林指出："目前各级人民检察署的组织状况，远不能适应当前工作的需要。应该积极地采取有计划有步骤地逐渐加强和普遍建立的方针，求得在国家第一个五年建设计划的时期内，将各级人民检察署的组织逐步普遍地建立和健全起来。在 1954 年应首先充实与健全省（市）以上的检察机构，并加强城市、工矿区人民检察署和有重点地建设铁路、水运沿线和工矿区的人民检察署，同时在工作基础和干部条件较好的省，应尽可能有步骤地普遍建立和健全县的检察机构。在工作基础和干部条件较弱的省，应建立和充实若干县的检察机构，作为开展农村检察工作的基点。"① 高克林的这一说法载入了第二届全国检察工作会议的决议。如第二章所述，这是关于"农村检察工作"较早的正式表述。随着中国特色社会主义检察制度的初步建立，农村检察工作虽然没有得到进一步的专门重视和系统阐述，但是有关农村检察工作的必要性、组织机构、工作方法等已经引起当时的检察机关，特别是最高人民检察署的关注。

1958 年召开的第四次全国检察工作会议通过了《检察机关的今后任务》这一指导性文件，对当时检察工作的工作路线、方针、方法等分为 50 个小问题一一作答，其中第 34 个问题为："检察机关要不要专门建立基层力量？首先应该肯定：检察机关必须走群众路线，在一切工作中充分依靠群众，而基层治保组织、调处委员会、基层干部和群众积极分子，就是我们最广阔的依靠

---

① 高克林：《关于过去检察工作的总结和今后检察工作方针任务的报告》，载闵钐编：《中国检察史资料选编》，中国检察出版社 2008 年版，第 517 页。

力量。"①

可见，在检察机关成立之初，最高人民检察署就提出了我们今天依然尚待解决和争论的问题，虽然争论发生的社会环境产生了翻天覆地的变化，但这说明如何做好农村检察工作，设置农村检察工作专门力量，并不是一个新的问题，而是一个伴随着中国特色社会主义检察制度的发展、完善而产生的问题。那么，怎样开展好农村检察工作？当时，全国检察机关采取了许多行之有效的做法，主要有：检察通讯员和检察工作队（组）。

一、检察通讯员

20 世纪 50 年代，根据最高人民检察署指示，把在工厂、企业等基层单位发展检察通讯员，建立检察通讯员组织，作为检察机关一般监督的经常业务。发展检察通讯员的目的，是密切联系群众，为检察机关提供违法犯罪线索。1951 年 8 月，根据最高人民检察署指示，为了广泛联系群众，开展检察工作，保证《中国人民政治协商会议共同纲领》及人民政府的方针政策与法律、法令的贯彻执行，人民检察署在各机关、企业、事业单位和农村建立了人民检察通讯员制度。检察通讯员的条件是思想进步、作风正派、密切联系群众、遵纪守法、积极负责、忠心耿耿为人民服务。其遴选由单位党组织提名、审查，本人自愿，群众讨论，检察机关批准后发给聘请书。检察通讯员的任务是向检察机关反映下列情况：其一，一切反革命活动；其二，各种破坏经济建设及严重危害国家与劳动人民利益的行为；其三，乱捕、乱押、乱罚、乱没收以及刑讯逼供等违法乱纪行为；其四，公务人员贪污渎职等违法行为；其五，其他一切违反政策、法律、法令的行为；其六，协助检察机关调查和搜集案件的情况和证据；其七，宣传检察机关的性质、任务以及国家的政策、法律、法令。

1954 年，山东省检察机关开始在农村基层组织中有重点地建立和发展检察通讯员。检察通讯员的条件是：历史清楚，政治可靠，作风正派，热爱祖国，关心人民利益，密切联系群众，自愿做检察通讯员工作。发展的方法：第一，结合中心工作，选择培养群众中的积极分子，经单位领导同意后，民主选举产生，报检察机关审查批准后，发给聘书；第二，本单位领导推荐，检察机关审查合格后，发给聘书，并向群众公布名单。②

---

① 《检察机关的今后任务》（1958 年 8 月 15 日），此文件由第四次全国检察工作会议通过，载闵钐编：《中国检察史资料选编》，中国检察出版社 2008 年版，第 601 页。

② 参见《山东检察志》，载山东省检察机关内部专线网。

最高人民检察院《1956 至 1957 年检察工作规划》指出，要采取积极发展和整顿巩固相结合的方针，有计划地普遍地发展检察通讯员。在全国现有 2 万名检察通讯员的基础上，计划于 1956 年发展到 10 万名至 15 万名，1957 年发展到 25 万名至 30 万名，要求达到每一个乡和较大的工矿单位至少有一个检察通讯员。并于 1956 年内拟定检察通讯员通则，颁发试行。① 1956 年 5 月，最高人民检察院下达《各级人民检察院建立检察通讯员试行办法（草案）》，要求各级人民检察院照此试行。发展检察通讯员成为检察机关一般监督部门重要任务之一，大大加快了发展速度。这一年，山东省共发展检察通讯员 3514 名。据济南、青岛、泰安、昌潍、济宁、烟台、无棣、牟平、苍山、滨县等分、市、县院统计，共收到检察通讯员检举揭发违法犯罪材料 1025 件。到 1957 年 9 月，山东全省共有检察通讯员 8405 名。上海市检察机关共有检察通讯员 2571 人，建立检察通讯员小组 500 个。其中轻重工业系统 1517 人，商业系统 414 人，运输部门 99 人，农业、手工业合作社 90 人，其他机关、学校、里弄等 451 人。同年年底又发展到 3211 人，其中中共党员 1604 人、共青团员 756 人。建立检察通讯员小组 537 个，数量比上年增加 10 余倍。②

1957 年 10 月，随着检察机关的一般监督工作和机构的撤销，停止了检察通讯员的工作，检察通讯员也随之解聘。最高人民检察院对检察通讯员有着客观公正的评价和认识："过去检察机关设置的检察通讯员，虽然也起了一定作用，但是，它毕竟局限性很大，容易限制我们同广大群众的直接联系，因此，今后可以不要了，也不必专门办理结束工作。有人提出：'是否在基层委任兼职的检察员？'根据有的地区初步试验，还有一定的效果。我们的意见：在有些确实案件很多、检察干部不足、群众有要求、而党委又同意的地区，可以重点试点，以总结经验。"③ 总的来看，检察通讯员具有以下几个特点："第一，群众兼职，体现广大的群众参与；第二，为检察机关提供大量的案件线索；第三，必要时作为证人出席法庭；第四，协助检察机关调查；第五，以案说法，

---

① 《1956 至 1957 年检察工作规划》，载闵钐编：《中国检察史资料选编》，中国检察出版社 2008 年版，第 538 页。

② 参见《上海检察志》，载上海检察网，http://www.shjcy.gov.cn/jcwh/jcz/t20100211_62772.htm，访问时间：2010 年 7 月 18 日。

③ 《检察机关的今后任务》（1958 年 8 月 15 日），此文件由第四次全国检察工作会议通过，载闵钐编：《中国检察史资料选编》，中国检察出版社 2008 年版，第 601 页。

进行法制宣传。"①

　　检察通讯员制度在实践中存在的问题具体表现在以下几个方面："其一，职责范围不够明确。往往说起来清楚，执行起来糊涂。有的检察通讯员进行一般监督多，大小事情都要管，发现问题就找有关部门或行政领导处理，事后向检察机关报告；有的检察通讯员调查搜集案件证据材料，自己认为把问题弄清后，再向检察机关提出处理意见。其二，有的检察机关没有建立必要的制度，对检察通讯员具体帮助少，硬性任务多，要求汇报多，甚至写文字报告多，搞烦琐哲学，加重了检察通讯员的负担。其三，发展中追求数量，忽视质量。有的分配数字，搞突击发展，而后领导不力，训练跟不上，使有的检察通讯员不知具体怎么干，时间一长，流于形式。个别单位政治上把关不严，使坏人混了进来。其四，城市、乡村、工矿、机关以及山区、平原等情况不同，有的地区缺乏从实际出发，针对各自特点分类指导。其五，对思想政治工作重视不够，有的检察通讯员滋长了特权思想，发生偏差后，领导又帮助教育不够。其六，在活动经费、误工补贴、奖惩、任期等方面还缺乏经验，没有形成一套章法。"②

　　可以说，上述分析非常客观地指出了当时检察通讯员制度存在的问题。按照今天的眼光来看，检察通讯员制度存在的不足主要有：一是规范性不强，对检察通讯员的职责范围、工作制度、人员选任缺乏统一、明确的规定，检察通讯员有的甚至参与办案，降低了检察机关作为国家专门司法机关的严肃性、程序性；二是队伍素质不高，少数检察通讯员的政治素质、业务能力不强，检察机关对检察通讯员的准入条件缺乏明确、科学、统一的规定，导致检察通讯员队伍良莠不齐，甚至出现了损害检察机关队伍形象的事件，不利于检察机关树立公正执法的形象；三是保障机制不足，主要表现在对工作经费、补贴等缺乏具体规定，各地做法不一，取得的成效也不同。

二、检察工作队（组）

　　运用各种工作队（组）开展工作是党和政府一项重要的工作方法，总结和积累了不少工作经验。1949 年，新中国成立以后，在全国开展土地改革运

---

　　①　孙谦主编：《人民检察制度的历史变迁》，中国检察出版社 185—187 页。另，该书作为人民检察史的专门著作，理性、客观地认识到了"检察通讯员"制度的作用，并专节介绍这一制度。

　　②　张长海：《我省五十年代检察通讯员略考》，载《河北法学》1985 年第 4 期。

动。当时，新中国刚刚成立，未能有效地发动农民群众。为了发动农民参加土地改革并在土地改革中建立基层政权，中国共产党从解放区和被解放的城市将经过训练的人员组成土地改革工作队，由工作队领导土地改革运动。没有自上而下的工作队深入乡土社会，发动和组织农民参与，土地改革不可能在两到三年的时间内完成。20 世纪 60 年代，为了巩固人民公社体制，中共中央决定在农村进行广泛的社会主义教育运动，并从城市抽调人员组成"社教工作队"，由工作队领导社会主义教育运动。70 年代，向农村下派"基本路线教育工作队"。80 年代以后，尽管中共宣布不再搞政治运动，但是，地方在推动工作时仍然下派各种工作队。如 90 年代初的社会主义教育工作队，90 年代中期的小康工作队，当前各地的扶贫工作队、加强社会主义新农村建设工作队、化解社会矛盾工作队等。

下派工作队深入农村是我党的优良政治传统，有利于密切党群关系，改进作风，锻炼提高干部能力，推动农村发展。从理论上而言，下派工作队的作用主要体现在以下几个方面：首先，工作队促进行政体系的建构。通过工作队选拔积极分子和干部，建立起能够充分体现国家意志的行政体系。农村基层行政工作人员大都从积极分子中产生，工作队则是识别和判断积极分子并将其发展为基层干部的重要机构。其次，工作队直接反映国家意志。农村和基层干部尽管要积极贯彻上级意志，但是，他们毕竟长期生活在当地，其思想和行为难免为"地方性"所影响。而工作队是外来和上级派来的，直接反映和体现国家意志，从而能够有效地将国家意志贯彻到农村。最后，加强基层政权与农民的联系。尽管新中国成立后的基层政权强调其人民性，但作为科层化的机构，基层政权的运作也有可能脱离民众，从而重复历史上地方机构官僚化而造成的国家与农民的隔绝。而工作队既代表国家意志，又十分注重动员民众，能够进行有效的政治沟通。正因为如此，每当国家在农村进行重大变革之时，往往都会从城市抽调人员组成工作队推动农村工作。①

成立检察工作队（组）也是当时检察机关开展农村检察工作的重要方式和途径。虽然缺乏有关系统介绍、总结检察工作队（组）设置、开展工作等情况的资料，但是从当时最高人民检察院领导的讲话、工作报告中也可以对这种工作形式略知一二。1958 年 8 月 16 日，时任最高人民检察院检察长张鼎丞在中共八大二次会议上的发言中提到了一个检察机关成立工作队开展工作的典

---

① 关于工作队在乡村治理中的作用，可参见徐勇：《"行政下乡"：动员、任务与命令》，载《华中师范大学学报》2007 年第 5 期；另可参见：严国方、肖唐镖：《运动式的乡村建设：理解与反思》，载《中国农村观察》2004 年第 5 期。

型经验：

"河北省交河县决定组成'办案游击队'带犯下乡巡回办案，……他们首先组成了以'三长'为首的第一支'办案游击队'，携带9名久押未决犯下乡，在民警和民兵的看管和群众的监督下，深入田间、渠道、麦地，边生产边调查、边办案边宣传。在5天中，办完了案子，还处理了当地的治安案件47起，帮助合作社打井7眼，送粪27车，浇地2亩。"办案工作队深入农村，联系群众，最大限度地依靠广大人民群众的力量，提高了办案的效率，取得了政治效果、法律效果和社会效果的三个统一。"这样做，不仅案子办得准，办得快，效果好，而且干部得到了锻炼，群众得到了教育，连犯人通过劳动也得到了一定程度的改造。因此，党委赞许，群众欢迎。首战告捷，作出样本，办好了这块'政法试验田'，有怀疑的人才服气了。"①

关于检察工作组作为服务农村、联系群众的工作方式，同样也曾出现在最高人民检察院的正式报告和文件中。如1964年最高人民检察院检察长张鼎丞在第三届全国人民代表大会第一次会议上作的工作报告中指出："现在，不少同志对于只坐在机关里办案总感到不那么踏实。检察干部走出机关，下乡下厂，实现'四同'，依靠群众办案、调查敌情的，比过去增多了。各级检察机关的领导作风也有了转变。不少检察长都亲自到群众中调查处理案件。据24个省、市、自治区检察院统计，今年上半年，先后派出83个工作组，深入基层，调查研究，总结经验，指导工作。"②

可见，在人民检察制度初步建立时期，我国检察机关就十分重视将检察工作制度与党的群众路线相结合，开创了形式多样的依靠群众办案的检察工作制度，为日后农村检察制度的逐步形成、做好农村检察工作提供了有益探索。

第四节　检察机关恢复重建至今

粉碎"四人帮"以后，摆在司法机关面前的一项十分重要而紧迫的任务，就是恢复和重建被"文化大革命"破坏的国家司法体制与制度。一是重建了司法组织体系。1977年10月，在征集修改宪法的意见中，全国各地、各部门

---

① 张鼎丞：《坚决贯彻党对检察机关的绝对领导》，载闵钐编：《中国检察史资料选编》，中国检察出版社2008年版，第571页。

② 张鼎丞：《最高人民检察院工作报告》（1964年2月26日），载闵钐编：《中国检察史资料选编》，中国检察出版社2008年版，第714页。

纷纷提出"重新设立人民检察院"的建议。1978 年 3 月，叶剑英在第五届全国人民代表大会第一次会议上所作的《关于修改宪法的报告》中指出："鉴于同各种违法乱纪行为作斗争的极大重要性，宪法修改草案规定设置人民检察院。"会议通过了新中国成立以来的第三部宪法，规定"最高人民检察院对于国务院所属各部门、地方各级国家机关、国家机关工作人员和公民是否遵守法律，行使检察权。地方各级人民检察院和专门人民检察院，依照法律规定的范围行使检察权"；"最高人民检察院监督地方各级人民检察院和专门人民检察院的检察工作，上级人民检察院监督下级人民检察院的检察工作"，恢复了检察机关在国家政权体系中的地位。之后又陆续通过了《人民检察院组织法》、《刑法》、《刑事诉讼法》。《人民检察院组织法》第一次明确规定人民检察院是国家的法律监督机关，并对检察机关的领导体制、组织原则、职权等进行了明确规定。1982 年 12 月 4 日，第五届全国人民代表大会第五次会议通过《中华人民共和国宪法》，规定"国家行政机关、审判机关、检察机关都由人民代表大会产生，对它负责，受它监督"，进一步明确了检察机关在国家机构中的地位及其与国家权力机关之间的关系。在中央的直接推动下，各级检察机关的重建工作进展顺利。全国县以上都成立了人民检察院，有了一支 11.6 万余名干部、司法警察的检察队伍，基本上担负起了法律赋予的检察机关的职责。人民检察工作开始走上正常发展轨道。

一、派驻检察室

在恢复重建的过程中，检察机关又一次提出了是否应该设立基层检察工作机构，加强基层工作基础的问题，并为此开展了积极的探索和实践。其中最重要的就是全国各地检察机关设置派驻检察室的探索。派驻检察室是检察机关为加强检察工作，延伸监督职能，派驻到乡镇、税务和其他国家行政机关、企业和事业单位的派出机构。派驻检察室的种类繁多，按照派驻的对象不同，可以分为驻厂检察室、各个行业检察室、乡镇检察室等。如吉林省检察机关 1986 年先后"在全省粮食、农行、税务、乡镇等单位派驻了 39 个检察室"；内蒙古自治区检察机关在"包头、赤峰的大型企业设置的'驻厂检察室'"；[①] 福建省检察机关"设派出机构始于 1985 年。为适应打击经济犯罪的需要，全省各级院共向重点乡、镇派驻检察室 59 个、税务检察室 84 个、供销检察室 49

---

① 《中国检察年鉴》（1988 年），中国检察出版社 1989 年版，第 55、65 页。

个、农业银行检察室 29 个以及其他各类检察室 50 个"，① 等等。在这些类型不一的检察室中，最具影响的有派驻乡镇检察室和派驻税务检察室。

1985 年以来，全国各级人民检察院针对偷税、漏税比较严重的情况，为适应改革开放条件下查处涉税犯罪案件的需要，加强以法治税，探索建立由检察机关向县一级以上税务局派驻税务检察室的办法，相继在税务部门派驻了一批税务检察室。例如，1985 年 10 月，经河北省人民检察院、河北省税务局及当地政府的批准，全国第一个专门行使税务检察职能的机构——藁城县税务检察室成立。

税务检察室由检察机关与税务部门联合成立，但属于检察机关在税务机关内设置的派出检察机构，履行检察机构的部分职能，其工作人员由检察机关和税务部门在干部编制内调剂解决，业务受检察机关领导，活动必须体现"独立行使检察权"的原则，检察室不能逾越法律监督职能干涉税务机关的工作，税务机关也不能干涉检察室的工作。税务检察室的主要任务：一是办理偷税抗税案；二是办理偷抗税案件中涉及的税务人员利用职务上的便利贪污、受贿犯罪案件；三是办理人民检察院认为需要由税务检察室受理的其他刑事案件，并结合办案进行税收法制宣传。设立税务检察室是检察机关加强基层基础工作建设的一项重要措施。税务检察室成立后，对于保障国家税法的贯彻执行，提高办事效率、办案质量和办案人员的专业知识、政策水平等都有一定的作用，也收到了良好的法律效果、社会效果和政治效果。税务检察室迅速在全国各地检察机关推广，至 1993 年，共设置税务检察室 2613 个。

1996 年修订后的刑事诉讼法对案件侦查管辖进行了调整，包括涉税犯罪案件等一批普通经济犯罪案件转由公安机关管辖，检察机关不再直接受理。根据这一案件侦查管辖范围的变化，1997 年 9 月，最高人民检察院、国家税务总局联合下发文件，决定撤销税务检察机构。从成立至撤销，全国检察机关各税务检察室共查办各类涉税犯罪案件 78500 余件，为国家挽回税款 64 亿余元，为保证国家财政收入、维护国家税收法律秩序和社会主义市场经济秩序作出了积极贡献。

二、乡镇检察室

（一）乡镇检察室的发展历程

乡镇检察室是检察机关为适应改革开放形势、探索深化检察体制改革，通

---

① 《福建省志·检察志》，方志出版社 1997 年版，第 324 页。

过行使部分检察权，打击贪污、贿赂等职务犯罪，积极参与社会综合治理而设置的派出机构。乡镇检察室的发展历程，大致可以分为四个阶段。

1. 探索起步阶段（1982—1989 年）

1980 年，广东省潮州市人民检察院率先在该市庵埠镇设置了检察组，迈出了检察机关在乡镇设置派出机构的第一步。① 1982 年，人民检察院为适应社会主义市场经济的需要，更好地为农村经济服务，在经济发达、人口密集、交通便利的重点乡镇设置检察室。② 一些地方检察机关探索设立乡镇检察室，在打击农村刑事犯罪、维护农村社会稳定、保护和促进农村经济发展等方面发挥了巨大的作用。1984 年全国检察长会议提出，要加强基层和基础工作建设，要求各级检察机关认真调查研究，试建派出机构，逐步解决检察机关基层设"腿"的问题。这次会议之后，各地检察机关先后开始在乡镇有重点地设置派出机构的试点工作。1986 年，吉林在全省粮食、农行、税务、乡镇等单位派驻了 39 个检察室。内蒙古开展了"驻厂检察室"、"检察助理员"的试点工作，初步收到了成效。如包头、赤峰在大型企业设置的"驻厂检察室"，部分乡、镇（苏木）、林场、盐厂设立的 140 多个检察助理员、兼职检察员，在提供案件线索、协助检察机关办案、开展法制宣传和法律咨询等方面，都发挥了积极的作用。

1987 年，全国已有 18 个省、市、自治区的检察院向 454 个农村重点乡镇和城市大型厂矿企业派驻检察办事处或检察室，不少县、区院在乡镇企业单位聘任了检察助理员或检察通讯员。同年 3 月 12 日，最高人民检察院检察长杨易辰在全国检察长会议上的总结讲话中指出："全国已有 18 个省、市、自治区向农村重点乡镇和城市重点厂矿企业派驻检察办事处或检察室、组，并取得了初步成效，摸索出了一些经验，扩大了检察工作的覆盖面。这些试点还要坚持下去，请各地进一步总结经验；没有搞试点的省、市、自治区也要开展试点工作。争取今年把这个问题明确下来，作为补充和完善检察体制的一项基础工作。最高人民检察院准备在年内召开一次会议，专门研究这个问题。"最高人民检察院领导多次肯定检察机关派出机构试点工作取得的进展，指示已经试点的要坚持，没有试点的要开展试点，并注意总结经验和分析存在的问题。检察机关派出机构试点工作全面启动。

---

① 王书臣、张绍俊：《1988 年检察机关组织建设工作概况》，载《中国检察年鉴》（1988 年），中国检察出版社 1989 年版，第 379 页。

② 宋礼谨：《乡镇检察室——中国检察制度的一项创举》，载《人民检察》1995 年第3 期。

在这一时期，乡镇检察室工作快速发展，截至 1988 年年底，全国已有 22 个省、自治区、直辖市的检察机关进行了试点，共设置乡镇检察室（检察办事处）696 个、配备干部 1688 人。最高人民检察院检察长杨易辰在第七届全国人大一次全会上的工作报告中指出："增设派出机构，加强基层工作。法律规定，检察机关的基层组织是县级检察院。随着改革、开放的深入发展，乡镇工作和企业的生产有了很大的发展，许多检察机关在重点乡镇和大型厂矿进行设置派出机构的试点，收到了很好的效果。从各地的经验来看，在一些重点乡镇设置派出机构，是必要的，有利于检察工作的开展。"

为了进一步总结在实践中好的经验和做法，1988 年 9 月，最高人民检察院在北京召开乡镇检察派出机构试点工作座谈会。7 个省、直辖市试点单位代表 18 人参加了会议。会议总结交流了在部分乡镇设置检察派出机构试点工作的情况和经验；探讨了试点过程中遇到的有关法律、理论和实践问题；并对《乡镇派出机构工作条例》等规范性文件的征求意见稿进行了讨论，对今后如何进一步搞好试点工作提出了积极建议。刘复之检察长和梁国庆副检察长到会讲话。刘复之检察长对几年来乡镇检察派出机构试点工作的成绩和经验作了总结，对今后开展好这项工作作了具体部署。

2. 规范发展阶段（1989—1996 年）

为规范和推动检察机关乡镇检察室的建设，最高人民检察院于 1989 年 12 月颁布了《人民检察院乡（镇）检察室工作条例（试行）》。在经过两年多的试行，检察机关派驻乡镇检察室工作取得了一定成效之后，最高人民检察院又于 1993 年 4 月颁布了《人民检察院乡（镇）检察室工作条例》，与 1989 年的《人民检察院乡（镇）检察室工作条例（试行）》相比，新条例作出以下变动：一是乡镇检察室与基层检察院的关系由"派出机构"改为"派驻乡镇的工作机构"；删除了"县（市）、市辖区人民检察院乡（镇）检察室在派出它的人民检察院领导下工作"及"检察室工作人员由派出它的人民检察院委派"的规定。二是检察室的设置和撤销由"县（市）、市辖区人民检察院检察长提请本级人大常委会批准"改为"由省一级人民检察院审批"。三是设置乡镇检察室的原则由"根据工作需要"进一步明确为"根据乡镇地域、人口、经济状况和工作需要"。四是"工作任务"一栏，新条例增加了"对人民检察院决定免诉的人员进行帮教"；删除了"提出检察建议，开展调查研究"；将"办理派出它的人民检察院交办的工作"改为"办理检察长交办的工作"。五是删除了"检察室应与法院、公安、司法、民政等部门驻乡（镇）机构加强联系，密切协作，维护社会主义法制"的规定。六是明确该条例由最高人民检察院负责解释。

《人民检察院乡（镇）检察室工作条例》的颁布，对进一步促进乡镇检察室的发展起到了很好的作用，乡镇检察室迈入了规范发展阶段。至 1993 年，"全国已在重点乡镇设置检察室 1020 个。这些派出的基层检察室对加强检察机关与公安、法院配合办案，联系群众，反映信息，发挥了重要作用"。① 与此同时，由于全国各地不仅大规模地建立了派驻乡镇检察室，还建立了除税务检察室外派驻其他单位甚至企业的各种类型的检察室，而这些检察室"设置的范围过宽、过滥；管理工作薄弱；检察室工作人员专业水平低，不能充分发挥检察职能作用"。针对这些问题，最高人民检察院及时进行了规范、调整，1993 年 7 月下发了整顿检察室的通知，要求除派驻乡镇检察室、税务检察室之外的其他各类检察室予以撤销，但对派驻乡镇检察室的建设仍予以鼓励，通知指出："重点发展派驻乡镇检察室……各级检察机关要继续把设置和发展派驻乡镇检察室作为加强基层人民检察院建设的一项重要工作来抓，编制在 50人以上的基层检察院，以及有条件的地方，可根据需要多设一些。"在该阶段，全国各地检察机关派驻乡镇检察室的建设得到了进一步发展，很多省几乎每个基层检察院均设置了派驻乡镇检察室。

3. 整顿和停滞阶段（1998—2008 年）

针对政法队伍建设、机构设置等方面存在的一些突出问题，从 1998 年 2月开始，全国政法机关开展了历时近一年的集中教育整顿活动。在集中教育整顿活动期间，检察机关也对检察室设置工作进行了回顾和反思。1998 年 6 月12 日，最高人民检察院下发《关于搞好组织整顿加强干部人事管理若干问题的通知》，指出："……不再从社会上聘任检察助理员、检察联络员等。对过去聘任的，要做好工作，予以解聘。对最高人民检察院明令撤销的税务检察室和设置在行政机关、企事业单位的检察室，以及侦查工作点等，尚未撤销或变相存在的，在 1998 年 7 月 1 日之前必须全部撤销。暂不新设派驻乡镇检察室，对现有乡镇检察室中的非检察机关编制人员，要做好工作，予以清退。"最高人民检察院文件没有明令撤销派驻乡镇检察室，但在教育整顿期间，全国大部分派驻乡镇检察室被撤销。

1999 年 1 月 12 日，最高人民检察院检察长韩杼滨在全国检察长工作会议上的报告指出："……（四）机构和人员清理工作取得成效。已清理并撤销各类检察室 4654 个，各种联系点、共建点 3383 个。调离、辞退不适合做检察工作的 827 人；清退超编人员 3067 人；依法纠正未按法定条件和程序任命的1221 人的法律职务，解聘非检察编制人员 15780 人。"韩杼滨检察长在第九届

---

① 参见《最高人民检察院工作报告》（1993 年 3 月 22 日）。

全国人民代表大会常务委员会第七次会议上《关于检察机关开展集中教育整顿工作情况的汇报》中提到："……（七）开展组织整顿和人员清理，进一步纯洁检察队伍。清理并撤销各类检察室4654个，侦查点253个，各种联系点、共建点3383个。共调离、开除、辞退有严重违法违纪行为和其他不适合做检察工作的1523人；清理超编人员4665人；免除未按法定条件和程序任命的1221人的法律职务；解聘非检察编制人员15780人。"韩杼滨检察长在全国人大九届二次会议上的工作报告中，再次指出："……三是对机构和人员进行了认真清理、撤销不规范的检察室4654个和各类工作点、联系点3636个；调离、辞退不适合做检察工作的人员827人，清理超编人员4665人，免除未按法定条件和程序任命的1221人的法律职务，解聘非检察编制人员15780人。"各省检察机关积极落实最高人民检察院的安排部署，以海南省为例，海南省人民检察院检察长秦醒民在1999年海南省第二届人民代表大会第二次会议上所作的工作报告中提到："各级检察机关会同有关单位，积极稳妥地做好机构和人员的清理工作。共清理并撤销各类检察室50个。"

　　经过这一调整，各省检察机关再也没有新设派驻乡镇检察室，并相继撤销了一些派驻行业、国家机关和事业单位的检察室。2001年3月，中共中央明确要求："调整派驻乡镇检察室设置。为有利于法律监督，兼顾工作效率，各地要根据实际情况，合理调整乡镇检察室布局，作用不大的，予以撤销；确需设置的，由省级人民检察院批准，报最高人民检察院备案。"① 一些省、市、自治区检察机关据此重新批准设置了少量派驻乡镇检察室，但是由于缺乏统一推动，派驻乡镇检察室的建设始终停留在20世纪80年代末90年代初的水平，当初预定的推动立法修改等目标并没有实现，乡镇检察室建设中存在的问题依然没有得到有效的解决。乡镇检察室进入了漫长的停滞期。不少地方检察机关乡镇检察室机构有的被撤销，办公场所被变卖；有的撤回了基层检察院办公或者直接并入自侦部门，成为检察机关的一个办案部门；有的虽然还在乡镇或农村办公，但是工作职能发生了较大的变化，演变为反贪局的一个内设机构；还有的仍然保留了机构编制，但暂不配备人员，以保持本院的中层领导干部职数，解决干部的职级待遇，等等。② 可见，即使保留下来的乡镇检察室也在职责使命、价值功能上发生了较大偏离，与80年代初设置时服务广大农村和农

---

　　① 参见中共中央办公厅2001年3月24日下发的《地方各级人民检察院机构改革意见》。

　　② 李世军：《湖北省派驻乡镇检察室的现状及思考》，载马勇霞主编：《法律监督向农村延伸的理论价值与实践探索》，中国检察出版社2009年版，第324页。

民群众的初衷相去甚远，用"名存实亡"来形容并不为过。

然而，在这一时期，政法其他机关的派驻农村工作机构如公安派出所、司法所、人民法庭等却得到快速发展。2003 年，全国政法工作会议明确提出要加强"两所一庭"建设。国家发改委从 2004 年起，安排国债资金解决中西部地区乡镇司法所办公用房建设问题，司法所基础设施进一步改善，机构、编制、人员进一步落实，管理体制进一步理顺，队伍建设进一步加强，职能作用进一步发挥，规范化程度不断提高。人民法庭建设也蓬勃发展。近年来，最高人民法院颁布了《关于全面加强人民法庭工作的决定》、《人民法庭建设标准》等规范性文件，从人民法庭设置、审判管理、物质装备建设、队伍建设、加强领导等方面作出了全面部署，推动了人民法庭建设稳步健康发展。

4. 重新探索阶段（2008 年至今）

自 2006 年中央"一号文件"《中共中央国务院关于推进社会主义新农村建设的若干意见》下发以来，尤其是党的十七届三中全会对农村新一轮发展改革作出部署后，如何更好地服务社会主义新农村建设成为检察机关新的历史任务。2009 年年初，最高人民检察院先后下发了《关于贯彻落实〈中央政法委关于深化司法体制和工作机制改革若干问题的意见〉的实施意见》、《2009—2012 年基层人民检察院建设规划》等文件，明确提出加强检察基层基础建设，服务社会主义新农村建设的指导思想和方式方法。各地检察机关纷纷围绕服务地方经济社会发展大局，积极探索把法律监督延伸到广大农村的不同模式，如设立检察联络室、检察工作站等机构，聘请检察联络员等，加强农村检察工作。2008 年年初，海南省检察机关通过深入调研，结合学习实践科学发展观活动，提出"基层检察工作重心下移、检力下沉，把法律监督的触角延伸到广大农村"的工作思路，在广大农村开展基层检察院派驻乡镇检察室工作试点，掀起了在新时期设置派驻乡镇检察室的大幕。派驻乡镇检察室又一次站到了被众人关注的前台。

（二）乡镇检察室存在的问题及其原因分析

1. 乡镇检察室存在的问题

纵观派驻乡镇检察室的历史，我们可以发现，乡镇检察室设置的初衷是为了加强检察机关的基层工作，强化对基层政权及其组织的法律监督，满足农民群众的司法需求。虽然乡镇检察室发挥了较大的作用，但是由于在其设置、职能、运作和人员等方面存在的问题，导致乡镇检察室在检察实践中产生了这样那样的问题，以致不少基层检察院因噎废食，干脆撤销了所有乡镇检察室，乡镇检察室逐渐被遗忘。必须指出的是，乡镇检察室在实践中出现的种种问题，并不是乡镇检察室制度本身产生的，而是少数检察机关运用这项制度不当所致。我们有必要坚持实事求是、客观公正的立场，认真反思乡镇检察室这一制度的历史遭遇，为农村检察制度的健全完善和创新发展提供历史借鉴。结合历史条件和环境进行分析可以发现，乡镇检察室当时设置存在的问题主要有：

一是盲目设置。在纪念检察机关恢复重建 30 周年活动时，湖北省恩施市检察院一位原检察长回忆："（各个单位）主动要求设立'检察室'。为此，恩施市检察院在已于监所设立检察室的基础上，又在税务设立'税务检察室'，在矿管局设立'矿管检察室'（主要协助矿管局深入各煤矿做好矿管生产安全、保卫工作），在工商局设立'工商检察室'。此后，在农行、烟草、化工厂、供销等企业，设立相应检察室。"① 乡镇检察室的设置同样如此，不少检察机关一哄而上，在每一个乡镇都设立了乡镇检察室。乡镇检察室设置数量过多，使本来工作繁重、人手紧张的基层检察院进一步分散了力量，耗费有限的检察资源，增加了财政、人力等各种负担。

二是职能模糊。一些基层检察院把乡镇检察室当成了自侦部门的办案点或监视居住场所，变相地羁押犯罪嫌疑人；有的地方乡镇政权还把检察室当成手中的专政工具，随意支配工作人员越权办案、征收提留、催粮催款、搞计划生育等；甚至是为改善物质技术装备条件和人员待遇，出现了类似"打假收钱、盖房买车"的做法。总的来看，当时对乡镇检察室的职能定位有三种：一是以"查案、办案"为主的职务犯罪侦查型职能定位，仅享有对职务犯罪案件的受理、立案、侦查权，这种定位与反贪部门的下属机构无异；二是以"服务、协调"为主的服务型职能定位，主要是接待当事人申诉、进行法律宣传、开展专项预防等，这种定位使"法律监督偏软"，不能突出检察工作特色；三是以承担"检察职能 + 协助地方政府履行职能"相结合的全能型定位，这种定位实现双重领导，除接受派出检察院的领导，还要接受乡镇党委的领导，职能过泛，淡化了法律监督职能。

三是人员配备混乱。在当时的乡镇检察室组成人员中，出现了三种情形：一是全部由检察院派出；二是由检察院派出的检察干部和驻地乡镇派出的人员共同组成，乡镇派出人员多为乡镇干部；三是全部由乡镇派员组成，乡镇干部担任领导。② 当时，乡镇检察室的主任一般由检察机关派出检察员以上的检察干部担任，副主任一般由所在乡镇党政部门的干部担任，乡镇检察室的助理检

---

① 吴国钧：《我的检察生涯》，参见 http：//www.esjc.gov.cn/Html/JCFC/JCWY/2008-9/17/10_24_20_970_6.shtml，访问时间：2008 年 12 月 21 日。

② 曹海雷：《乡镇检察室若干问题研究》，载《中国刑事法杂志》1993 年第 3 期。

察员和书记员由派出检察院的检察长按照法律程序从选聘的乡镇干部和派出的检察人员中任命。

四是管理不规范。少数检察院将建立乡镇检察室当作解决检察机关办公、办案经费不足问题的手段，名为派出机构，实为解决经费。当时，一些检察机关由于财政预算捉襟见肘，甚至出现了"三停三卖"的不正常现象，即办案用车停开、差旅费停借、办案费用停报，于是，就卖乡镇检察室、卖交通工具、卖通信设备等。在一些乡镇检察室的工作中，对有利可图的工作，无论是否属于自己职责范围内的，能够插手的就很主动地介入；而对于自身职能范围内的工作，因为不能获得"额外"的收益，不愿意积极地去做好。拉赞助、谋取小团体利益，吃喝成风，在当地造成了很不好的影响，损害了乡镇检察室的形象和执法公信力。

2. 乡镇检察室存在问题的原因分析

当然，乡镇检察室虽然没有完全发挥预期的作用，但并不能轻易否定这项制度本身的价值。系统论告诉我们，一项制度要发挥预定的功能，离不开其他制度的有效支撑。乡镇检察室产生上述问题的原因是多方面的，既有自身的原因，也有当时整个社会法治发展环境的原因。具体而言，包括以下几个方面：

一是法治配套不完善。乡镇检察室本身就是检察机关的一项探索性工作，而且作为检察机关组成部分的派出机构的设置与完善，受制于整个社会法治环境的健全完善。当时中国特色社会主义法治体系尚处于初步建设阶段，依法治国的理念还没有深入人心，检察机关恢复重建的时间也不长，有关检察制度的法律体系非常不完善，如未通过《检察官法》，对担任检察官的资格、准入条件等缺乏硬性的规定。不要说作为派出机构的乡镇检察室的干部可以由乡镇干部担任，就是作为派出院的检察院的干部也没有现在这样具体的准入条件和资格限定；又如乡镇检察室的经费、编制等缺乏有力保障，当时连基层检察机关本身的经费也非常困难，自然无力顾及派出机构，等等。因此，当时乡镇检察室出现的一些问题是法治环境欠缺使然，带有深深的时代印迹。

二是职能定位不明确。包括乡镇检察室在内的各类检察室被整顿和撤销，其中一个重要原因是职能定位模糊不清，弱化甚至偏离了检察机关的核心职能——法律监督。乡镇检察室作为基层检察院的派出机构，受制于办案条件、程序等外部因素，无法履行批捕、起诉职能；加上发现职务犯罪线索能力相对基层检察院来说较弱，乡镇检察室办理的职务犯罪案件非常少。因此，乡镇检察室的工作大部分是被动地协助上级机关开展业务工作，或者开展法制宣传、犯罪预防、参与综治等一些软任务，或者超越职责协助党委政府处理检察职能之外的事情，在一定程度上弱化或偏离了法律监督，其后果是乡镇检察室在所在地的乡镇难以树立，处于可有可无的边缘地位。① 一些乡镇检察室应地方党委政府的要求，介入经济和民事纠纷，以及一些具体政务类的事情，实际上将自身变成了乡镇党委和政府的工作部门。

三是经费保障不足。当时，检察机关经费保障不足的问题非常突出，甚至正常的办公办案活动都难以得到保障，而包括乡镇检察室在内的各类检察室通过协助有关单位和部门开展工作，为检察机关解决了一些经费问题，这就是通常说的"拉赞助"。当时的检察室"其服务内容，除预防内部职工经济犯罪以外，兼顾协助相关行政执法。这些单位，则每年相应地给检察机关弥补一定数额的办案经费……由于这些检察室的设立，对普及法律知识，协助相关部门严格执法、严格管理，减少经济、渎职、安全犯罪的发生起到了积极的作用，也在一定程度上缓解了检察机关办案经费的不足"。② 这种在当时极具正当性的行为虽然缓解了检察机关经费短缺的燃眉之急，但也带来了执法违法、插手经济纠纷等诸多问题。直到 2005 年 9 月财政部、最高人民检察院印发《关于制定县级人民检察院公用经费保障标准的意见》的通知，才对派驻检察室的经费保障进行了明确要求，"派驻检察室是县级人民检察院的派出机构，制定县级人民检察院公用经费保障标准的范围，应包括县级人民检察院派驻检察室的上述两部分公用经费"，不过，此时已经错过了派驻乡镇检察室发展的黄金机遇期。

四是司法理念滞后。20 世纪 90 年代以来，社会主义法治建设如火如荼，"法治"成了社会各界的热门话题。在这次轰轰烈烈的法治运动中，盲目西化、言必称欧美德日意法等成了法学界一些人的"时尚"，对根源于本土的法律制度和司法实践缺乏严肃认真、科学合理的对待和研究，甚至对中国特色社会主义检察制度本身也产生了质疑，提出要按照西方司法机构的设置，撤销检察机关。由于缺乏对中国特色检察制度的深刻认识和理解，自然无人顾及那些内生于我国检察实践、类似于乡镇检察室这样的微观检察工作制度。

三、检察助理员

在这一时期的农村检察工作制度中，除了派驻企业、行业和乡镇检察室外，也形成了许多其他形式的农村检察工作方式和载体，具有代表性的有检察

---

① 郑红：《发展乡镇检察室服务新农村建设的思考》，载《人民检察》2008 年第 22 期。

② 吴国钧：《我的检察生涯》，参见 http://www.esjc.gov.cn/Html/JCFC/JCWY/2008 -9/17/10_ 24_ 20_ 970_ 6. shtml，访问时间：2008 年 12 月 21 日。

助理员、检察联系点（站、室）、检察工作组（队）等。虽然这些组织形式、工作载体没有纳入由国家正式颁布的法律规定之中，但在各地的检察实践中经常出现，也在最高人民检察院领导讲话、简报和各省级检察院工作报告等文稿中多次被提及。由于这些农村检察工作举措散落在全国各地检察机关的检察实践中，也没有统一的部署和安排，要像派驻检察室一样勾勒出其历史源流，清晰地反映其产生、发展和壮大的过程非常困难。因此，这里仅对1978年检察机关恢复重建后到1998年全国检察机关开展集中教育整顿期间的检察助理员工作方式作简略介绍。

20世纪50年代的检察通讯员虽然仅存在了8年多的时间，但是其产生的影响是长远的。1978年检察机关恢复重建以后，各地检察机关通过思想动员、建立组织、业务培训，检察通讯员工作又重新开展起来。仅以河北省检察机关为例，到1981年，全省已发展检察通讯员8100名、林业检察员3名。检察通讯员在开展法制宣传、整顿社会治安、与违法乱纪行为作斗争等方面发挥了重要作用。① 同一时期，受检察通讯员制度的影响，一些检察机关为了更好地开展检察工作，设置了协助开展检察工作的群众性组织——检察助理员。

检察助理员是人民检察院在工厂、乡镇、机关等企事业单位聘任的人员，接受所在单位的领导，在人民检察院的业务指导下开展工作。在检察实践中，检察助理员的名称多样，如检察通讯员、检察联络员、兼职检察人员等。与检察人员的区别在于以下两点：第一，性质不同。检察人员是国家的专职法律监督者，检察助理员等是基层检察机关依法聘请的非专职工作人员。第二，任免程序不同。检察人员是由基层人民检察院检察长提请本级人民代表大会常务委员会任免的，检察助理员等是从当地有关部门内部的国家工作人员中选拔，由基层人民检察院检察长聘请的。职责主要有：一是收集属于检察机关受理的各种案件的线索，必要时可以先进行初步的调查；二是协助检察机关调查、取证；三是受检察机关的委托，就地接待群众的控告申诉，并调查处理一般性案件；四是督促有关单位落实检察建议；五是开展法制宣传，等等。

检察助理员主要有以下几个特点：一是广泛性。检察助理员来源于工、农、商、学、机关和各行各业的党、政、工、团等组织，工作与生活在各个阶层的群体中，广泛地代表着广大人民群众。二是相关性。绝大多数检察助理员担任的纪检、监察、保卫、"两反"、安全、审计等本职工作与聘任的检察助理员工作，都具有一定的执法执纪与监督职能；与人民群众普遍关心的政策法律、规章纪律、社会治安、惩治腐败等问题相互有关。三是双向性。检察助理

---

① 张长海：《我省五十年代检察通讯员略考》，载《河北法学》1985年第4期。

员不仅是检察院全面履行法律监督职能的需要，而且是所在单位及干部群众提高法制观念、依法治理、保障正常的生产与生活秩序的需要。

检察助理员的义务主要表现在以下几点：一是配合协助义务。配合协助检察机关工作是其主要义务，要妥善处理检察工作和本职业务工作的关系。二是请示汇报义务。在工作中要把了解到的经济犯罪的线索，人民群众的意见、呼声和要求，遇到的政策法律问题等及时汇报给检察机关，请示处理的意见和办法。三是接受培训义务。要认真接受培训，苦练岗位基本功，提高岗位技能和专业化水平。四是保密义务。对在工作中接触到的国家秘密和个人隐私，不能随意泄露。五是咨询义务。要认真履行法制宣传咨询的义务，利用一切机会，结合业务工作，向广大人民群众宣传法律知识。

担任检察助理员必须具备一定的资格和条件。如上海市检察机关规定的条件是：坚持四项基本原则，反对和抵制资产阶级自由化，刚正不阿，忠于职守，秉公执法，作风正派，群众信任，具有高中以上文化程度，年满 23 周岁的国家工作人员，如乡镇党委的纪检委员等必须具有相当的法律知识特别是比较熟悉检察业务，还必须经过街道办事处、乡镇和工矿企业的有关部门选拔推荐，检察机关考核，基层人民检察院检察长批准聘请。①

1987 年 3 月 9 日，最高人民检察院副检察长王晓光在全国检察长会议上的总结讲话中指出："关于检察机关派出机构的试点工作，有了新的进展。目前……不少县、区院在乡镇企业单位聘任了检察助理员或检察通讯员，这些试点工作，已在开展检察工作中发挥了较好的作用，开始引起各地党政、人大机关的重视和关注。对这项工作最高人民检察院准备在适当时候召开座谈会，专门研究。各地已经试点的单位要注意总结经验。"聘任检察助理员工作在全国得到了迅速发展。1988 年，福建省检察院工作报告指出："五年来，尤其是近一两年来，各级检察机关从有利于保护改革、开放和促进生产力的发展，从有利于密切联系群众，有利于加强社会主义民主和法制出发，在检察机关的组织建设、强化法律监督意识等方面，进行了大胆的探索。向有关单位和部门派驻检察室，在一些乡镇事业单位聘请检察联络员。据统计，到目前为止，共设立检察室 83 个，派出检察员 105 名，聘请兼职助理检察员、书记员 303 名，检

---

① 关于检察助理员的职责、任务、资格和工作成效，可参见王祺国、翟黎明、蒋元清：《检察机关聘请检察助理员的工作探讨》，载《西北政法学院》1987 年第 4 期；杨康健：《浅析检察助理员的特点与作用》，载《法治论丛》1991 年第 6 期；鲍荣寿、陆曙光：《开拓检察工作思路的有益尝试——江苏省无锡市聘任检察助理员情况调查》，载《检察理论研究》1992 年第 3 期。

察联络员 566 名，初步摸索出一条检察机关基层机构设置的路子。"山西省检察院"在全省聘请了检察联络员 4862 人，检察助理员 378 人，初步解决了检察机关'缺腿'问题"。① 1989 年湖南省检察院"在机关、厂矿、乡镇聘任检察联络员 4693 人"。②

由于检察助理员是从外单位人员中聘任的、从事协助检察机关工作的人员，在 1998 年全国检察机关组织整顿中予以解聘。1998 年 6 月，最高人民检察院发出了《关于搞好组织整顿加强干部人事管理若干问题的通知》，明确规定："不再从社会上聘任检察助理员、检察联络员等。对过去聘任的，要做好工作，予以解聘。"1999 年，韩杼滨检察长在最高人民检察院的工作报告中指出："解聘非检察编制人员 15780 人。"③

第五节　中国特色社会主义农村检察制度的一般特征及其历史启示

一、中国特色社会主义农村检察制度的一般特征

列宁指出："为了解决社会科学问题，为了真正获得正确处理这个问题的本领而不被一大堆细节或多种争执意见迷惑，为了用科学眼光观察这个问题，最可靠、最必须、最重要的就是不要忘记基本的历史联系。"④农村检察制度的历史为我们开启了一扇从未开启过的检察制度史的大门，它向我们展示了中国特色社会主义检察制度发展历程中从未割裂的与广大农村和农民群众的紧密联系，中国特色社会主义检察制度中的许多制度和工作思路、方法等，都源于斯，也成长于斯。通过对农村检察制度的历史考察，我们可以发现农村检察制度的一般特征：

（一）宗旨的一致性

虽然各个时期检察机关应对农村问题的方式不同，但是其宗旨都是相同

---

① 《中国检察年鉴》（1989 年），中国检察出版社 1990 年版，第 324、345 页。
② 《中国检察年鉴》（1990 年），中国检察出版社 1991 年版，第 357 页。
③ 《中国检察年鉴》（2000 年），中国检察出版社 2000 年版，第 6 页。
④ 《列宁选集》，人民出版社 1995 年第 3 版，第 512 页。

的，即都是通过充分发动和依靠广大人民群众加强检察工作，延伸检察职能，更好地服务广大农村经济社会发展，维护农民合法权益。因此，把这些具有相同目标和追求共同宗旨的工作方式、思路和组织形式归纳到一起进行集中研究，有利于解决我国当前农村存在的一些突出问题，对于满足广大农民群众日益增长的涉检需求，总结和反思检察机关开展农村检察工作的工作思路、方式方法、组织形式等具有十分重要的历史和现实意义。

（二）组织形式的多样性

突出表现在不同的历史时期采用不同的组织形式，如在工农检察时期有轻骑队、工农通讯员等；在20世纪50年代，检察机关设立了工农检察员、检察通讯员；1978年，检察机关恢复重建后，人民检察事业迎来了发展的春天，农村检察制度也与之共同繁荣进步，各地检察机关纷纷探索设置乡镇检察室、检察工作站（室）、检察工作联系点（站）和检察工作组（队）等，农村检察工作的组织形式随着时代的发展而变化，内涵和外延也不断在发生变化，呈现出形式多样的特征。虽然各种农村检察工作制度的内涵和外延发生了较大的变化，但是农村检察工作制度带有的传承性也非常突出，如检察工作联络员，与苏维埃时期的工农通讯员、20世纪50年代的检察通讯员、20世纪八九十年代的检察助理员、联络员等有着非常类似的特征。

（三）制度的易变性

制度作为一种较为稳定的行为规范或模式，稳定性是其内在特征之一。农村检察制度虽然在某一时期具有稳定性，但是与其他检察工作制度比较而言，保持稳定性的时间相对较短，如乡镇检察室1982年开始在有些地方进行试点，1988年最高人民检察院肯定了这一做法；20世纪90年代中期，检察机关对其发展过程中的一些做法进行了必要的调整、整顿后，乡镇检察室工作就逐渐淡出了检察工作的视野，名存实亡。

（四）职能的不确定性

虽然我国检察机关是法律监督机关，从事法律监督是检察机关最核心的职能，但是由于地域、服务对象的变化，法律监督权运行的场域发生了显著变化，即从国家权力监督制约机制相对完备的城市走向国家权力监督制约机制相对较弱的农村，检察机关的派出工作机构抗衡当地乡镇党委、政府的"底气"相对不足，其结果是在农村的检察机关派出机构更容易受到来自乡镇党委、政府等部门的"干预"，检察机构从事许多非法律监督的职能，如收上缴粮、税收、计划生育、冬修水利等行政事务，冲淡了法律监督职能。

（五）工作的探索性

虽然检察实践中出现了形式繁多、种类多样的农村检察工作制度，但是农村检察工作制度却从未纳入《宪法》、《人民检察院组织法》等国家基本法律。与人民法庭被载入《人民法院组织法》相比，我国农村检察工作中许多工作方式、组织形式等尚处于探索、试点阶段。其中，一些农村检察工作制度在试点、运行、取消之间来回摇摆，不利于农村检察工作的稳定性、持久性，也浪费了有限的检察资源。农村检察制度缺乏国家法律层面上的支持，为进一步推进农村检察制度建设带来了很多障碍和不便。

二、农村检察制度的历史启示

追溯农村检察制度的历史，为我们打开了一扇一直未曾留意和关注的检察制度史之窗，检察机关目前正在探索、争论或创新的一些农村检察工作制度或多或少都可以从上述历史中找到一些"原型"或"影子"。只是由于种种原因，没有很好地总结经验，或者在日后的检察工作中没有将这些好的农村检察工作经验、做法延续下去，或者进一步修改完善，通过立法或司法解释将其固定下来，以致不停地在"探索—中止—再探索—再中止"之间来回摆动，既浪费了前人宝贵的经验积累，也是对今天有限的检察资源的耗费。我们应该对这种现象进行认真而深刻的反思，对当前正在探索实施的各种农村检察工作方式、制度、载体、平台等认真分析、科学判断、理性取舍，争取将好的制度、做法等用法律的形式固定下来，避免重蹈覆辙，再在"探索"与"中止"之间来回反复。同时，这也进一步说明我们对中国特色社会主义检察制度的特色的认识和研究还有待进一步提高和加深，对诸如我国农村检察制度等类似的真正反映人民检察制度特色的工作制度缺乏认可的勇气。

因此，一方面要用科学发展观来认识中国特色社会主义检察制度，即检察制度须随国情、世情、民情、社情变化而变化，与时俱进，对不适应社会发展和时代要求的检察制度及时予以修正，以适应社会和人民的需要；另一方面，要善于发现、总结和归纳属于中国、适合国情的制度，对真正具有中国特色的检察制度要充满信心，敢于坚持，认真总结，不断完善。透过农村检察制度的历史和现实境遇，坚持和发扬中国特色社会主义检察制度，充分履行宪法和法律赋予的法律监督权，必须要充分考虑以下几个方面：

一是充分把握中国国情是认识和发扬中国特色社会主义检察制度的特色的

前提。毛泽东同志曾指出："认识中国的社会性质，就是说认识中国的国情，乃是认清一切革命问题的基本根据。"脱离国情，就无法认清某一项制度所处的"语境"，就无法把握这项制度具有的独特价值和意义。我国有 8 亿农民，农村是所有工作的立足点和出发点。改革开放以后，我国农村经济社会快速发展，农村基层民主成为农村社会治理的主要形式。社会主义民主政治的健康发展需要社会主义法治提供坚实的基础，为民主保驾护航，否则，民主有可能偏离预定的轨道，要么为少数势力、集团所操控，要么演变为"大多数人的暴政"。① 因此，在农村基层民主政治蓬勃发展的今天，推行农村检察制度，延伸法律监督触角，强化对农村基层组织及其人员的监督制约，是农村发展改革形势所需，是促进我国农村治理方式转型升级的必要方式和途径。只有把握了这些国情，才能深刻认识到推行农村检察制度的必要性、可行性，才能认识到农村制度的重要意义和价值。这也是充分认识和发扬中国特色社会主义检察制度的特色的前提和基础。

二是用好法律监督权是认识和发扬中国特色社会主义检察制度的特色的核心。能不能充分发挥人民检察制度的人民性，关键要看是否能够用好法律监督权。如检察机关恢复重建后，一些农村检察工作制度被废除和撤销，其中重要的原因是没有用好宪法和法律赋予的法律监督权，歪曲了法律监督权的宗旨和本意。认真反思这些工作制度的遭遇，要求检察机关始终坚持检察权的法律监督属性，用好手中的法律监督权，才能获得党和人民的信任、信赖，才能消除外界的质疑。

三是与时俱进是认识和发扬中国特色社会主义检察制度的特色的必然要求。强调中国国情并不是否定人类法治文明的兼容性。共处于同一个世界的各民族文化不可避免地会发生交流、借鉴和融合。作为中国特色社会主义理论重要组成部分的中国特色社会主义检察制度也是如此，它不是一成不变的，必须不断地吸收人类司法文明中的优秀成果，以丰富和发展自身。如检察机关从以前仅仅强调打击犯罪，转变到打击犯罪与保护人权并重；从仅仅强调实体公正，转变到实体公正和程序公正并重。农村检察制度也必须与时俱进，依据新形势新任务，不断完善和健全规章制度，确保法律监督权能够在农村规范行使和运作。

四是踏踏实实地研究检察制度是认识和发扬中国特色社会主义检察制度的特色的关键所在。科学的理论是实践的先导。当前，法学界存在着脱离国情的浮躁学风，不认真研究发生在身边的问题，缺乏"中国的问题，世界的眼

---

① ［法］托克维尔：《旧制度与大革命》，商务印书馆 1997 年版。

光"，对策法学盛行，严重影响了对中国特色社会主义检察制度的认识和把握。造成对应该坚持、能够体现中国特色的制度，缺乏学术的眼光和敏感性，看不到其中蕴含的重大理论和实践意义；对应该改革和完善的制度，缺乏理性的认识和思考，进而提出脱离社会承受力的改革措施和方案。其结果是对应该坚持的制度缺乏坚持的信心和勇气，对应该改革的制度缺乏实际可行的方案和对策。法学研究，特别是检察理论研究，应该尽量避免出现这一现象，因此，要准确认识和把握中国国情，从中国实际出发，脚踏实地地研究现实中的问题，对产生于中国、目前还在实践中运作和生效的制度多一些关注和留意，发现和总结中国司法制度运行中的一些好的做法和经验，为完善中国特色社会主义法律体系和司法制度作出实实在在的贡献。

第四章　中国特色社会主义农村
检察制度的理论基础

恩格斯说："一个民族要想站在科学的高峰，就一刻也不能没有理论思维。"任何制度的创新都要有理论作为支撑。健全完善中国特色社会主义检察制度，强化法律监督，也需要有科学的理论作指南。中国特色社会主义检察制度是国家政治制度的重要组成部分，农村检察制度又是中国特色社会主义检察制度的重要组成部分。中国特色社会主义农村检察制度也有自身的理论基础，有其产生、发展和完善的理论基石。所谓理论基础，是指对构建学科理论与方法起着支撑或指导作用的理论，是对学科的理论思考或哲学思考。理论基础具有相对性和层次性。

就中国特色社会主义检察制度的理论基础而言，王桂五先生指出，中国特色社会主义检察制度的理论基础可以分为三个层次：一是能够普遍适用自然界、人类社会和人类思维的最一般规律的、科学的马克思主义哲学辩证唯物主义和历史唯物主义。这是我们观察、认识和分析、解决一切问题的最基本的观点和方法。二是关于人民民主专政即无产阶级专政的理论，是马克思主义哲学历史唯物主义在人类社会发展中的运用。人民民主专政理论是具有中国特色社会主义检察制度的政治理论基础。三是列宁关于法律监督的理论，我国检察制度是以列宁关于法律监督的理论作为指导思想的。将列宁关于法律监督的理论同中国的实际相结合，形成中国自己的法律监督理论，构成了人民检察制度的基础理论。[①] 作为中国特色社会主义检察制度的重要组成部分之一，农村检察制度的理论基础是什么？要确定农村检察制度的理论基础，必须首先确定成立基础理论的条件：一是能够正确解释农村检察制度的本质、特征、功能、价值；二是它是农村检察制度的基本范畴、原理和体系赖以建立的基础；三是能够揭示农村检察制度产生、发展的客观规律。具体而言，农村检察制度的理论基础应该说明或者解释以下问题：

[①]　王桂五：《检察制度的理论基础和基础理论的关系》，载《王桂五论检察》，中国检察出版社 2008 年版，第 377—380 页。

一是农村检察制度的产生。农村检察制度孕育于中国革命和社会主义建设之中，诞生在人民检察制度建立的初期，有其产生、存在的历史、社会环境和客观的物质基础。农村检察制度来源于人民检察制度的实践，来源于人民检察制度为了适应我国是农业大国、大部分人口是农村人口的国情，是结合列宁的法律监督理论和社会主义建设的实践创造和总结出来的。

二是农村检察制度的本质。作为对中国特色社会主义农村检察制度的法理思考或哲学解释，中国特色社会主义农村检察制度的理论基础必然要涉及对中国特色社会主义农村检察制度本质的认识，即对中国特色社会主义农村检察制度独有特征的认识。

三是农村检察制度的价值目标。理论基础不仅要关照和重视对本源、本质的认识，更重要的是要对价值目标进行追问。要弄清中国特色社会主义农村检察制度的价值目标离不开对农村检察制度的本源和本质的认识，只有弄清楚了农村检察制度的本源和本质，才能从根本上厘清农村检察制度的价值目标。

第一节　权力监督制约理论

一、权利监督制约理论的基本原理

权力的概念十分多样，德国学者马克斯·韦伯从社会学的角度认为，权力乃是"这样一种可能性，即处于某种社会关系内的一个行动者能够不顾抵制而实现其个人意志的可能性，而不论这一可能性所依赖的基础是什么"。权力是把一个人的意志强加在其他人的行为之上的能力。美国学者罗伯特·达尔在1957年发表的一篇文章中，提出了著名的权力定义：A 对 B 的权力达到 A 迫使 B 做某事的程度，而反过来 B 却不能这样做，这就叫权力。纯粹形式的权力旨在实现对人的绝对统治：一个拥有绝对权力的人试图将其意志毫无拘束地强加给那些为他所控制的人。这种统治形式具有一个显著的特征，即它往往是统治者出于一时的好恶或为了应急发布的高压命令，而不是根据被统治者的长远需要而产生的原则。[①] 不管如何定义权力，权力均具有强制性、等级性、扩张性、工具性等特征，使得它具有为权力主体谋取利益的独特优势，拥有权力就拥有了使权力客体的意志和行为服从、服务于主体利益实现过程的力量。因

---

① ［美］博登海默：《法理学——法律哲学与法律方法》，邓正来译，中国政法大学出版社 1999 年版，第 155 页。

此，必须对权力进行必要的制约，以权力监督制约权力，防止权力的滥用和异化。

权力监督制约指的是在权力关系中特定主体对客体行为的约束，即人类社会通过各种方式和途径，对权力主体行使权力的行为形成的特定限制与约束关系，以使权力的运用真正符合人类社会的目的。权力监督制约的思想在古希腊和古罗马有了萌芽，以洛克、孟德斯鸠、汉密尔顿等为代表的西方近代资产阶级思想家为反对封建专制和暴政，保障个人自由，提出了完整的权力监督制约理论。洛克认为，立法、行政和对外这三种权力应由不同的机关分别掌握，不能集中在君主和政府手中，否则，就会产生许多弊病。权力越是高度集中，对其控制就越困难，举凡法治有效的地方，权力都是相对分离和分立的。如果立法主体同时又是执行和监督主体，那么实际上这个主体已经无异于国王了。在权力的王国里是没有法的。① "在一切情况和条件下，对于滥用职权的强力的真正纠正办法，就是用强力对付强力"。② 18 世纪法国启蒙思想家孟德斯鸠在继承洛克三权分立理论的基础上，进一步提出了权力监督制约理论，他在《论法的精神》一书中深刻地指出："从事物的性质来说，要防止滥用权力，就必须以权力监督制约权力"，"当一个公民获得过高的权力时，则滥用权力的可能也就更大，因为法律未曾预见到这个权力将被滥用，所以，未曾作任何控制的准备"，"政府权力的不断增长就需要对每一权力来源以新的制衡"。美国政治家、宪法学家汉密尔顿在坚持三权分立学说的基础上，进一步论述了权力的制约问题，他认为，为了达到各种权力相互牵制，"三权分立"不是三种权力的绝对的分离分治，而应当是三种权力的相互联系，正是为了相互制约，才存在权力间的局部混合。19 世纪英国著名史学家阿克顿勋爵（Lord Acton）给我们留下曾被政治学家奉为圭臬、千古不朽的警句："权力容易使人腐化，绝对的权力绝对使人腐化。"事实上，无论是三权分立体制，还是议行合一体制，都存在利用一种权力监督制约另一种权力的问题。

马克思主义同样重视权力的监督制约。马克思主义在三权分立的基础上提出新的观点，认为资产阶级鼓吹"三权分立"，是为了跟封建君主争夺统治权，其实质是社会阶级分权。而一切权力都是属于人民的，如果仅仅在权力运行的表面来探寻权力间的相互制约，那么，这种细枝末节上的争论会使人们忘

---

　　① 张宏生、谷春德主编：《西方法律思想史》，北京大学出版社 2000 年版，第 141—142 页。

　　② ［英］洛克：《政府论》（下篇），叶启芳、瞿菊农译，商务印书馆 1964 年版，第 95 页。

记了权力的本质和根本来源，最终使权力监督制约的问题成了不同权力执掌者们之间的权术和"游戏"，而权力应该为谁服务的问题始终得不到根本的解决。所以，马克思主义者不愿空谈所谓"三权分立"的权力监督制约问题，而是谋求现实的权力监督途径。认为只有人民群众实现了对权力的监督，才是真正有效的制约，否则永远无法找到权力监督制约的有效途径。邓小平说过："在改革中，不能照搬西方的，不能搞自由化。过去我们那种领导体制也有一些好处，决定问题快。如果过分强调搞互相制约的体制，可能也有问题。"①"资本主义社会讲的民主是资产阶级的民主，实际上是垄断资本的民主，无非是多党竞选、三权鼎立、两院制。我们的制度是人民代表大会制度，共产党领导下的人民民主制度，不能搞西方那一套"。② 有的人也因此认为邓小平是反对搞权力监督制约的。其实，这是一种误解。邓小平不赞成搞西方式的权力监督制约体制，并不意味着不赞成对权力进行有效的监督与制约。相反，他从中国的历史和现实出发，坚决主张建立有中国特色的权力监督与制约机制，并把这作为改革党和国家的领导体制、坚持和完善中国共产党的领导的一个重要方面和重要内容。邓小平在 1987 年 10 月 13 日的一次谈话中就曾明确指出："我们要坚持党的领导，当然也要有监督、有制约"，这是 "为了更好地加强和改善党的领导"。③十六届四中全会通过的《中共中央关于加强党的执政能力建设的决定》中指出：加强对权力运行的制约和监督，保证把人民赋予的权力用来为人民谋利益。各级党组织和干部要自觉接受党员和人民群众监督。拓宽和健全监督渠道，把权力运行置于有效的制约和监督之下。

二、检察机关的法律监督在权力监督制约理论中的地位及其特点

检察制度是在权力制衡理论中孕育、产生和发展壮大的。检察权并不是与其他国家权力同时产生的，而是国家政治、经济、文化，尤其是国家统治权相对巩固、完善后，司法权的权威性日趋显著，检察权才逐步从行政权和司法权中分离出来，成为一项独立的国家权能的。"现代检察制度首创于法国，法国创设检察制度的初衷：一是废除'控审合一'的纠问式诉讼模式，确立诉讼上的权力分立原则，来防止法官恣意；二是通过受严格法律训练和法律约束的

---

①　《邓小平文选》第 3 卷，人民出版社 1993 年版，第 178 页。
②　《邓小平文选》第 3 卷，人民出版社 1993 年版，第 240 页。
③　《邓小平文选》第 3 卷，人民出版社 1993 年版，第 256 页。

公正客观的检察官，来监督约束警察侦查行为的合法性，控制警察滥权；三是检察官作为客观公正的'法律守护人'，能够保障民权"。"检察官的职责不单单在于追诉刑事被告，并且也在于'国家权力之双重控制'——作为法律守护人，检察官既要保护被告免于法官之擅断，亦要保护其免于警察之恣意"。①英国检察制度的出现也经历了这样的过程。在英国相当长的历史年代里，没有设置检察机构，但是设立了为国王办理财产诉讼的法律顾问。1416 年，国王的律师改称为总检察长，其职权仅限于对涉及政府作为当事人的重大案件代表政府参与诉讼，直到 1879 年国会制定通过《犯罪检举法》设立公诉管理处后才扩展为对重大刑事案件提起公诉。纵观国家权力发展运行的过程，可以看出检察权经历了这样一个轨迹：国王的代言人（御史）、政府和社会公共利益的代表、法治时代民主和法律的维护者。②

在马克思主义者看来，国家统治阶级以法的形式分配统治管理的各项权能后，为了尽量减少执政党内部的消耗，最大限度地预防、减少官僚腐败，需要运用法律，授权产生另一种可以与其抗衡、制约的权力，维护权力之间的平衡，维护国家法制的统一，维护国家司法的公正性、民主性。正如列宁指出的："法制不应该卡卢加省是一套，喀山省又是一套，而应该全俄罗斯统一，甚至应该全苏维埃共和国联邦统一"，"为了维护法制的统一，必须有专门的法律监督机关，第一对法律的实行加以监督，第二对不执行法律的加以惩办"。③ 检察制度由王权的产物，发展成为现代民主制度下制约"王权"、保障民主法制的法律武器。检察权职能的配置体现了法治国家对国家管理权特别是司法权制衡、制约和监督的理念。

我国《宪法》第 129 条规定："中华人民共和国人民检察院是国家的法律监督机关。"这意味着我国宪法赋予检察机关的权力即检察权，是法律监督权。法律监督是指运用国家权力，依照法定程序，检查、督促和纠正法律实施过程中严重违法的情况以维护国家法制的统一和法律正确实施的一门专门性工作。法律监督权具有主体唯一性、手段专门性、对象特定性、效果法定性等特征。④

---

① 林钰雄：《检察官论》，台湾学林文化事业有限公司 1999 年版，第 15—18 页。

② 张培田：《检察制度本源刍议》，载刘立宪主编：《检察论丛》第二卷，法律出版社 2001 年版，第 416 页。

③ 参见《列宁全集》第 33 卷，人民出版社 1992 年版，第 149 页。

④ 孙谦主编：《中国检察制度论纲》，人民出版社 2004 年版，第 56 页、第 65—68 页。

检察机关作为国家的法律监督机关，通过履行对诉讼活动的监督职能，依法对诉讼活动和执法活动实施法律监督，维护国家法律的统一正确实施；通过对国家权力的监督制约和对公民权利的司法救济，保障在全社会实现公平和正义。发展社会主义民主政治，要求检察机关加强对执法活动和司法工作的监督，反映和体现了社会主义制度下权力运行的基本规律。

检察机关的法律监督是国家监督权的重要组成部分。监督权是其他权力依法规范行使的重要保障。从宏观看，在国家权力的大格局中，在整个社会的大背景下，党内监督、人大监督、检察监督、行政监察监督、政协民主监督、舆论监督、群众监督以及其他形式的监督，共同构成了社会主义监督体系。在这个监督体系中，尽管对象、范围和方式不同，但它们互相促进、互相补充，构成了一个有机统一的整体。要实现对国家权力的有效监督，只有综合运用各种监督手段，提高监督的整体效能，才能有效地保证权力运行的规范化、程序化。检察机关的法律监督，与其他形式的监督相比，具有国家性、专门性、规范性、强制性的特点。这些特点说明检察机关的法律监督具有独特的性质，在深入实施依法治国的基本方略中，发挥着其他监督形式无法替代的作用。检察机关履行法律监督职能的宗旨和目标是保障在全社会实现公平和正义。十七大报告指出："实现社会公平正义是中国共产党人的一贯主张，是发展中国特色社会主义的重大任务。"可见，公平正义已从一种纯粹的司法理念上升为更加深刻的社会理念和执政理念。作为国家法律监督机关的检察机关，肩负着依法对诉讼活动和执法活动实施法律监督、维护执法公正、司法公正的重任。法律监督是实现对权力的制约监督、维护社会公平正义的有效手段，对保证权力监督制约的权威性和强制性，提高监督制约的效力具有重要意义。检察机关通过加强对公民遵守法律情况的监督，维护社会和谐稳定；通过加强对有关国家机关的执法活动和国家工作人员遵守执行法律情况的监督，推进反腐倡廉建设；通过加强对诉讼活动的法律监督，维护司法公正。

公权力是指在公共治理的过程中，由政府和其他各类组织掌握并行使的，用以处理公共事务、维护公共秩序、增进公共利益的权力，包括政治国家、公民社会和其他参与公共治理的组织与群体的权力。农村公权力是整个国家政治体系的基石，是国家治理的基层组织和重要落脚点，农村公权力作为国家政治体系中最基础的环节，在维护社会稳定和促进发展方面有着不可替代的重要地位和作用。如可以保证农村改革发展的正确方向，促进农村经济建设，化解矛盾纠纷，维护农村社会和谐稳定。我国农村公权力主要由两部分构成：一部分是基层国家政权及其组织，主要指乡镇政权；另一部分是通过村民选举形成的村民自治权，包括村的管理权、决策权等。如前所述，改革开放以来，随着人民公社制度的解体，我国农村逐步形成了"乡政村治"的治理模式，"乡政"指的是乡一级政权（包括镇政权），是国家依法设在农村最基层一级的政权组织；"村治"指的是村民委员会，是农村基层的群众性自治组织。乡镇政权和村民委员会的结合，形成了当前有中国特色的农村基层的一种新的政治格局或政治模式。

我国农村权力架构和组织中也设置了相应的权力监督制约机制。就乡镇国家权力而言，有乡镇纪委的监督、乡镇人大的监督、上级部门的监督；在村民自治中，主要有村民代表大会、村民大会对村委会干部的监督，村党支部对村委会干部的监督等。但在这一权力构架中缺乏检察机关法律监督权的制约。而法律监督与其他形式的监督相比独具优势，主要体现在以下几个方面：

（一）法律监督的专门性

突出体现在以下两个方面：一是监督主体的专门性。法律监督权作为国家权力的一部分，由人民检察院专门行使，法律监督是检察机关的专门职责。检察机关如果放弃对严重违反法律的行为进行监督，就是失职。因而它不同于其他一切社会活动主体都能进行的一般性监督。二是法律监督手段的专门性。按照宪法和法律的规定，检察机关进行法律监督的手段是由法律特别规定的。如对职务犯罪立案侦查、对刑事犯罪提起公诉，以及对诉讼过程中违反法律的情况进行监督等。这种由专门的机关运用专门的手段所进行的法律监督是其他任何一种监督方式所无法替代的，也是法律监督在整个监督机制中具有重要意义的根本保障。人大的宪法地位决定了它具有相应的监督权力，人大对行政权、审判权、检察权具有最高的监督权力。但是，行政权和审判权又都是相对独立、封闭的运行系统，人大的监督又不可能及时、迅捷、直接地督促从而使得每一种公权力的违法得到制止或纠正，不能达到具体权力运行中的制衡效果，客观上需要专门的监督机构代表最高权力实施监督，保证中央集权的顺利实现，保证国家的法律正确统一实施。

（二）法律监督的程序性

法律对检察机关的法律监督规定了一定的程序规则，这些程序规则可能因监督的对象不同而有所不同。如对职务犯罪立案侦查有立案侦查的程序，对刑事犯罪提起公诉有提起公诉的程序，对人民法院已经生效的判决、裁定提起抗诉有提起抗诉的程序，纠正违法有纠正违法的程序。程序性的另一层含义是法律监督的效果在于启动追诉程序或者救济程序。对于严重违法构成犯罪的，法律监督的功能是启动追诉程序，提请有权审判的法院进行审判；对于构成违的，法律监督的功能是提请对行为人有管辖权的主体追究责任；对于违反法律的判决、裁定或决定，法律监督的功能是提请作出决定的机关启动救济程序以纠正已经出现的错误。

（三）法律监督的事后性

只有当法律规定的属于法律监督的情形出现以后，检察机关才能启动法律监督程序，实施监督行为。并且，司法活动、行政活动、国家工作人员的职务活动中可能出现的各种违法行为，在程度上是不同的，只有在违法行为达到一定程度之后，检察机关才能启动法律监督程序实施监督。

（四）法律监督的国家强制性

较其他监督而言，检察机关的法律监督具有明显的国家强制性。法律具有强制性，保障法律正确实施的监督活动也同样具有强制性。检察机关法律监督的强制性具体表现在：一方面，国家赋予其一定的司法权力，使其在监督中可以追究犯罪人的刑事责任，在执法监督中纠正公安、司法机关的违法行为；另一方面，国家赋予其采取一定强制措施的权力。具体来说，一是国家赋予检察机关在法律监督的过程中行使侦查权，根据《刑事诉讼法》第 18 条第 2 款的规定，人民检察院的侦查权主要适用于贪污贿赂犯罪，国家工作人员的渎职犯罪，国家机关工作人员利用职权实施的非法拘禁、刑讯逼供、报复陷害、非法搜查的侵犯公民人身权利的犯罪以及侵犯公民民主权利的犯罪。国家赋予检察机关对这些犯罪活动的侦查权并辅之以相应的强制措施，充分表明了检察机关的法律监督具有国家强制性。二是检察机关在法律监督活动中作出的决定是具有强制力的，被监督的单位和公民必须认真接受和执行，并在法定的时限内作出相应的回答。例如，根据 1996 年《刑事诉讼法》第 87 条的规定，检察机关认为公安机关应当立案而不立案，而且向检察机关说明的不立案理由不成立时，检察机关应当通知公安机关立案，公安机关也必须立案侦查。其他形式的监督就不会产生这种必然的监督效果，正如社会舆论监督可以呼吁公安机关立案，但公安机关并没有法律上的义务必须立案侦查。

（五）法律监督的中立性

现代宪政的一个基本原则是"一切权力都是有限的"，审判权和行政权也同样不例外。我国国家权力分工与运作的特点是行政权十分强大，司法权相对弱小，而司法权中的检察权又相对较弱。行政权天生就具有扩张性，而且涉及社会生活的方方面面。行政权体现为极其庞大的管理权、执法权、委任立法权和日益扩张的自由裁量权。审判权是对各种社会纠纷和矛盾作出实体裁判的终局性的权力，是直接处分当事人法律上的权利和义务的权力。相比之下，检察权主要表现为程序性的权力，既不直接配置权利义务，又不对案件作终端处分，最具有超然性。鉴于此，我国权力机关将法律监督权赋予检察机关专门行使，对另外两种权力实施监督。

（六）法律监督的制衡性

在人民代表大会下的"一府两院"制度，人民政府、人民法院和人民检察院之间的关系，是各司其职、各负其责，共同对权力机关负责。人民政府是国家的行政机关，代表国家行使行政权力；人民法院是国家的审判机关，代表国家行使审判权力；人民检察院是国家的法律监督机关，代表国家行使法律监督权力。这种监督体现在三者之间的关系上，是检察权对行政权和审判权的监督制约，以此来保障国家行政权力和审判权力的正确行使。因此，从宏观的和理论的角度来讲，我国的检察权应当配置为对行政权的监督和对审判权的监督两个方面。

（七）法律监督的历史传承性

秦汉时期，我国就创设了御史制度，专设御史来纠察百官。西汉时把国家权力分为行政与监察，以丞相主管行政，以御史大夫主管监察，均对皇上负责。唐代统治者提出"以法治天下，尤重宪官"。我国历朝都设有御史制度或与此相类似的制度，只是各个朝代的具体运行效果不同。我国今天检察制度职能和作用的设置在相当程度上也沿袭或受影响于历史上的御史制度。

法律监督的上述诸种特性，决定了其能够有效地监督制约农村公权力，促使其依法规范运行。作为中国特色社会主义检察制度的重要组成部分，在新形势下不断发展和完善农村检察制度的正当性基础也正是源自于此。农村检察制度的健全完善，能够进一步强化农村法律监督，促使农村公权力依法规范运行，最终实现农村治理的规范化、法治化，为建设社会主义新农村提供更加有力的保障和支撑。

第二节　检察工作的人民性

一、检察工作的人民性的含义及其特征

"人民"一词在我国是一个涵盖特定群体的政治概念，人民性是一种以人民的根本利益为宗旨的政治价值取向和政治诉求，是中国特色社会主义理论体系最鲜明的特征。人民性，就是要求政党在执政过程中奉行人民为本的执政理念，把人民的利益作为一切工作的出发点和落脚点，把人民群众作为推动历史前进的主体，不断满足人的多方面需要和实现人的全面发展。任何政党要想立于不败之地，就必须着眼于国内经济的发展，努力解决人民要求解决的各种社会问题。否则，不管什么体制的政党，都将失去民心。这是衡量一个政党先进与否，判断一个政党是否深得人心的标准之一。马克思和恩格斯就指出："无产阶级的运动是绝大多数人的，为绝大多数人谋利益的独立的运动。"共产党人"没有任何同整个无产阶级的利益不同的利益"。毛泽东同志指出："共产党人的一切言论行动，必须以合乎最广大人民群众的最大利益，为最广大人民群众所拥护为最高标准。"中国共产党是马克思列宁主义、毛泽东思想武装起来的全心全意为人民服务的工人阶级先锋队，党的性质、宗旨的人民性，决定了党必须把为人民谋利益作为自己全部活动的出发点和归宿。中国特色社会主义理论体系是正确反映中国历史发展规律与正确反映中国各族人民共同利益和意志的统一，是广大人民群众认识和发展中国特色社会主义，实现自己利益的锐利思想武器。邓小平理论提出，要时刻关注广大人民的利益和愿望，把人民拥护不拥护、赞成不赞成、高兴不高兴、答应不答应作为制定各项方针政策的出发点和归宿。"三个代表"重要思想强调，要把实现人民愿望、满足人民需要、维护人民利益作为根本出发点和落脚点，努力使最广大人民群众共同享受到经济社会发展的成果。科学发展观强调，要始终把实现好、维护好、发展好最广大人民的根本利益作为党和国家一切工作的出发点和落脚点，做到发展为了人民、发展依靠人民、发展成果由人民共享。

我国司法制度的政治性、人民性和法律性三大特征，从理念上源于十六大报告提出的"实现党的领导、人民当家作主、依法治国的有机统一"。胡锦涛同志提出"三个至上"，即"党的事业至上、人民利益至上、宪法法律至上"，又进一步明确了我国司法工作的指导方针，从而也为我国司法制度的政治性、人民性和法律性特征奠定了一脉相承的理论基础。各国司法制度的政治性往往

与法律性交织在一起，其突出表现就是维护确立其各自所属的政治体制的宪法的绝对地位，保护人权。此外，"讲政治"在西方国家也有特别的表现形式，比如，事关国家重大利益或外交利益时，美国司法部或国务院时常"以法庭之友"的面孔出现，向法庭阐明案件涉及国家的重大利益，请法官慎重考虑。此时，"司法独立"的价值也会让位于政治需要或更高的国家利益。由此可见，政治性和法律性是各国司法制度的共性，只是由于其所属的政治制度不同在表现形式上有所区别。但是，司法制度的"人民性"在其他国家是很难确立和体现出来的，因此说它是我国司法制度的特有属性。从名称上看，我国各级法院、检察院、法庭明确冠以"人民"二字，人民法官、人民检察官、人民陪审员等都是如此，其他国家基本上没有如此命名。我国司法制度"人民性"的另外一个特征是我国各级人民法院院长、人民检察院检察长由人民代表大会选举产生，完成人民授权司法机关行使司法权的程序。

人民性是中国特色社会主义检察制度的本质属性和核心价值。检察工作的人民性是指人民检察院法律监督的司法权源于人民、属于人民、服务人民、受人民监督的属性。我国检察机关的人民性来源广泛，多种因素共同决定了检察工作的人民性。一是来源于中国共产党的执政理念。中国共产党的根本宗旨是全心全意为人民服务，人民是社会发展的决定力量，群众路线是我们党基本的政治路线，"立党为公、执政为民"是党在新时期的执政理念。检察权的人民性与执政党的历史发展观、宗旨、政治路线和执政理念一脉相承。二是来源于我国人民代表大会制度的政治体制。我国实行人民代表大会制度，人民代表大会是国家最高权力机关。我国检察机关是人民代表大会制度下的法律监督机关，与西方国家仅仅行使追诉职能的检察机关有着本质区别。"中华人民共和国的一切权力属于人民"。检察权作为国家权力的分支和组成部分，也属于人民，这是我国宪法对检察权人民性的最高确认与保障。三是来源于人民司法制度的优良传统。如"马锡五审判方式"就是对人民司法制度之人民性最生动的诠释。人民检察院在初创时期，所采取的轻骑队、突击队、控告局、控告箱等各种依靠群众、服务群众的方式，无不体现了检察工作的人民性。

检察工作的人民性具有如下根本特征：

第一，权力的来源，即检察权来源于人民，由人民赋予。根据我国《宪法》规定，国家的一切权力属于人民，人民代表大会是国家最高权力机关，选举产生国家行政、司法机关，人民赋权是检察权的始点，广泛的人民性是人民检察院最根本的属性。人民赋予的检察权自然用来服务于人民，为人民谋利益，这是检察工作最终的落脚点。尊重人民的主体地位，要求检察工作必须始终坚持人民性这一根本要求。"立检为公、执法为民"所表现出的人民性宗旨正契合了检察工作的这一目标价值。检察机关要牢记人民的重托，切实解决好"权从何来、为谁掌权、为谁执法"的根本问题，始终以党和人民利益为重，为人民掌好权、用好权、执好法，切实维护好人民合法权益。

第二，权力行使的方式，即检察权依靠人民群众参与来实施。检察工作涉及社会生活的诸多领域，具有广泛的社会性和群众性，离不开人民群众的支持和配合。当前，我国正处在社会矛盾凸显期、刑事犯罪高发期、对敌斗争复杂期、社会管理创新探索期，检察工作比以往任何时候都更需要人民群众的大力支持。比如，解决宗旨意识不强、践行社会主义法治理念自觉性不高的问题，解决案多人少与检力不足的矛盾，解决发现线索难和调查取证难等问题，都要从专群结合中来寻找出路。只有坚持专群结合，既发挥检察机关的专业优势和威力，又充分调动人民群众的积极性、主动性和创造性，才能充分发挥检察职能的作用，构筑打击和预防犯罪、维护社会和谐稳定、维护社会公平正义的坚固防线。

第三，权力行使的目的与内容，即检察权要最大限度地维护人民群众的合法权益。检察权的来源、行使权力的方式等均表明检察权是来自人民、依靠人民、为了人民的，因此，检察权行使的目的和内容也应该体现人民性，即在职责范围内最大限度地维护人民群众的合法权益。长期以来，检察机关所有探索的出发点，都是力图体现检察权的人民性。一切为了人民，就是要把维护人民利益作为检察工作的根本宗旨，把实现好、维护好、发展好最广大人民的根本利益作为出发点和落脚点。

检察工作的人民性回答了人民检察院的权力来源、权力的行使方式和权力的目的等问题，明确回答了为谁执法、为谁服务，如何执法、如何服务这一事关检察工作政治方向和政治立场的根本问题，揭示了检察工作的本质和核心，是检察机关行使法律监督权的指南，也为农村检察制度的产生、发展和运行提供了直接动力。

二、农村检察制度的产生和发展与检察工作的人民性的关系

农村检察制度的产生和发展与检察工作的人民性紧密相连、密不可分。中华苏维埃共和国时期的农村检察工作，始终坚持相信群众、依靠群众和为人民群众服务的方针，发动群众批评和监督苏维埃机关的工作，检举和揭发苏维埃工作人员的错误和缺点。如《工农检察部组织条例》第5条规定："工农检察部的任务，是监督国家企业和机关及有国家资本在内的企业和合作社企业等，

要那些企业和机关坚决地站在工人、雇农、贫农、中农、城市贫苦劳动群众的利益上，执行苏维埃的劳动法令、土地法令及其他一切革命法令。"在检察实践中，探索出了一条依靠人民群众开展检察工作的新路子，积累了既丰富又宝贵的经验。各级工农检察委员会设立了控告局，悬挂控告箱，建立了协助开展检察工作的突击队、轻骑队、工农通讯员等群众性组织。苏维埃检察工作的这些指导思想和具体工作方法，充分反映了农村检察工作发源时就带有广泛的人民性。

抗日战争和解放战争时期，各根据地和解放区的农村检察工作，虽然没有中华苏维埃时期那样系统，但是检察工作的人民性依然贯彻始终。如1947年《中国土地法大纲》规定，各解放区先后成立人民法庭作为群众性的临时审判机构，负责审理与土地改革有关的案件。人民法庭的检察工作主要是："由农民团体推选或政府委派的检察员到被告人犯罪所在村召开群众控诉大会，搜集被告人的犯罪事实，进行实地调查，然后拟具起诉书，代表受害人提出定罪科刑的要求，但起诉书必须经由农民团体审查、修改、通过后，才能递交人民法庭，并在开庭时充当公诉人，代表群众口头起诉。"[1]

新中国成立后，检察工作的人民性得到进一步弘扬，农村检察工作也在这一时期得到了新的发展。1950年7月26日，最高人民检察署、最高人民法院、司法部、法制委员会四个部门联合召开第一届全国司法会议，会上董必武明确地提出了"人民司法"的概念。董必武指出："人民司法的基本精神，是要把马、恩、列、斯的观点和毛泽东思想贯彻到司法工作中去"；"人民司法基本观点之一是群众观点，与群众联系，为人民服务，保障社会秩序，维护人民的正当权益。"[2] 在1953年召开的第二届全国司法工作会议上，董必武对三年来的司法工作经验给予了充分肯定，并在此基础上，将人民司法思想的本质更为精辟地阐述为：就是"确认人民司法是巩固人民民主专政的一种武器；人民司法工作者必须站稳人民的立场，全心全意地运用人民司法这个武器；尽可能采取最便利于人民的方法来解决人民所要求我们解决的问题。一切这样办了的，人民就拥护我们，不然人民就反对我们"。[3] 这一时期，在农村检察工作中采取了聘请检察工作通讯员、携卷下乡、带案下乡等工作方法和制度。但是，从1957年"反右"运动扩大化到十年"内乱"，国家和社会陷入法律虚无主义状态，社会主义司法制度受到严重破坏，人民检察院在"文革"期间

---

① 张希坡：《中国革命法制史》（上册），中国人民大学出版社1987年版，第460页。
② 《董必武法学文集》，法律出版社2001年版，第45页。
③ 《董必武法学文集》，法律出版社2001年版，第154页。

被取消。

1978 年，检察机关恢复重建后，检察工作的人民性再一次得以彰显，农村检察工作的方式方法进一步丰富完善，如设置派驻乡镇检察室、成立检察工作组、工作队、聘请检察助理员等。新形势下，农村检察制度在维护农民群众合法权益、服务农村改革发展中具有重要而独特的作用。深化农村改革、实现涉农制度创新需要加强法制宣传，提供相关法律服务；落实党和政府的支农惠农政策，让改革开放带来的实惠真正落到农民群众手中，需要检察机关加大预防和查办涉农职务犯罪力度，杜绝侵占、挪用、贪污支农惠农补贴等犯罪；维护农村社会和谐稳定，需要检察机关打击刑事犯罪，及时化解矛盾纠纷；推进农村民主法制建设，促进农村各项事业进步，需要检察机关发挥监督协调职能，督促相关职能部门依法履职。这些职能的充分发挥，必须通过建立健全农村检察制度来实现。历史经验表明，不论在什么时候，只有坚持检察工作的人民性，农村检察制度才会有无限的生机和活力。

从农村检察制度与检察工作的人民性的历史关联中，我们可以得出农村检察工作与检察工作的人民性的一般关系：农村检察制度的宗旨是服务农民群众，保障农民群众的合法权益；农村检察制度的基本工作方式是便民、利民，方便群众表达诉求；评价和检验农村检察制度的标准是人民群众是否认同和满意。

第三节 小 结

马克思指出："人们自己创造自己的历史，但是他们并不是随心所欲地创造，并不是在他们自己选定的条件下创造，而是直接碰到的、既定的、从过去承继下来的条件下创造。"① 农村检察制度的产生和发展是人民检察创立以来的若干经验的沉淀和总结，其发展历程和经验表明，权力监督制约理论和检察工作的人民性理论是农村检察制度的基础理论。这一方面体现了检察制度最核心的价值和功能——权力监督制约，离开了对权力的监督制约，我国检察制度就失去了存在的合理性和合法性，农村检察制度也不能例外；另一方面表明了农村检察制度之所以产生和得以不断发展的原因是采取农民群众容易接受的工作方式，联系广大农民群众，服务农民群众，其本身就是人民检察院人民性理论的最好实践和弘扬。因此，农村检察制度就是建立在权力监督制约和检察工

---

① 马克思：《路易·波拿巴的雾月十八日》，载《马克思恩格斯选集》（第 1 卷），人民出版社 2001 年版，第 603 页。

作的人民性基础之上的工作制度，其工作方式、运行模式和价值目标，都离不开监督制约权力，维护广大农民群众合法权益这个范畴。而如何监督制约权力、保护权利是现代法治和宪政的核心，也是现代法治与宪政产生、发展和不断在世界范围内推广的重要原因。作为农村检察制度的两个理论基础——权力监督制约和检察工作的人民性，其实质就是限制国家权力、保护公民权利，两者是同一个问题的两个方面。如果不能很好地监督制约国家权力，检察工作的人民性就丧失了根基和基础——对人民权利的回应、满足和保障；如果不从监督制约国家权力入手，不用权力监督制约权力，权利难免不受侵犯。检察工作的人民性，是人民检察制度赖以产生和发展的政治性因子，在新的历史时期具有新的价值意蕴，在某种意义上是对人民权利的强调，这也是权力监督制约理论的最终价值追求和愿景。

第五章 中国特色社会主义农村
检察制度的基本原则

"原则"在现代汉语词典中的含义是指观察问题、处理问题的准则。一般而言，对问题的看法和处理往往会受到立场、观点、方法的影响。原则是从自然界和人类历史中抽象出来的，只有正确反映事物的客观规律的原则才是正确的。"原则"并非一些深奥玄妙的宗教哲理，也不属于任何特定的宗教或信仰，"原则"其实是人类社会颠扑不破、历久弥新、不言自明的真理。法理学告诉我们，一项法律原则的成立，至少要满足普遍指导性、贯穿性、独立排他性、专属性、合宪性等要求。根据"基本原则"一词在现代汉语中的含义以及法学界对它的通常理解，我国农村检察制度的基本原则应当具备以下三个基本特征：第一，高度概括与特殊性。农村检察制度的基本原则必须是对整个农村检察制度的根本性问题所进行的高度概括，并能够在一定程度上反映农村检察制度的特殊性和体现我国农村检察制度的特点。第二，普遍指导性。农村检察制度的基本原则必须贯穿整个农村检察工作的始终，而且为农村检察工作的各个阶段所必须遵循，它是整个农村检察制度的法治总原则。因此，不能把农村检察工作某一特定阶段所应遵循的原则视为农村检察制度的基本原则。第三，法律规定性或者实践认同性。农村检察制度的基本原则来自农村检察工作实践，是对农村检察工作实践的抽象和概括，不能是凭空生造出来的。农村检察制度的基本原则之所以具有这些特征，最根本的一点是这些原则是来自农村检察工作实践，是从历史与实践中提炼、总结和抽象出来，并经过实践检验的一般活动准则，带有一定的普遍性、指导性。

第一节 遵循司法一般规律原则

哲学意义上的规律亦称法则，是指客观事物发展过程中的本质联系，具有普遍性的形式。规律是事物本身所固有的、深藏于现象背后并决定或支配现象的方面，是事物发展变化的必然联系和必然结果。司法规律，是指司法现象和司法活动过程中内在的本质联系，体现着司法活动总体上的一般必然性趋势。司法规律作为一种特定的社会规律，是普遍性与特殊性相结合的司法运行法则，在不同法律文化传统、不同司法体制、不同政治制度乃至不同经济发展水平的国家，甚至在同一国家的不同经济发展阶段，司法规律亦必然具有一定的差异性。

中国特色的司法规律，是社会主义初级阶段司法活动内在本质的必然联系，它是检察权与审判权有机结合适用法律的客观反映，是以司法公正为准则，以程序与实体并重为表征，以司法独立、司法公开、司法平等、司法制约、司法求是、司法效率等为要素的司法运行法则。我国是中国共产党领导的人民民主专政的社会主义国家，党是中国社会主义事业的领导核心，党的领导是社会主义法治的根本保证。人大是权力机关，司法活动要受到人大及其常委会的监督，这是我国宪法和法律赋予国家权力机关的一项重要职权。在司法工作中坚持党的领导是由中国共产党的先进性和执政地位决定的，法治工作只是中国特色社会主义事业的重要组成部分，属于局部，必须在党和国家工作大局下开展，为党和国家工作大局服务。司法机关包括人民法院和人民检察院、公安机关。司法机关之间在分工负责的前提下，还存在着相互制约的关系：在刑事诉讼过程中，公检法三机关通过各自的工作发现另外机关的工作问题，可提出建议要求其纠正；通过下一阶段的工作审查前一阶段的工作是否存在问题，并作出相应的处理；而检察机关作为国家的法律监督机关，同时也依法对司法活动进行全面监督。因此，坚持党的领导、依法接受人大的监督、服务大局、司法机关之间相互制约等构成中国特色社会主义的司法规律。不过，作为人类社会权力制衡、解决纠纷的一种重要手段，司法具有一定的普适性，作为现代文明法治国家的司法活动，我国的司法活动也必然遵循司法的独立性、公正性、终局性、公开性、效率性等司法活动中的一般规律。在建设具有中国特色社会主义的司法背景下，虽然受政治体制、机制、文化、经济、社会条件等多种内外部因素的影响和制约，但我国司法机关在司法活动中也需要遵循这些一般性的司法规律。正确认识、掌握和遵循司法工作规律，是检察工作科学发展的必然要求，也是农村检察制度健全完善的必由之路。农村检察制度作为中国特色社会主义检察制度的重要组成部分，其健康运行和发展也必须要遵循这些一般性的司法规律。

一、司法的独立性

司法的任务主要是解决公民之间以及公民与国家之间的法律争执，厘清权利与权力之间以及两者相互之间的边界，消除社会冲突和社会紧张关系。司法的独立性是司法的本质要求，是实现司法公正和维护司法权威的前提，也是法治的应然要求和重要内容。司法的独立性是其公正性的必要条件，离开了独立性，公正性就失去了保障，就无从谈起。① 司法的独立性，包含两个层面的内容：一是司法机关独立于行政、立法等其他机关和个人；二是从程序意义上讲，司法独立的意旨是在司法过程中保障法官司法以维护程序正当性和结果正确性，因此也被称为"技术性的司法规则"。② 司法独立，从一般意义上说就是司法机关审理和裁决案件时，只服从法律，而不受其他机关、团体和个人的干涉。当然，司法独立并不是完全的绝对的独立，因为司法权作为一种国家权力，如果得不到有效制约，也必然导致腐败。当今各国的政治制度都在不同程度上对司法权作了一定的限制，因此，司法独立只是相对的独立。这种相对性在我国表现为对司法权一系列的监督和制约机制上，具体地讲：其一，司法权要接受党的领导和监督，这是司法权正确行使的政治保证。其二，司法权要接受国家权力机关的监督，司法权由国家权力机关产生，并对国家权力机关负责。其三，司法机关内部也存在监督和约束关系，这主要通过司法领域中的一系列制度来体现。其四，司法权也要接受社会的监督。这些监督形式有利于更好地行使司法权，防止司法不公和司法腐败。

二、司法的公正性

司法公正是指司法权运行过程中各种因素达到的理想状态，是现代社会政治民主、进步的重要标志，也是现代国家经济发展和社会稳定的重要保证。它是法律的自身要求，也是依法治国的要求，其基本内涵是要在司法活动的过程和结果中体现公平、平等、正当、正义的精神。其主体是以法官、检察官等执法、司法人员为主。司法公正的对象包括各类案件的当事人及其他诉讼参与人。在某种意义上，司法是实现正义的最后一道防线，是维护公民权利的最终保障，司法过程也是人们追求"公平、正义的'一个埋性'过程"。这既是司法活动的出发点与落脚点，也是司法活动的价值特点。由于司法机关在司法活动中并无自身利益，它是超越案件利害关系的中立裁判者、监督者，因而能够履行国家赋予的中立裁判、监督的法定职责。司法公正包括实体公正和程序公

---

① 谭世贵：《论司法独立与媒体监督》，载《中国法学》1999 年第 4 期。

② 余松林：《论司法独立及其实现》，载法律图书馆论文资料库，http：//www.law-lib.com/lw/lw_view.asp? no=1969&page=2，访问时间：2010 年 6 月 20 日。

正，二者缺一不可，因为实体公正是司法活动追求的根本目标，程序公正则是实现实体公正的措施和保障。

所谓实体公正，就是说司法活动就诉讼当事人的实体权利和义务关系作出的裁决或处理是公正的。它包括三项内容：一是准确地认定案件事实；二是正确地适用实体法律；三是对案件作出公正合理的裁判或作出合理的处理。必须指出的是，司法公正与社会公正之间有时也会产生差距，这源于司法的局限性。由于人的认识能力本身的局限性和证据本身的客观条件，在任何一起案件中都存在证据认识的模糊性和不完全属实的可能性，因而根据其认定的案件事实也不可能百分之百地准确，换言之，司法人员依据证据对案件事实所作出的判断和事实的认定上都具有模糊与误差的可能性，不能达到百分之百的客观，因此，在司法实践中，追求实体意义上的司法公正具有一定的局限性，而且如何评价和判定"实体公正"本身在具体案件中也具有一定的模糊性。与此相比，程序公正则具有较强的确定性和可操作性，因此通过程序公正来保障实体公正并进一步全面实现司法公正是一条可行之路。换言之，程序公正可以作为在实践中追求司法公正的切入点。

所谓程序公正，是指诉讼活动的过程对有关人员来说是公正的，换言之，诉讼参与人在诉讼过程中所受到的对待是公正的，所得到的权利主张机会是公正的。就司法系统而言，实体公正是指系统的最终"产品"是否公正；程序公正是指该产品的生产过程是否公正。司法的程序公正具有两个基本功能：其一是保障诉讼参与者的平等权利和正当权利；其二是保障在诉讼中实现实体公正。和实体公正相比，程序公正的规则一般都比较明确，具有可操作性，因此在追求司法公正时应该以程序公正为切入点，通过严格、公开地遵守诉讼程序来接受各个方面的监督，以保障其公正性。在现代法治社会，程序公正的价值不仅表现为它是司法活动追求的目标，是实现实体公正的有效途径，而且表现为它可以有效地弥补实体法的某些不足。换言之，程序公正的价值一方面体现在保障实体公正的实现上，另一方面体现在其自身独有的价值上。从程序自身的价值看，公正的程序是社会稳定有序和诉讼结果权威的制度保障，在诉讼结果与案件的实体真实不尽吻合时，程序合法仍然可以使其发挥正统性的功能，从而化解部分当事人的不满，使诉讼结果为当事人所接受，进而得到社会公众的尊重。反之，在程序违法的情况下所产生的诉讼结果，即便与实体真实偶然吻合，也难以消除人们对其正确性的疑虑。按照西方学者戈尔丁的看法，程序公正的实现途径有三个：中立机构的存在、对冲突的劝导、合理的裁决机制。一般认为，程序公正应具有四个特征：一是诉讼各方的参与性；二是诉讼双方的平等性；三是裁判者的中立性；四是程序的合理性。

三、司法的公开性

所谓司法公开，是指除法律有特殊规定的以外，司法机关的活动应当向社会公开，不仅应当通知当事人和其他诉讼参与人到场或到庭，而且应当允许公民旁听，允许新闻媒体采访和报道。司法公开的主要内容指人民法院和人民检察院的执法司法活动公开，满足公众的知情权，接受公众的监督。联合国大会于 1966 年通过的《公民权利和政治权利国际公约》第 14 条第 1 款规定："所有的人在法庭和裁判面前一律平等。在判定对任何人提出的任何刑事指控或确定他在一件诉讼案中的权利和义务时，人人有资格由一个依法设立的合格的、独立的和无偏倚的法庭进行公正的和公开的审讯。"我国宪法、刑事诉讼法、民事诉讼法和行政诉讼法对审判公开均作了具体明确的规定。一般而言，司法公开的具体内容包括：（1）公开执法司法工作的规则，如举证规则、庭审规则、辩论规则等；（2）公开事实，让当事人双方明白无误地知晓审判赖以认定的事实；（3）公开论辩，让当事人平等地享有公开陈述自己的意见、反驳对方诉讼主张的机会；（4）公开裁判和处理结果，在让当事人知晓裁判和处理结果，也让社会大众行使监督权利的同时，受到法治的宣传教育。当然，在向当事人和社会公开上也应该有所区别。涉及国家机密、个人隐私以及未成年人事宜等不宜向社会公开的，还应当适度保密，但裁判和处理的结果均应一律公开。"阳光是最好的防腐剂"，司法公开既是司法公正的重要保障，也是司法现代化和司法民主的重要标志。只有司法公开，才能使司法活动暴露得一览无余而不留下任何能够暗箱操作的机会，才能使法官、检察官得到更充分的质证、听证，从而作出正确的判决；也只有司法公开，才能使当事人和社会公众消除任何对司法不公的质疑而方便判决的执行，从而优化和树立司法的公正形象。

四、司法的效率性

司法效率原则要求司法机关适当地加快诉讼活动的进程，避免不必要和不合理的拖延。其实质上是一个投入产出观的问题。"效率"一词本是经济学的名词，即指尽可能"以最少的交易成本获得最大的产出"，将"效率"一词引入司法领域是经济分析法学派代表人物科斯的贡献。科斯认为"效益是法律的宗旨"，所有的法律制度，说到底都是"以有益的利用自然资源，最大限度地实现效益"，主张用微观经济学来分析和改革法律制度。司法资源作为社会资源的一种，其使用同样要讲究效益。司法改革的内容之一就是要在原有制度的基础上，改造出一种更为简便、更具效率的司法制度，如人民法院的简易程序等。司法效率问题不仅在于效益本身，而且与正义的实现密切相关。在英国著名的戏剧家莎士比亚的笔下"法律的迟延与压迫者的凌辱、傲慢者的冷眼、官吏的横暴等并列为人世间不可忍受的几大苦难之一"。司法效率本身就是司法公正，波斯纳就认为"正义的第二种含义——也许是最普通的含义——是效率"。① 事实上，在某些情况下，没有效率的司法本身就是不公正的司法，没有效率的司法综合起来表现形式有两种：一是司法资源浪费的司法；二是司法期间拖延的司法。而司法期间拖延的司法本身就是不公正的司法，"迟来的正义非正义"。

五、司法的专业性

司法活动本身是一个融法律职业语言、法律职业知识、法律职业技术、法律职业信仰和法律伦理等于一体的专业性、技术性极强的活动，要求司法人员有较高的法律素养。在法治语境中，司法地位日益突出，司法官代表国家独立行使司法权，其一言一行直接关系到广大公民的切身利益和安危荣辱。司法官的这种极端重要性必然要求贤能者任之，因此，职业化是对我国全体司法官的首要要求。这就要求司法官具备系统的法律专业知识、执业所需的经验和技能。在此基础上，还必须进一步要求司法官（特别是最高法院、最高检察院的司法官）的精英化。精英化是职业化发展的必然结果，是比职业化更高的要求。精英化的要求是司法官必须是法律精英，一方面，既是法律专家又是道德品质高尚的贤者；另一方面，司法官的数量要少，做到人少而质高。现代意义的法律职业，按照美国法学家庞德的说法，是一种"有学问修养艺术，共同发挥替公共服务精神"的职业。法律职业者，是精通法律专门知识并实际操作和运用法律的人，包括我们通常所说的法官、检察官和律师。在法治社会，要求法律职业者要有法律信念，而支撑人的理想信念的，是人的精神信仰。法律信仰，作为一种意识形态，是人们从心灵深处和灵魂高度对法律的价值认同和理性回归的心态。树立法律信仰，在我国具有很强的现实意义。因为司法活动不是脱离社会环境在真空状态中进行的，它不可避免地要面对来自各方面的各种不良因素的干扰。在我国廉政制度还没有完全健全的今天，对法律职业者来说，如果没有对法律的坚定信仰，就容易在原则和是非问题上混淆不

---

① ［美］波斯纳：《法律的经济分析》，中国大百科全书出版社 1997 年版，第 31 页。

清、动摇信念乃至犯错误，亵渎法律的原则和精神，违背社会公平正义，甚至陷入权力欲的极度膨胀中，搞权钱交易，滥用权力，玩忽职守，腐化堕落。

六、司法的中立性

司法权主体地位中立，只能居中裁判和监督，不应有意或无意地偏袒一方；司法权应当在官民之间保持中立；司法权和行政权保持中立。司法权在一般当事人之间保持中立是指在司法活动中，法院、检察院以及法官、检察官的态度不受其他因素，包括政府、政党、媒体等影响，至少在个案的判断过程中不应当受这些非法律因素左右，并尽可能排除这些不利于进行准确、公正判断的因素，对社会问题的态度只是以法律为准则而保持中立，严格依法办事。司法权是独立性权力，在其之上的只有法律。司法权只服从法的引导，不接受任何命令，对司法权只能实行监督制约而不能实行领导。法权只服从理性，而不服从任何权势和情感的压迫。司法机关虽然是一个政治机构，但其职能是适用法律、裁决纠纷、监督制约，因此应居中而为，以第三者身份中立地解决当事人之间的法律纠纷。司法中立既是司法制度得以确立及得到普遍社会主体的心理认同和支持的基本前提，也是司法公正的基础和屏障，事关法律公平、正义的价值目标是否能够实现。值得注意的是，英美法系国家所实行的司法中立，是一种法官"消极中立"，并不主动调查取证，完全在双方当事人提出证据和发表意见的基础上作出裁判，其活动始终保持相对的被动性和消极性。而在大陆法系国家，司法中立是一种"积极中立"，法官可以依当事人的申请及依职权调查收集证据，还可主持指导当事人提供证据和交换证据，对证据的判断取舍有相对的主动性。

第二节　坚持群众路线原则

一、坚持群众路线原则的必要性

群众路线是以毛泽东为代表的中国共产党人把马克思主义的辩证唯物主义认识论和历史唯物主义的人民群众是历史创造者的原理运用于党的全部活动中，而形成的具有中国共产党人特色的根本工作路线，是党的根本政治路线，也是党的根本组织路线。群众路线的基本内涵：一切为了群众，一切依靠群众，从群众中来，到群众中去。群众路线作为党领导人民进行革命和建设的根本路线和方法，是在长期的斗争中形成和发展起来的。党在创立初期就明确指出，党的一切运动都必须深入到广大的人民群众中去；中国革命运动将来的命运，全看党会不会组织群众、引导群众。在十年内战时期，在党内比较早地使用"群众路线"这个科学概念的是周恩来。1929 年 9 月，由他主持、陈毅参加起草的《中央给红四军前委的指示信》中强调红军的筹款等工作要经过"群众路线"这一工作方式来完成。延安整风运动时，毛泽东在《关于领导方法的若干问题》（1943 年 6 月）中指出："在我党的一切实际工作中，属正确的领导，必须是从群众中来，到群众中去"；"如此无限循环，一次比一次地更正确、更生动、更丰富"，第一次从哲学高度对党的群众路线作了理论概括。在中共七大上，毛泽东在《论联合政府》的政治报告中指出，将"和最广大的人民群众取得最密切的联系"，作为中国共产党人区别于其他任何政党的三个显著标志之一。刘少奇在所作的关于修改党章的报告中，论述了党的群众路线是党的根本的政治路线和根本的组织路线；概括了群众观点的基本内容主要是："一切为了人民群众、全心全意为人民服务的观点；一切向人民群众负责的观点，相信群众自己解放自己的观点；向人民群众学习的观点，就是人民群众的先进部队对人民群众的观点。"①

在中共八大上，邓小平在关于修改党章的报告中，对党的群众路线作出了新的概括：一方面，认为人民群众必须自己解放自己，党的全部任务就是全心全意为人民群众服务，党必须密切联系群众和依靠群众；另一方面，认为党的领导工作能否保持正确，决定于它能否采取"从群众中来，到群众中去"的方法。一切为了群众，一切依靠群众，这是群众路线的核心内容，具体要求如下：第一，必须对群众负责，善于为群众服务。第二，必须相信群众能够自己解放自己，尊重和支持群众的首创精神。既要反对命令主义，又要反对尾巴主义。第三，必须充分发扬民主，要有先做群众的学生，后当群众的先生的精神。第四，必须倾听群众呼声，善于从群众中发现问题并解决问题。第五，必须在工作中发动群众、组织群众。1981 年 6 月，中央作出的《关于建国以来党的若干历史问题的决议》简要地概括为"一切为了群众，一切依靠群众，从群众中来，到群众中去"。由此可见，群众路线不仅仅是领导和工作方法问题，而且还涉及政治哲学的基本问题——人民群众的地位、党的性质、党和群众的关系等问题，涉及世界观、认识论和工作方法论，体现了政治原则与领导方法的统一、政策制定与政策执行的统一、认识功能与利益表达的统一，是党的根本宗旨的集中体现，是党保持先进性的必然要求，是党一切工作的根本出

---

① 刘少奇：《论党》，载《刘少奇选集》（上卷），人民出版社 1981 年版，第 354 页。

发点和归宿，是实现党正确领导的基础，是中国革命和建设事业不断取得胜利的重要保证。因而，它也是毛泽东思想的活的灵魂之一。

党的十一届三中全会以后，党和国家的工作重点转移到经济社会发展上来，党的第二代领导集体继承和发展了这一思想。邓小平强调："密切联系群众，是我们党的一个优良传统。群众是我们力量的源泉，群众路线和群众观点是我们的传家宝。"1990年3月，党的十三届六中全会《中共中央关于加强党同人民群众联系的决定》明确指出："党在长期斗争中创造和发展起来的一切为了群众，一切依靠群众，从群众中来，到群众中去的群众路线，是实现党的思想路线、政治路线、组织路线的根本工作路线，是中国共产党的优良传统和政治优势。历史经验反复证明，什么时候党的群众路线执行得好，党群关系密切，我们的事业就顺利发展；什么时候党的群众路线执行得不好，党群关系受到损害，我们的事业就遭受挫折。"在改革开放的关键时期，党的第三代领导集体继续坚持和发扬这一优良传统。江泽民指出，贯彻"三个代表"要求，最根本的是要不断实现好、发展好、维护好最广大人民的根本利益。党的十六大以来，党中央始终把加强和改进党的群众工作放在突出位置，多次强调，尊重人民主体地位，发挥人民首创精神，保障人民各项权益，走共同富裕道路，促进人的全面发展，做到发展为了人民、发展依靠人民、发展成果由人民共享。这些重要思想，成为新时期坚持群众路线、加强党的建设、实现党的宏伟奋斗目标以及加强和改进政法工作的指南。胡锦涛同志在纪念党的十一届三中全会召开30周年大会上的重要讲话中强调："必须把尊重人民首创精神同加强和改善党的领导结合起来"，"把人民拥护不拥护、赞成不赞成、高兴不高兴、答应不答应作为制定各项方针政策的出发点和落脚点"，并明确提出了"坚持执政为民、紧紧依靠人民、切实造福人民"的根本要求。党的十七届五中全会强调坚持党的群众路线："各级领导干部要坚持全心全意为人民服务的根本宗旨，坚持党的群众路线，始终保持同人民群众的血肉联系，树立正确政绩观，努力做出经得起实践、人民、历史检验的实绩。"党的十八大报告再次强调："坚持以人为本、执政为民，始终保持党同人民群众的血肉联系。为人民服务是党的根本宗旨，以人为本、执政为民是检验党一切执政活动的最高标准。任何时候都要把人民利益放在第一位，始终与人民心连心、同呼吸、共命运，始终依靠人民推动历史前进。"

二、审判工作中坚持群众路线原则

群众路线是中国共产党的根本政治路线和组织路线，也是其根本的领导作风和工作方法，是中国共产党战无不胜的法宝。群众路线是中国共产党做一切工作的根本路线，自然也是其政法工作的根本路线，也是人民司法工作兴旺发达的优良传统，甚至有人将其称之为"政法工作的生命线"。①

就审判工作而言，党的群众路线创造了就地审判、巡回审判等新型、快捷的审判方式，通过依靠群众、深入群众中调查取证，改变了法官坐堂问案的做法，走出法庭，深入农村，亲赴争讼地点，依靠群众，就地审判。早在第二次国内革命战争时期，人民司法工作就贯彻了依靠群众办案的原则。1932 年 6 月颁布的《裁判部暂行组织及裁判条例》要求"各级裁判部可以组织巡回法院到出事地点审判"。陕甘宁边区继承了这个好传统，在当时的历史条件下，审判工作主动适应抗日战争和解放战争的需要，更加自觉地依靠群众，贯彻群众路线，丰富和发展了就地、巡回审判方式。1939 年，边区政府成立后制定的第一个施政纲领就规定："建立便利人民的司法制度。"1941 年 5 月 10 日，陕甘宁边区高等法院在各县司法工作的指示信中说："边区的司法工作要深入群众，要在群众中建立司法工作的基础。"1942 年制定的《边区民事诉讼条例草案》第 4 条规定："司法机关得派审判人员流动赴事件发生之乡市，就地审判，流动审理时，审判人员应注意当地群众对于案情意见之反映，为处理之参考。"群众路线还催生了著名的"马锡五审判方式"。

当时，担任陕甘宁边区高等法院陇东分庭庭长的马锡五在办理民刑等案件中，总要充分听取当地群众的意见，特别是在处理民事案件中"不论是判决还是调解，要尽量采纳群众意见，力争让周边群众满意"。同时，马锡五在他提倡和注重的调解工作中，善于挑选一些在群众中有能力和有威望的人，参与案件的调解处理，他们不仅熟谙各种纠纷的历史渊源，同时也掌握当地的人情世故，这既弥补了司法干部工作的缺陷，又起到了司法干部起不到的作用。实事求是是司法工作的灵魂。深入实际了解案情是陕甘宁边区司法工作的重要传统之一，也是"马锡五审判方式"的灵魂所在。马锡五纠正了曲子县司法处错判的苏发云兄弟谋财杀人一案，堪称边区司法工作的典范。苏发云兄弟 3 人曾以谋财杀人被曲子县司法处关押一年之久，其犯罪证据主要是苏发云家中多处发现的血迹，并有人证明苏发云在案发前曾与被害人同路而行，但苏氏 3 兄弟拒不承认。马锡五接受此案后走乡串户，对全案证据重新核对，最后查明真正的凶手是杜老五，苏发云家中的血迹是其妻分娩和家中杀羊所致。"马锡五审判方式"的特点是：第一，深入农村，调查研究，实事求是，了解案情。马锡五同志经常走出法庭，深入农村，到群众中去全面调查，实事求是地掌握

---

① 于进渭：《群众路线是政法工作的生命线》，载《人民日报》1959 年 1 月 1 日。

案情，从本质上解决问题，为正确处理案件奠定基础。第二，依靠群众，尊重群众意见，教育群众，依法合理作出处理意见。马锡五同志常常亲自到争讼地点，和当地干部一起，征求群众意见，召集群众，大家评理，并注意教育和引导群众，使群众的舆论和法律融为一体，使案件的解决既符合法理，又合乎人情；既符合法律原则，又为当地舆论所赞扬。第三，方便群众诉讼，审判不拘形式。为了保障人民的诉讼权利，马锡五同志在司法实践中采取了一系列"简单轻便"的诉讼形式。他携卷下乡，亲赴出事地点，依靠群众，就地审判；他组织巡回法庭，定期巡视所属各县，倾听群众意见，检查司法工作，随时随地受理上诉案件；他审理案件没有架子，没官气，讯问和气，耐心说服，不敷衍、不拖延，没有"推事主义"和"了事主义"作风；他不拘形式，不怕麻烦，不论早上晚上，山头地边，群众都可以找他拉话、告状。①"马锡五审判方式"是群众路线运用在司法工作中最显著的标志，也成为我国优良司法传统的标志，对新中国的法制建设和审判实践产生了深远的影响。在审判工作中坚持党的群众路线在新中国的司法实践中得到了进一步的肯定和推广。

新中国成立后，群众路线作为党的政法工作路线得到进一步坚持。彭真同志在 1951 年 5 月 11 日政务院第八十四次会议上的报告中就说过："政法工作不是一种只坐在屋子里办公事、搞文牍的工作，而是一种与群众运动相结合的实际工作，要指导与密切联系群众，通过群众依靠群众来推进工作。只有抓紧中心环节，使领导与群众相结合，才能很好地完成任务并由此建立起政法部门的经常工作。"②1959 年 5 月，董必武同志在全国公安、检察、司法先进工作者大会上讲："我们党从井冈山建立革命政权的时候起，就有了自己的政法工作。人民政法工作……从民主革命到社会主义革命，逐步积累起丰富的经验，形成了自己的优良传统。这就是服从党的领导、贯彻群众路线、结合生产劳动、为党和国家的中心工作服务。"③

"文革"期间，人民法院制度受到冲击和破坏。1978 年拨乱反正后，群众路线作为一项政治法律遗产受到人们的高度重视。1979 年通过的《刑事诉讼法》、《人民法院组织法》和《人民检察院组织法》又肯定了司法工作群众路线的诉讼程序、原则、制度和方法，司法工作群众路线的优良传统重新得到了恢复和发扬。同样，走群众路线也是通过一系列司法技术手段实现的。1979

①　张晋藩：《中国法制史》，群众出版社 1989 年版，第 508 页。

②　彭真：《关于政法工作的情况和目前任务》，载《论新中国的政法工作》，中央文献出版社 1992 年版，第 25—26 页。

③　董必武：《董必武法学文集》，法律出版社 2001 年版，第 423 页。

年颁布的《刑事诉讼法》、《人民法院组织法》、《人民检察院组织法》和《宪法》进一步肯定了司法工作中的群众路线，并从诉讼程序、基本原则、审判制度与方法诸方面进行贯彻，使专门机关同群众相结合的优良传统得到了进一步发扬，如实行审判公开，深入群众开展调查研究，巡回审理、就地办案，推行陪审制、坚持诉讼调解等。

三、检察工作中坚持群众路线原则

在检察工作中坚持群众路线，始于中央苏区的检察实践，是检察事业发展的重要法宝。中华苏维埃共和国的检察工作始终坚持贯彻群众路线，相信群众、依靠群众，发动群众批评和监督苏维埃机关的政府工作，检举和揭发苏维埃工作人员的错误和缺点。如设置控告局、悬挂控告箱，另外还建立了由突击队、轻骑队、工农通讯员及群众法庭四部分构成的群众性检察组织，并发动群众开展广泛的检举运动，这一工作实践后来形成为举报制度。[①] 在当时的诉讼中，"除检察员出庭做原告人以外，与群众团体有关系的案件，该群众团体也派代表做原告人"。这些群众团体原告人在庭审活动中，直接主张该团体的合法权益。[②] 为了推动群众检举，1932 年 3 月初，临时中央政府副主席、中央工农检察人民委员项英在《红色中华》上发表了题为《反对浪费，严惩贪污》的文章，指出："这个时候，谁要是浪费一文钱，都是罪恶，若是随意浪费，那实际是破坏革命战争。至于吞没公款、营私舞弊等贪污行为，简直是反革命。"文章号召工农群众检举揭发，把各级政府中的贪污分子驱逐出苏维埃。

虽然我国的检察制度是通过学习、借鉴苏联检察制度建立起来的，如苏联政法专家苏达里可夫在中国第一次全国司法工作会议上的专题报告中，对苏联检察制度的性质和基本原则作了介绍。其核心内容是：检察机关的主要任务是担负维护国家法律的正确实施，应建立党领导下的垂直统一领导体系；检察工作与保障人权密切相关，应当树立人民公仆的执法理念。[③] 但是，我国的人民检察机关并没有完全照搬照抄苏联检察制度，而是结合中国国情进行合理改造，并注意总结中国共产党在不同时期的司法工作中所取得的经验和成就，"人民检察机关，不仅在任务和组织制度方面，应当根据中国的实际情况来学习苏联制度的经验；而且要在检察工作方法、作风和方式上，也学习苏联检察

---

① 林海主编：《中央苏区检察史》，中国检察出版社 2001 年版，第 67—68 页。
② 林海主编：《中央苏区检察史》，中国检察出版社 2001 年版，第 226 页。
③ 张培田：《中国检察制度考论》，中国检察出版社 1997 年版，第 127—131 页。

人员的精神"。人民检察院在成立之初，也注意发挥人民群众的力量，依靠广大人民群众做好检察工作。

中央人民政府政务院政治法律委员会副主任兼中央人民政府法制委员会主任陈邵禹在第一次全国司法工作会议的报告中就人民检察署的检察工作与群众路线问题，提出了以下看法：

"由于本身的性质、任务和组织制度的制约，反人民检察机关在其检察工作制度中，不能不充满脱离群众、危害群众和官僚主义的方法、作风和方式的特色。与之相反，由于自己的性质、任务和组织制度的需要，人民检察署在其检察制度中不能不贯彻群众路线的工作方法、群众路线的工作作风和群众路线的工作方式。正因为它是为人民服务的检察机关；正因为它不断负有刑事和民事案件方面的法定任务；而且负有监督全国政府机关、公务人员和全国国民严格遵行法律的广泛而重大的任务；所以它的工作方法、作风和方式，便一刻也不能脱离群众。要完成它的工作任务，它绝不能只靠自己少数检察工作干部，绝不能只靠在本机关里出主意想办法。要完成它的广泛而重大的工作任务，它必须与各种政府机关建立必要的工作上的联系；它必须与各级公务人员建立必要的工作上的联系；它必须与广大人民群众建立必要的工作上的联系。而且这种联系，不是官样文章的联系；不是奉行故事的联系；不是泛泛之交的联系。这种联系，必须是建立在监督守法、教育守法和同心协力与一切违法现象作斗争的原则基础之上。也就是说，不但人民检察署方面自觉地努力去与各级政府机关、公务人员和人民群众建立亲密的关系，希望其中严格遵行法纪的负责干部、模范人物和积极分子，都成为人民检察工作的心腹耳目；而且这些干部、这些人物和这些分子，也都自觉地愿意和乐于与人民检察机关建立友谊的联系，自动地为人民检察工作服务。要把这种密切联系群众和取得群众联系的群众路线的工作方法、作风和方式，具体地实现在各种检察工作之中，是颇为艰巨的任务，是短时期内不能达成的任务；是需要有极大决心、用极多办法和经过极多的艰难困苦和迂回曲折的道路的。但是，只要确定了这样一个工作制度的方向，并且坚定不移地努力向它走去，迟早会达到预期的目的地。也只有经常地在这条正确方向上努力进行，才能建立出一套新的合乎人民民主专政国家需要的人民检察工作制度。"①

最高人民检察署副检察长李六如在 1950 年 8 月 6 日全国司法会议上的报告中也指出：

---

① 陈邵禹：《关于司法工作的重要性问题》，载闵钐编：《中国检察史资料选编》，中国检察出版社 2008 年版，第 501 页。

"检察工作，不是孤立的消极的，必须联系群众，采取主动积极的方针，即：（1）与其他机关尤其公安、司法、监察等兄弟机关密切合作，其办法最好是彼此参加会议，交换意见与通报，遇事协商但须坚持原则；（2）经常派人下去，向各机关团体群众中，有重点地访问调查；（3）注意报纸上的材料；（4）联系各机关团体群众自行组织检察通讯员或通讯组、设立通讯箱等；（5）指示下级检察署注意此类调查和宣传教育，这样做，才能把检察工作逐渐建立和展开，才能与各机关分工合作，与群众深切联系，成为名副其实的人民检察。"①

"在检察机关的工作方法上，也必须坚决贯彻党的绝对领导。这就是说，必须把党的根本路线——群众路线，贯彻到检察工作中去……为了依靠群众，有的是'携卷下乡办案'、'带犯下乡办案'、'下厂矿跟班办案'，或者到发案地方去就地办案……应当看到，群众的创造，对于我国法制建设和检察业务建设，将起着巨大的推进作用。我们必须珍惜群众的创造，不断总结他们的经验，从实践中大胆改革规章制度。从群众中来，到群众中去，这就是党所指示我们的法制建设和检察业务建设的正确道路。"②

最高人民检察院在《1958年以来检察工作的基本总结》中指出："实事求是、调查研究和群众路线，是做好检察工作的根本方法。我们在进行每一项业务工作、办理每一个案件、处理每一个问题的时候，都必须本着实事求是的精神，深入实际，依靠基层，依靠群众，认真细致地进行调查研究，把事实搞得清清楚楚，作出正确的分析判断。"③

张鼎丞检察长在1958年8月16日《关于第四次全国检察工作会议的总结》中，对八年以来检察工作进行了全面总结，其中对检察机关坚持和运用"群众路线"进行了深刻反思：

"八年以来，检察工作走群众路线的问题，一直没有很好解决。在历次镇反运动中，检察工作的群众路线都有所发展，但是没有很好巩固，运动一过去就停滞下来。经过去年以来的整风运动和打击'地、富、反、坏'的斗争，特别是今年大跃进以来，检察工作的群众路线有了空前发展。很多检察干部都

---

① 李六如：《人民检察任务及工作报告大纲》，载闵钐编：《中国检察史资料选编》，中国检察出版社2008年版，第510页。

② 张鼎丞：《坚决贯彻党对检察机关的绝对领导》，载闵钐编：《中国检察史资料选编》，中国检察出版社2008年版，第569页。

③ 《1958年以来检察工作的基本总结》，载闵钐编：《中国检察史资料选编》，中国检察出版社2008年版，第666页。

深入田间、工厂。就地办案，分片包干，直接依靠群众办案，通过办案教育群众。这样做，不仅使办案更加准确、及时、合法，而且党委满意，群众称赞，坏人害怕。"

此外，还对贯彻检察工作群众路线可能会影响办案质量、办案效率、合法性等怀疑进行了一一回答，最后提出了检察工作坚持群众路线的基本要求：

"就是要把法律监督变成人民群众自己的事情，人人来监督反革命分子和其他违法犯罪分子的违法犯罪行为，人人都来支持专政机关的正确的行动，人人都来防止斗争中的偏差和纠正缺点错误。"①

四、怎样在政法工作中坚持群众路线原则

在"文革"中，检察机关被撤销。1978年检察机关恢复重建以后，群众路线作为党的政法工作路线得到重新恢复和强调。如1978年第七次全国检察工作会议提出，新时期检察工作的方针是"党委领导、群众路线、执法必严、保障民主、加强专政、实现大治"。1982年《宪法》第27条规定："一切国家机关和国家工作人员必须依靠人民的支持，经常保持同人民的密切联系，倾听人民的意见和建议，接受人民的监督，努力为人民服务。"《刑事诉讼法》第6条规定："人民法院、人民检察院和公安机关进行刑事诉讼，必须依靠群众……"《人民检察院组织法》第7条规定："人民检察院在工作中必须坚持实事求是，贯彻执行群众路线，倾听群众意见，接受群众监督。"这些规定，既是人民检察院行使检察权、正确处理专门工作与群众路线相结合的重要依据和严格遵守的职责，也是检察机关开展法律监督工作所应遵循的又一重要原则。检察工作中的群众路线主要体现在以下几个方面：

一是依靠人民群众举报犯罪。群众路线是我们党和国家一切工作的根本路线，也是举报工作的根本路线。实行专门工作与群众路线相结合，就是把专门机关依法查处与充分发挥群众的智慧和力量有机地结合起来。这是搞好举报工作的关键和基础。检察机关在长期的工作中，逐步走出了一条检察工作与群众路线相结合的道路。依靠群众，就是要相信群众，深入调查研究，发动群众举报，提供证实犯罪的情况。只有依靠群众，才能获取众多的案件线索，准确地查明案件事实，正确运用法律，惩罚犯罪，保护人民。实践证明，检察机关所办的案件70%来自群众的举报，只有依靠群众，举报工作才有生机和活力，

---

① 张鼎丞：《关于第四次全国检察工作会议的总结》，载闵钐编：《中国检察史资料选编》，中国检察出版社2008年版，第615—617页。

才能充分发挥其职能作用。群众举报是举报工作的生命线。发动群众举报，就要为群众举报提供方便条件。检察机关举报中心都设有举报电话、举报箱、接待室，并经常深入基层，开展巡回接待、定点接待，方便了群众举报，取得了很好的效果，在同贪污、贿赂、渎职、侵权等职务犯罪作斗争中发挥了巨大作用，显示出了强大的生命力。《人民检察院举报工作规定》第2条规定："举报工作是检察机关直接依靠群众同贪污、贿赂、渎职、侵权等职务犯罪作斗争的一项业务工作，是实行专门工作与群众路线相结合的有效形式。"并将"依靠群众，方便群众"作为开展举报工作的五个原则之一。

二是依靠人民群众进行执法办案。检察机关办理案件要依靠人民群众收集证据，查明案情，纠正违法，追究犯罪。任何违法犯罪行为都是复杂的社会现象，不仅有性质上的区别，而且情节也各不相同，但都是发生在一定的时间和空间内，发生在群众之中，不可能完全避开人民群众，不论违法犯罪分子多么狡猾，犯罪手段多么隐蔽，其违法犯罪行为往往会被人民群众首先感受到而暴露出来。因此，尽管违法犯罪分子为了逃避法律追究，给收集证据、查明案情设置了重重困难，但只要相信群众，依靠人民群众，听取人民群众的意见，就可以防止先入为主和主观主义错误，避免工作失误，及时、准确地收集到违法犯罪的证据，查明违法犯罪事实，使犯罪分子受到应得的惩罚。如果不依靠人民群众，就很难把犯罪事实弄清，也就达不到惩罚犯罪的目的。

三是依靠人民群众进行法制宣传。打击犯罪的目的是为了预防、减少犯罪，为了更有效地同犯罪作斗争，就必须依靠群众，发动群众，加强人民群众对检察工作的监督。只有人民群众了解了有关的法律知识，懂得了法律保护什么、反对什么以及犯罪对国家和人民的危害，才能自觉遵守法律，并积极协助检察机关同犯罪作斗争；只有人民群众了解了办案的原则、制度、程序和方法等，才能监督检察机关严格依法办事。因此，必须加强对人民群众的法律宣传教育。通过散发宣传资料、开展法制讲座、印发典型案例、举办罪证展览等形式，教育人民群众自觉遵守法律，积极同犯罪行为作斗争，使广大群众懂得什么是违法，什么是犯罪，应当怎么做，不应当怎么做，激发主人翁责任感，增强社会主义法律意识，同时也使那些企图以身试法或者不稳定分子受到震慑和教育，不至于走上犯罪道路。

四是依靠人民群众开展预防职务犯罪和综合治理。检察机关在预防职务犯罪和社会治安综合治理过程中负有重要职责，做好这些工作同样必须依靠群众，在群众的支持下才能充分发挥检察机关的职能作用。多年来，检察机关在打击和预防严重刑事犯罪以及贪污、贿赂、渎职、侵权等职务犯罪的基础上，加强法制宣传，提高了人民群众的法律观念和知法、守法意识，同时，运用群众的力量教育和改造社会上被执行刑罚的人员以及失足青少年，通过群众查找发案单位导致违法犯罪的原因，对消除违法犯罪的隐患、铲除滋生违法犯罪的温床、预防和减少违法犯罪现象起到了举足轻重的作用。

五是依靠人民群众加强对检察机关的监督制约。主要体现在：第一，检务公开制度。检务公开是指检察工作过程的社会透明，除非涉及国家、法律秘密及个人隐私，检察工作均应明示公开，接受人民群众的监督。最高人民检察院《关于进一步深化人民检察院"检务公开"的意见》要求，依法向社会和诉讼参与人公开与检察职权相关的不涉及国家秘密、商业秘密和个人隐私的有关活动和事项。并组织开展"检察开放日"等活动，进一步完善检务公开的内容和形式，健全检务公开工作机制，不断拓宽人民群众了解检察工作的渠道，将检察机关的执法活动置于人民群众和社会各界的广泛监督之下，增加工作透明度，以公开求公信。第二，人民监督员制度。人民监督员制度是检察机关主动接受人民群众监督、不断加强自身监督的一项重要举措，也是人民群众参与司法实践的一项制度创新。党中央专门将人民监督员制度纳入中央司法体制和工作机制改革的总体规划，全国检察机关经试点后从 2010 年 10 月起全面推行。监督范围也从检察机关在办理职务犯罪案件中拟作撤销案件决定、拟作不起诉处理、犯罪嫌疑人不服逮捕决定的"三类案件"，对应当立案而不立案或者不应当立案而立案，超期羁押，违法搜查、扣押、冻结，应当给予刑事赔偿而不依法确认或者不执行刑事赔偿决定，检察人员在办案中有徇私舞弊、贪赃枉法、刑讯逼供、暴力取证等"五种情形"，调整确定为七个方面：检察机关应当立案而不立案或者不应当立案而立案的，超期羁押或者犯罪嫌疑人不服检察机关延长羁押期限决定的，违法搜查、扣押、冻结或违法处理扣押、冻结款物的，拟不起诉案件，拟撤销案件，应当给予刑事赔偿而不依法予以赔偿的，检察人员在办案中有徇私舞弊、贪赃枉法、刑讯逼供、暴力取证等违法违纪情况的。人民监督员来自社会各界，与人民群众有着广泛、直接的联系，其意见、建议能够直观、全面地反映社情民意和公众感受，对于检察机关正确处理案件、增强办案效果具有十分重要的意义。第三，人民群众评判检察工作机制，如建立人民群众投诉检察官制度。第四，接受舆论监督制度。检察机关定期向社会公开检察机关的重大决策、重要信息和重要情况，遇有重大紧急情况及时向社会公开客观事态，表明处理态度。主动应对新闻舆论反映的问题，对存在的问题虚心接受，认真整改，及时反馈。

综上，政法工作的群众路线包括两点：一是突出强调政法工作的目的，是为人民群众服务的，不是损害、压迫人民群众的，不是少数人操纵的工具，而是为了维护人民群众的合法权益和最根本利益的，这既是中国共产党的执政根基和宗旨，也是政法工作应有的社会属性。二是突出强调政法工作的方法，注重人民群众对政法工作的参与性，主动接受人民群众的监督，依靠人民群众实现政法工作的目标任务。

五、新世纪检察工作中必须坚持群众路线原则

进入 21 世纪，坚持群众路线依然是政法工作的重要原则，并且得到了进一步强调和重视。胡锦涛同志在同全国政法工作会议代表和全国大法官、大检察官座谈时指出："要坚持以人为本，坚持执法为民，坚持司法公正，把维护好人民权益作为政法工作的根本出发点和落脚点。"习近平总书记在对政法工作的批示中指出：全国政法机关要顺应人民群众对公共安全、司法公正、权益保障的新期待，全力推进平安中国、法治中国、过硬队伍建设，深化司法体制机制改革，坚持从严治警，坚决反对执法不公、司法腐败，进一步提高执法能力，进一步增强人民群众安全感和满意度，进一步提高政法工作亲和力和公信力，努力让人民群众在每一个司法案件中都能感受到公平正义，保证中国特色社会主义事业在和谐稳定的社会环境中顺利推进。习近平总书记的指示突出强调人民利益至上，鲜明地揭示了政法工作的人民性。最高人民检察院检察长曹建明多次强调在检察工作中坚持群众路线的重要性，并详尽地指出了在检察工作中贯彻落实群众路线的方式方法，为新时期检察机关做好群众工作提供了明确的指引。他指出：

"群众观点是我们党的基本政治观点，群众路线是我们党的根本工作路线。检察工作必须贯彻群众路线，紧紧依靠人民实现检察工作新发展。一要牢固树立群众观点，坚持一切为了群众。增进对群众的感情，从群众中来，到群众中去，密切联系群众。把人民拥护不拥护、赞成不赞成、高兴不高兴、答应不答应作为衡量检察工作的根本标准，自觉从人民最满意的事情做起，从人民最不满意的问题改起，着力满足人民群众的司法需求。二要贯彻群众路线，坚持一切依靠群众。坚持深入实际、深入基层、深入群众，认真听取人民群众对检察工作的意见和建议；坚持在制定涉及群众利益的司法政策和司法解释、出台涉及群众利益的重大部署时，主动征求人民群众意见；坚持专群结合，既突出抓好专业化建设、切实提高法律监督能力，又努力克服脱离群众的倾向，积极争取人民群众对检察工作的支持，特别是善于从群众的举报、申诉入手，增强发现违法犯罪问题的能力和依靠群众突破案件的能力，为检察工作的开展奠定坚实的群众基础。三要高度重视提高做好群众工作的能力。真正了解群众心理，掌握开展群众工作的方法，增强做好群众工作的能力，及时妥善地化解矛

盾纠纷。做群众工作的能力强不强，对于我们能否妥善处理矛盾纠纷尤其是突发性、群体性事件尤为重要。检察机关必须坚决制止违法、简单、粗暴的执法方式，坚持理性、平和、文明、规范执法。四要自觉接受人民监督。自觉把检察工作置于党的领导和人大监督之下，同时自觉接受政协民主监督、人民群众监督、新闻舆论监督。坚持向人大报告工作，认真做好专项报告，配合做好执法检查，定期邀请人大代表、政协委员视察检察工作，定期向人大代表、政协委员通报检察工作情况。对人民群众关注的检察工作热点和批评建议，做到及时通报、及时整改、及时反馈。对人民群众反映强烈的执法不严、司法不公问题，及时严肃查处。紧紧依靠社会各界的支持，推动法律监督工作深入开展。"①

第三节 小　　结

　　农村检察制度虽然在其运行的环境、服务对象及其所需要的司法技术等方面有一定的特殊性，但是作为中国特色社会主义检察制度的组成部分，必须要遵循司法的一般规律，按照普适性的法治标准来运作，这是其不断发展和拥有生命力的前提。农村检察制度，特别是派驻乡镇检察室"一波三折"的发展历程表明，将司法工作等同于行政工作、混淆司法与行政的界限，不遵循司法的一般规律，农村检察制度就会丧失司法工作的特殊性，等同于党务、行政性工作，甚至有被取消的可能。但遵循司法的一般规律也并不与坚持群众路线相冲突。人民检察制度的人民性，决定了在检察工作中必须坚持党的群众路线，从群众中来，到群众中去，司法的最终目的是维护好、实现好、发展好最广大人民群众的最根本利益。这也是农村检察制度之所以产生，并在新时期得到不断发展的根本原因。强调检察工作的群众路线，强调人民群众对检察工作的参与，并不是要以非专业的普通民众替代司法机关执法办案，也不是要打乱司法应有的程序性、中立性等应有规律，而是突出司法应该考虑、回应社会和民众的需求。遵循司法的一般规律与坚持群众路线必须相互结合。

　　这种判断既来自对农村检察制度的历史探究，也来自我国现阶段农村社会固有的特点和新产生的司法需求。改革开放 30 多年来，在我国农村社会从乡土社会向工商社会的转型过程中，对现代法治产生了需求。朱苏力在《中国农村对法治的需求与司法制度——从金桂兰法官切入》一文中指出，当前农

---

　　① 曹建明：《始终坚持检察工作的根本要求》，载《人民日报》2010 年 2 月 18 日。

村社会的纠纷类型发生了变化，"先前就有研究表明，随着中国现代化的进程，中国农村的最常见的纠纷已经不再是家长里短、婆媳纠纷。一个有关西部农村法律援助的研究发现，绝大多数农村法律援助案件都是因交通肇事、产品责任引发的侵权诉讼"。同时，农村的司法案件增加，"仅以金桂兰法官所在的东京城人民法庭为例。该法庭位于农村地区，是一个比较典型的基层人民法庭。辖区内共有 17 万农业人口，而该法庭近年来年均结案 500 件。因此，案件数量与人口之比是每 340 人就会发生一起要求法庭审理且法庭接受并审理的纠纷。就全国情况来看，根据 2003 年的数据，全国平均大约是 285 人一件民事案件"。朱苏力因此得出结论："中国农村，即使是市场化还不那么发达的黑龙江农村，也已经随着中国整体的社会转型对法治和司法提出了更多的要求。这种需求是向正在改革和转型的中国司法提出来的，而之前的中国司法改革和制度设计中对这类问题很少涉及，至少可以说是关注不够。"

虽然我国农村产生了新的法治需求，但是广大农村和农民群众自身的特点并没有改变，需要一种亲民、便民的新型司法制度和技术满足这种需求。如在近年的司法改革中，在一些诉讼制度的设计上，移植了许多西方法律制度，但主要更多地考虑了城市和发达地区的诉讼状况，较少考虑广大农村地区和农民的诉讼能力和诉讼需求，与中国城乡二元社会结构的现实不完全相适应，以民事诉讼证据规则改革为例，其中的许多制度设计如关于证人出庭作证的规定，在熟人社会的农村地区的法庭审理中基本上不具有可操作性，农村地区民事诉讼证人出庭作证比例相当低。由于经济能力和技术的限制，农民对证据的收集、保存意识，调取和再现的能力都不强，使得农村的民事诉讼在案件事实的认定上相对困难。因此，必须建立既符合新的法治需求，又契合农民、农村自身特点的司法制度和技术，融传统与现代于一身。这就要求现阶段我国的司法改革和司法制度必须坚持遵循司法的一般规律和群众路线相结合的原则，使其既能解决市场经济、基层民主政治蓬勃发展条件下的新情况新问题，又能适应农村和农民群众的自身特点，切实为农民群众解决问题，实现公平正义。新形势下的农村检察制度就是这种理念的产物和结晶。

改革开放以来，我国法学理论界一度对西方式的法治理念、法律制度和司法技术进行了大规模的引进和介绍，在理论研究上，多法律和司法制度应然状态的分析与构建，少法律实然状态的研究与完善；多西方法制的介绍与引进，少中国法治本土资源的合理挖掘；多坐堂问案式的程序构建，少深入实际的调查研究，或多或少也影响到了司法实务界对法律，特别是对司法制度和技术的态度。作为地方性知识的法律，一味地移植异域制度与技术，不仅可能会产生"橘生淮南则为橘，橘生淮北而为枳"的负面效应，而且会阻碍中国司法理念与实践的发展。农村检察制度的历史发展表明，中国特色社会主义司法制度在形成、发展过程中，一些司法制度与技术一直努力在遵循司法一般规律和反映、体现中国独特国情之间寻求平衡，对于这些努力，我们应该予以同情的关注和重视，不能彻底否定其应有价值和意义。当然，任何最终解决中国现实问题的司法制度都不能拔高自己、脱离环境去应然评说。总之，当下中国社会二元化结构及城乡差别、地区差别、经济和文化发展的不同步性短时间内难以彻底消除，改革和完善我国司法制度必须要充分考虑这一点。

第六章　新时期健全完善中国特色社会主义农村检察制度的必要性

　　理论研究总是蕴含一定的目的和价值，或是为了解决实践中存在的问题，或是为了推进理论的继续发展。对中国特色社会主义农村检察制度的研究，并不仅是为了提出一个新颖的名词来吸引人的眼球，而是通过健全完善农村检察制度，解决当前中国农村社会存在的突出问题，维护农民权益，促进社会主义新农村建设。这也是中国特色社会主义农村检察制度之所以产生和发展的原因。那么，在当前我国农村社会发展进程中，中国特色社会主义农村检察制度存在的必要性是什么，对当前我国农村社会有何不可替代的价值和意义？这关系到中国特色社会主义农村检察制度能否继续发展完善。

　　要客观、全面地认识和理解这个问题，必须摆脱就事论事、"只见树木不见森林"的观点和方法。就检察机关的法律监督对农村社会的作用而言，检察机关可以通过发挥打击农村刑事犯罪的职能作用，维护农村社会和谐稳定；惩治和预防涉农职务犯罪，确保农村基层组织及其人员依法行使权力；强化各类诉讼监督，督促基层政法组织公正廉洁执法，等等。毋庸置疑，检察制度对农村社会的健康、有序、依法运行有很大的促进作用。不过，这仅仅是某项检察职能的具体作用和价值的单独显现，即使没有专门、系统的农村检察制度，检察机关也能部分履行和发挥这些职能作用，不能体现农村检察制度的独特价值和意义。要充分认识和把握中国特色社会主义农村检察制度作为一项独立、完整、系统的制度体系，对当前农村社会的价值和意义，必须将其置于我国农村治理的整体结构中，系统审视农村检察制度对健全完善农村治理、提升农村治理水平的作用、价值和意义，即农村检察制度对于党和国家治理农村、解决"三农"问题，建设社会主义新农村的作用、价值和意义。从这一层面，或许才能全面展现农村检察制度对于我国农村治理的不可或缺性，这也是农村检察制度存在的必要性。围绕这一思路，本章将对农村检察制度在我国乡村治理中的作用、价值和意义展开探讨。

第一节　我国乡村治理的历史演变及现状

我国幅员辽阔，经济社会发展不平衡，在长达 2000 多年的封建社会里，高度中央集权的统治、庞大的官僚集团和体系也难以直接治理乡村，"皇权止于县政"，依靠乡绅地主和宗族制度对农村进行治理，维持秩序。近代中国，伴随着传统中国向现代中国的转变，我国乡村治理体制也逐渐实现了根本性转变，即从"皇权不下县"到"政权下乡"。中国的"政权下乡"最早始于 20 世纪初的清末新政，乡村基层治理开始国家化、行政化、权力化。国民政府时期，实行地方自治性质的县、区、乡保甲体制。新中国成立以后，农村基层政权组织是按照中国共产党提出的马克思主义新理念建立起来的，乡村治理模式也经历了几次转变。①

一、新中国成立初期的乡村治理

新中国成立初期到农业合作化之初，我国当时的村组织是国家的一级政权组织。按照 1952 年 12 月政务院颁布的《乡（行政村）人民政府组织通则》规定，行政村与乡为一级地方政权机关。当时，全国有的省在县以下设区、行政村、自然村三级，行政村相当于乡；有的省设区公所、乡、村三级；有的省设乡、村二级，并且明确指出人民行使权力的机关为村人民代表大会和村人民政府。1954 年 1 月，内务部颁布了《关于健全乡政权组织的指示》，要求各地本着便于人民直接行使政权掌管自己的事情和适应农业互助合作运动发展的规则，在普选的基础上，对乡政权组织、民主制度及工作方法加以整顿和健全。1954 年 9 月，《中华人民共和国宪法》和《地方各级人民代表大会和地方各级人民委员会组织法》获得通过，其中规定："我国的农村的基层政权为乡、民族乡、镇"，"农村的'区'一律改为县政府的派出机构，对乡政府的工作仅负指导检查责任"，"取消行政村建制，统一为乡、民族乡、镇"。行政村失去了法律上的依据。

---

① 袁金辉：《中国乡村治理 60 年：回顾与展望》，载《国家行政学院学报》2009 年第 5 期。

二、农业合作化和人民公社时期

农业合作化时期的村级组织已经改变其国家政权机关的性质，只是作为乡人民政府的下属机构或派出机构而存在，合作社管理委员会实际上行使了村组织的职权，于是出现了"村社合一"的局面。1958 年 8 月，中共中央颁布《关于在农村建立人民公社问题的决议》，全国建立了农林渔副牧全面发展、工农商学兵互相结合的人民公社。1962 年 9 月，中共中央颁布的《农村人民公社条例》对生产大队的性质作了进一步的明确规定，规定生产大队的权力机关是生产大队社员大会和生产队社员大会。农村人民公社的集体所有制经济，一般实行三级所有，队为基础，即以生产队为基本核算单位的公社、生产大队和生产队三级所有。"文革"期间，生产大队管理委员会一律改为生产大队革命委员会。1975 年和 1978 年宪法均规定，农村人民公社是政社合一的组织。人民公社的人民代表大会和革命委员会既是基层政权组织，又是集体经济的领导机构。人民公社的特点是"一曰大，二曰公"，人民公社、生产大队、生产队"三级所有、队为基础"，实行政社合一体制，掌握着政治、经济、文化、卫生、治安、武装等多方面的权力，"工、农、商、学、兵、党、政、军、民、企"等方面的权力融为一体，既是经济组织，又是基层政权组织，承担着原来乡人民政府的行政职能，发挥集体经济组织的作用。既是劳动组织，又是一种高度集权的、带有军事化管理性质的社会体制。[1] 全国原来 74 万多个农业生产合作社改组为 23630 个人民公社，全国还有 93 个县建立了县级人民公社，入社农户大约 1.2 亿多户，占全国农民总数的 99% 以上。[2] 人民公社的规模几经调整，到 1978 年改革开放前，全国人民公社总数达到 54000 多个。

人民公社虽然存在种种弊端，如搞平均主义、吃大锅饭，混淆政府与经济组织职能、高度集权等，但是在特定的历史条件下，也有其合理性，如为"工占农利"经济战略的实施提供了强有力的制度支持；在普及农村中小学教育和扫盲、发展医疗卫生事业、为农民提供低水平的社会保障等方面作出了积极贡献，等等。[3]

---

① 王峰主编：《冲突与参与：中国乡村治理改革 30 年》，郑州大学出版社 2008 年版，第 57 页。

② 白钢：《选举与治理》，中国社会科学出版社 2001 年版，第 32 页。

③ 对人民公社的功过评价，可参见张乐天：《告别理想——人民公社制度研究》，东方出版社 1998 年版，第 4 页。

三、改革开放后至今

党的十一届三中全会后，随着农村家庭联产承包责任制的推行，"三级所有、队为基础"的人民公社制度开始逐渐消解。人民公社作为国家力量从农村社会的退出，使得一些地方基层组织体系处于瘫痪状态，急需新型社会组织替代和发展原有组织的管理功能。一些地方村民自发创造出自我管理的方式和途径。最具代表性的是广西壮族自治区河池市宜山县三岔公社合寨大队的果作等 6 个生产队的 85 户农民，以不记名投票的方式选举出果作村委会，负责维持村里的公共秩序。这一做法后来得到广泛推广。1981 年，中央和全国人大派出调研组，对广西宜山和罗城一带出现的村委会进行调查研究后给予充分肯定。1982 年宪法明确肯定，村民委员会是我国农村社会的群众性自治组织。同时，把改变政社合一体制、建立乡人民政权写进宪法，要求农村人民公社实行政社分开，建立乡政府。1983 年 10 月 12 日，中共中央、国务院发出了《关于实行政社分开建立乡政府的通知》，指出："当前的首要任务是把政社分开，建立乡政府。同时按乡建立乡党委，并根据生产的需要和群众的意愿逐步建立经济组织。乡的规模一般以原有公社的管辖范围为基础，如原有公社范围过大的可以适当划小。政社分开、建立乡政府的工作要与选举乡人民代表大会代表的工作结合进行，大体上在 1984 年年底以前完成。"从 1983 年年底至 1985 年，全国的人民公社基本上被乡、民族乡和镇取代，"政社合一"的人民公社体制退出了乡村政治历史舞台。截至 1985 年年底，全国共建立了 948618 个村民委员会和 588 万多个村民组。至此，我国乡村治理从集体化时期的"集权——政治运动模式"进入到了"乡政村治"模式阶段。① 1987 年 11 月，第六届全国人大常委会第二十三次会议审议通过了《中华人民共和国村民委员会组织法（试行）》，为村民自治提供了法律依据。随后，全国有 25 个省、自治区、直辖市的人大常委会先后制定实施《中华人民共和国村民委员会组织法（试行）》的地方法规。乡政村治的制度化水平进一步提高，至 1995 年年底，全国有 29 个省、自治区、直辖市确定了村民自治示范县、市 63 个，示范乡镇 3917 个，示范村 82266 个。1998 年 11 月，第九届全国人大常委会第五次会议审议通过了修订的《中华人民共和国村民自治组织法》，对村委会的性质、选举、管理方式等作了进一步的规定。截至目前，全国有 31 个省份全部

---

① 袁金辉：《中国乡村治理 60 年：回顾与展望》，载《国家行政学院学报》2009 年第 5 期。

制定出台了村委会选举办法，28 个省份出台了村民委员会组织法实施办法，有的省还出台了《村务公开办法》，为村民自治提供了完善的制度保障。目前，全国共有 95 个国家级村民自治模范县（市、区），获得省级命名表彰的村民自治模范县（市、区）579 个，村民自治已经成为党和国家农村工作的一项基本政策，成为中国农村一项基本的社会管理制度。

"乡政村治"治理机制的形成，改变了我国农村治理各主体之间的关系。我国乡村治理的主体由原来的单一的国家转变为三个，即乡镇政权、村民自治组织和农民群众。乡镇政权、村民自治组织和农民群众之间确立了新型的关系。

一是在乡镇政权与农民群众之间，由人民公社时期单纯的行政管理关系演变为提供服务与接受服务的服务型关系。人民公社解体后，国家权力逐步退出对农村经济社会生产生活的具体干预，农民成为生产经营活动的主体。

二是乡镇政权与村民自治组织之间，由上下级的领导关系变为指导关系。按照《村民委员会组织法》第 2 条规定，村民委员会不是一级政府，只是村民自我管理、自我教育、自我服务的基层群众性自治组织，实行民主选举、民主决策、民主管理、民主监督。乡镇政府无权领导村民委员会、管理村干部。《村民委员会组织法》第 5 条规定，乡、民族乡、镇的人民政府对村民委员会的工作给予指导、支持和帮助，但是不得干预依法属于村民自治范围内的事项。

三是农民群众与村民自治组织的关系。农民群众是村民自治的主体。所谓村民自治，简而言之就是农民群众通过"民主选举、民主决策、民主管理、民主监督"的方式，直接行使民主权利，依法办理自己的事情，创造自己的幸福生活，实行自我管理、自我教育、自我服务的一项基本社会政治制度。村民自治组织——村民委员会是农民群众参与村民自治的主要载体和平台，由农民群众选举产生的代表来管理，受农民群众监督。

四是村民自治组织与村党支部的关系。我国是共产党执政的国家。我国的村民自治制度是在中国共产党领导下的村民自治。《村民委员会组织法》第 4 条规定："中国共产党在农村的基层组织，按照中国共产党章程进行工作，发挥领导核心作用，领导和支持村民委员会行使职权；依照宪法和法律，支持和保障村民开展自治活动、直接行使民主权利。"我党在农村的基层组织主要是指乡镇党委和村党组织（即村党支部、党总支、党委）。《中国共产党农村基层组织工作条例》规定："乡镇党的委员会（以下简称乡镇党委）和村党支部（含总支、党委，下同）是党在农村的基层组织，是党在农村全部工作和战斗力的基础，是乡镇、村各种组织和各项工作的领导核心"、"领导村民委员会、村集体经济组织和共青团、妇代会、民兵等群众组织，支持和保证这些组织依照国家法律法规及各自章程充分行使职权"。党的十六大更加明确地提出了"完善村民自治，健全村党组织领导的充满活力的村民自治机制"。可见，村党组织在村民自治中处在领导核心地位，依照《党章》和《中国共产党农村基层组织工作条例》开展工作，发挥领导核心作用，拥有对村民自治的领导、指导和监督的职责，充分体现了党的执政地位。

"乡政村治"作为党和国家治理乡村过程中形成的一种新的政治模式，是我国社会主义的上层建筑活动并同为社会主义经济基础服务。乡政以国家强制力为后盾，具有高度的行政性和一定的集权性；村治则以村规民约、村民舆论为后盾，具有高度的自治性和民主性。从理论上看，"乡政村治"融合了国家的宏观管理和村民的自主参与，有利于调动基层政权和农民群众的积极性，有利于农村经济社会发展，将国家行政管理和村民自我管理结合起来，有利于基层群众以制度化的方式参与政治生活，体现了当代政治发展的基本趋向，有利于中国农村的民主建设，体现了行政管理与民主治理的有机结合。

第二节　当前我国乡村治理存在的 突出问题及其原因分析

一、当前我国乡村治理存在的突出问题

虽然"乡政村治"能够在国家控制和释放农村活力之间达成大致的均衡，但是在实践中，伴随着农村社会自身的发展变化，乡村治理各主体之间的关系逾越了理论设计的关系构建，有学者研究指出，从全国来看，85%左右的中国乡村治理还有待加强，只有15%的乡村治理状况良好。[①] 在现有的体制框架下，高度行政集权使乡镇政府常常处于强势地位，乡镇主导下的乡村治理局面存在一系列复杂的治理难题。

（一）乡镇政权与村民委员会的关系需进一步厘清

目前，由于压力型体制的盛行，作为国家政权体系末端的乡镇政府承受着上级政府的巨大行政"压力"。所谓压力型体制指的是"一级政治组织（县、

---

① 施雪华、林畅：《社会资本视角下的乡村治理研究》，载《北京行政学院学报》2008 年第 2 期。

乡）为了实现经济赶超，完成上级下达的各项指标而采取的数量化任务分解的管理方式和物质化的评价体系"。① 上级政府往往将各项经济、社会和政治任务指标逐项分解下达给各乡镇，并以此作为考核乡镇政府政绩和干部升迁的关键依据。重压之下，乡镇政府必然要强化对乡村的影响和控制，村民自治的法律关系难以落实。加上我国农民的组织化程度低，民主意识淡薄，我国的村民自治属政府主导下的体制变迁，村民自治组织仍然没有走出作为乡镇政权附属的阴影，自治程度较低。目前，村委会除承担一些基本的村民自治性事务外，还承担着上级政府大量的行政管理任务，如计划生育、农产品定购任务、社会治安综合治理等行政性事务，存在过度行政化的倾向。现实中，乡镇政权对村级组织的控制主要通过"管人"、"管账"、"管工资"等办法实现。所谓"管人"，一般是对村委会干部的产生进行控制，包括对选举规则的制定与解释、选举人的提名与确定、选举争议的仲裁与选举结果的解释和确认等，另外还包括控制村干部工资、村级办公经费和村庄公共事业开支，干预村委会"直选"等。所谓"管账"，即推行村财镇管，村级资金及账目由乡镇管理，甚至纳入乡镇财政预算。所谓"管工资"，是指村干部的收入水平由乡镇党委负责考核确定。② 与过度行政化相对的另一种不良倾向是过度自治化，以村委会为代表的村民自治权过度膨胀，乡镇政府正当的行政管理难以有效实施，出现"村官无人管"、"独立王国"等苗头，将乡镇政府置于可有可无的地步，甚至弱化、抵制乡镇政府的指导与管理，追求绝对自治，其最终结果是损害了农民群众的利益。

（二）村民自治不完善

《村民委员会组织法》规定，村民自治组织实行民主选举、民主决策、民主管理、民主监督。目前，除民主选举落实得比较好以外，民主决策、民主管理、民主监督在相当程度上还没有落实。③ 一些村级组织被既得利益者、宗亲势力甚至黑恶势力把控，成为这些人敛财致富的工具，不仅不能代表全体村民的利益，更会严重损害农民群众的利益。在村务管理和决策中，有的不按规定召开村民会议或村民代表会议，有的用村党员干部会议或村"两委"联席会

---

① 荣敬本等：《从压力型体制向合作型体制转变》，中央编译出版社1998年版。

② 戴桂斌：《现代国家与社会视角：乡政村治的困境与出路》，载《中国农村研究》2008年下卷，第103页。

③ 王峰主编：《冲突与参与：中国乡村治理改革30年》，郑州大学出版社2008年版，第140页。

议加以替代，村民会议、村民代表会议制度流于形式，存在决策不民主的问题；村务公开、村级财务管理等制度不健全，一些村干部集体贪污侵占集体资产、私分、挪用国家支农惠农资金等情况时有发生，成为引发当前农民群众上访的重要原因之一。

（三）村党组织和村委会的关系需要进一步理顺

村委会与村党组织如何配置权力、处理事务也常常产生矛盾。虽然按照《村民委员会组织法》规定，村党支部是党在农村的基层组织机构，在村民自治中发挥核心作用，依照宪法和法律，支持和保障村民开展自治活动，但是由于缺乏具体的、具有可操作性的规定，村党支部并没有具体参与农村公共事务的权力。在实践中，村党组织与村委会的不和谐主要表现为：一些村党组织成员把村委会看成是村党组织的附属机构，出现了"支部书记定盘子，村主任领着干"的现象，党支部包揽一切，而村委会干部认为自己是全体村民选举出来的，支部书记却是乡镇党委任命的，既然实行村民自治就应该是村委会负责村级事务，村党组织无权过问村里事务，等等。

我国乡村治理模式存在的这些问题严重影响和制约了乡镇政权与村民自治组织作用的发挥，对乡镇政权来说，在压力型管理体制的影响下，不断从农村汲取资源，加上取消农业税，乡镇政权的公共服务能力进一步弱化，在老百姓心目中的地位和公信力日益下降，作为国家政权在乡村的代表，严重影响了党和政府的形象，损害了执政基础。另外，民主选举、民主决策、民主管理、民主监督不能落实到位，村民自治组织要么成为少数人控制的工具，要么附属行政化，成为乡镇政权的派出机构，其应有的社会组织动员、矛盾化解防范等自我净化功能发挥受限，造成农村矛盾上交，甚至引发为群体性事件，影响了农村社会和谐稳定。

二、当前我国乡村治理存在问题的原因分析

导致我国乡村治理出现上述问题的原因是多方面的，既有国家制度设计和上级管理方式存在的问题和不足，如长期的压力型管理体制等，又有乡镇政权和村民自治组织自身制度不完善的问题，还有整个社会制度体系不健全，特别是司法制度不健全等综合性原因。

乡村治理的核心是国家与农民的关系，其实质是权力与权利之间的博弈与均衡。合理的治理结构除了要科学分配权力、划定权力边界之外，更重要的是建立权力监督制约机制，保证权力在设定的范围内行使。绝对的权力导致绝对

的腐败，没有监督制约的权力最终将侵犯公民的利益。这也是当前许多农村问题产生的重要根源。如支农惠农资金被基层组织及其人员侵吞问题，就是缺乏对基层组织及其人员的有效监督制约；村民自治权利受到行政性权力的干扰问题，等等。因此，"乡政村治"存在的问题，不是其自治范围狭窄、乡镇权力范围过大等问题，而是缺乏有效的权力监督制约机制。

我国现行的权力监督体系可以分为两大部分，即处于党和国家政权系统中的党政权力监督体系和党政系统外的社会权力监督体系。改革开放以来，为避免重蹈"文革"的覆辙，历任党和国家领导人都十分重视党政权力监督体系的建设。经过 30 多年的努力，国家政权监督、党内监督、人大监督、纪检监察监督、审计监督、司法监督等党政权力监督主体的职责和权限都得到了不同程度的增强。他们的监督拥有奖励和制裁的权力，因而具有刚性的约束力。而属于社会权力监督体系的民主党派和政协监督、媒体监督、公民监督的地位和作用虽有所提高，但其制约和监督权力的作用却很有限。民主党派和各级政协的监督是一种非权力性的监督，它们所提出的批评、意见和建议对各级党政官员没有刚性的约束力。我国农村权力监督制约体系主要指对乡镇国家机关公权力的监督和村级自治组织的监督制约机制。乡镇政权是我国政权体系的神经末梢，一般由乡镇人大、乡镇人民政府和党的农村基层组织组成，通常还包括乡镇纪委、乡镇人武部和共青团、妇联等群团组织，个别地方还设有乡镇政协。乡镇政权组织的完整性，也为我国农村构建了较为完善的权力监督制约体系，主要包括乡镇纪委的监督、同级党委和人大的监督、人民群众的监督、舆论监督等。不过，仍然存在以下问题：

（一）乡镇政权的监督

在人民公社时代，人民公社是生产大队的直接上级和领导者，对生产大队的生产生活、干部任免等具有直接的决定权，自然能够监督制约生产大队的干部。"乡政村治"的治理格局形成后，乡镇政权与村级组织的关系发生了变化，由人民公社时期的领导与被领导的关系转变为指导与协助的关系。在实际运行中，由于乡镇政府作为国家最基层的政权组织，在压力型体制下，为了完成上级政府制定的各项考核任务，下级行政机关官员承受着来自上级行政机关的巨大压力。乡镇政府作为一级政府，却不具备一级完备政府所应具有的职能，其决策权归属于县政府，且没有独立的财权，没有农村事务的决策权，而县政府的各项决策又大多脱离农村的实际，这不仅导致了农村负担的加重，也加深了乡镇政府与村民之间的"隔阂"，乡镇政府在一定程度上当了县政府的"替罪羊"；市场经济条件下，责任强而权能弱的乡镇政府为了完成上级任务，只有采取各种方式将行政责任进一步向下延伸，在村民自治体制下，这种延伸的对象就只能是村委会了，当然，乡镇政府拥有比村民多得多的政治、经济、组织资源和文化资源，较容易控制和影响村委会；乡镇政府为了调动村干部替自己办理政务的积极性，就有可能默认村干部的不法行为，给村干部一些好处，更何况村干部还可以在推行政务的过程中，搭车收费。一方面，乡镇政府与村民之间本来就存在一定的利益冲突，且由于两者之间还存在一个村委会，他们之间的有效沟通更无从谈起了；另一方面，村委会也需要来自乡镇政府的支持，因此，乡镇政府与村委会的关系是一种利益共同体的关系。

（二）乡镇纪委的监督

乡镇纪委一般设纪委书记1名，委员若干名，乡镇纪委委员基本上是兼职的。乡镇纪委的产生首先在乡镇党员大会或者党员代表会议上推选出纪委委员，再在委员中推选出纪委书记，乡镇纪委书记通常同时担任乡镇党委副书记。按照党章规定，乡镇党委应该接受乡镇纪委的监督，但是由于纪委实行的是双重领导体制，即党的地方各级纪律检查委员会和基层纪律检查委员会在同级党的委员会和上级纪律检查委员会的双重领导下开展工作，乡镇纪委与乡镇党委的监督制约关系发生了变化。在党委与纪委的实际关系上，由于在人、财、事三权上，各级纪委常委会委员和纪检干部的提名、任命、调动，纪检机关的经费、福利等都掌握在同级党委手中，纪委与同级党委的监督制约关系在事实上形成一种领导与被领导的关系，使纪委对同级党委的监督在一定程度上很难到位；在具体工作中，对一些重大案件，纪委必须要向同级党委汇报工作，最终决定权在同级党委。同时，上级纪委对下级纪委的业务领导缺乏权威。对一些具体案件，如果纪委的结论得到同级党委的认可，上级纪委就不能轻易改变。即使要改变，也要征得作出决定的党委的同意。如果作出决定的党委拒不改变，上级纪委只能通过作出决定的党委的上级党委予以改变，在这个过程中，上级纪委的权威性就显得比较软弱。乡镇纪委与乡镇党委的关系也是如此，乡镇纪委书记一般由乡镇党委一名副书记兼任，乡镇纪委主要接受乡镇党委的领导，上级纪委也较少直接领导乡镇纪委的工作。乡镇纪委与上级纪委产生工作联系时，特别是对一些重大问题，一般要事先报告乡镇党委，上级纪委指导乡镇纪委的工作，通常也征求乡镇党委的意见，取得乡镇党委的支持和配合。乡镇纪委事实上成为乡镇党委的一个部门，依靠下级监督制约上级的效果可想而知。

（三）乡镇人大的监督

人大的监督权，是宪法和法律赋予人民代表大会及其常委会的重要职权。乡镇人大作为我国政权体制中最基层的国家权力机关，是乡镇人民群众行使管理国家和社会事务民主权利的基本组织形式，其依法有序开展监督工作，对地方经济社会发展能起到重要的推动作用。乡镇政府产生于乡镇人大，对乡镇人大负责并报告工作。乡镇人大在乡镇党委的领导下开展工作。在乡镇政权的实际运行中，很多地方乡镇一级党委政府合署办公，联合行文，统一行动，党政不分家的状况比较突出，这就使得人大监督政府也带来了监督党委的嫌疑，与党领导人大工作产生了原则性冲突，造成人大对政府的监督"深不得，浅不得；重不得，轻不得"，处境十分尴尬。此外，一些乡镇人大主席或副主席被党委安排从事一定的行政工作，有的甚至还下乡包片、招商引资，整日忙得团团转，无暇顾及本职工作，常常是"种了人家的地，荒了自家的田"，从而使乡镇人大处于乡镇权力结构的边缘地位，其监督制约无从谈起。

（四）村党支部的监督

村党支部是党在农村的基层组织，也是农村各种组织和各项工作的领导核心。虽然《村民委员会组织法》在原则上确认了村党支部在乡村治理中的"领导核心"地位，但对什么是核心、如何发挥核心作用都没有明确规定。而在公共权力具体配置时，却明确地把决策权赋予村民会议及其代表会议；把管理权赋予村委会；把对村委干部的任用权赋予全村选民，对村委干部的罢免权赋予村民会议，因此村党支部实际上没有获得任何制度内的公共权力，事实上被排除在社区治理权力结构之外。当然，也存在村党支部侵害村委会的合法权力，继续控制村务的现象。但是，随着农民民主的发展，现行村民自治机制的继续运行，必然导致村党支部在农村权力领域的失势和村委会权力的壮大。

村委会干部也是理性的"经济人"，即除了"公"的一面，也有"私"的一面。他们之所以竞选村干部，"是因为他们认为当村干部可以得到好处，这种好处主要有两个方面，一是经济收益，包括各种正当不正当的经济收入；二是文化收益，诸如良好的感觉，面子上的收益，为家族和家庭带来荣誉，实现个人理想，满足道德方面的需要等。一般来说，在一个村民原子化程度比较高、社会关联度低的村庄，村干部难以从职位上获得文化上的收益，真正的村庄精英除非有经济利益上的考虑，都不大愿意在村干部职位上消磨时光"。这种经济上的收益，如果是正当的，当然是可以的，农民也会接受，但是这种经济上的收益存在一个最低量的问题，即一定不能低于其外出务工经商的收益，换句话说，村委会干部谋取的职位收益一定要大于其不能外出务工经商所付出的"机会成本"。从实际情况看也是如此，村委会直选后，有的村委会干部认为自己是村民选出来的，任免由村民说了算，只讲对村民负责，不讲对党支部负责，甚至与党支部唱"对台戏"；有的村干部曲解"自治"，认为村民自治就是一切由村委会说了算，公开向党支部要权，甚至要求党支部交权；有的村党支部在新形势下无所适从，要么越位专权，要么放任自流。从实践来看，村党支部往往跟村委会结成共同体，为追求双方利益最大化而放弃监督制约。

（五）村民的群众监督

我国《宪法》第41条第1款规定："中华人民共和国公民对于任何国家机关和国家工作人员，有提出批评和建议的权利；对于任何国家机关和国家工作人员的违法失职行为，有向有关国家机关提出申诉、控告或者检举的权利。"第27条第2款规定："一切国家机关和国家工作人员必须依靠人民的支持，经常保持同人民的密切联系，倾听人民的意见和建议，接受人民的监督，努力为人民服务。"人民群众对乡镇政权和村民自治组织的监督方式很多，主要有直接向乡镇政府提出询问、要求、批评、建议；向有关国家机关提出申诉、控告或检举；来信来访，等等。同时，还可以通过妇联等群体组织反映问题，参与党委和政府的决策。

按照《村民委员会组织法》，村民委员会是村民自治组织，村干部是村民通过选举产生的执行村委会决定的人员，本应为村民服务，为村民谋利，受村民监督。在村民自治的制度设置中，为村民提供了监督制约村委会及村干部的途径。村民对村委会的监督主要通过村民大会进行，即对涉及村民利益的重大事项，必须通过村民会议的讨论决定。根据《村民委员会组织法》第24条第1款的规定，"涉及村民利益的下列事项，经村民会议讨论决定方可办理：（一）本村享受误工补贴的人员及补贴标准；（二）从村集体经济所得收益的使用；（三）本村公益事业的兴办和筹资筹劳方案及建设承包方案；（四）土地承包经营方案；（五）村集体经济项目的立项、承包方案；（六）宅基地的使用方案；（七）征地补偿费的使用、分配方案；（八）以借贷、租赁或者其他方式处分村集体财产；（九）村民会议认为应当由村民会议讨论决定的涉及村民利益的其他事项。"村民对村干部的监督主要通过行使选举权和罢免权来实现。根据《村民委员会组织法》第16条的规定，"本村五分之一以上有选举权的村民或者三分之一以上的村民代表联名，可以提出罢免村民委员会成员的要求，并说明要求罢免的理由。被提出罢免的村民委员会成员有权提出申辩意见。罢免村民委员会成员，须有登记参加选举的村民过半数投票，并须经投票的村民过半数通过。"然而，召开村民大会的权力掌握在村委会手中，是否召开村民大会由村委会说了算，村委会很有可能设法延期或者干脆不召集村民大会。因此，村民通过法律手段监督村委会及村干部的愿望往往落空。一般来说，村干部较普通村民而言，拥有较多的社会资源，当选为村干部后，为这些人提供了参与农村公共事务管理的机会，对农村集体资源的处置拥有一定的发言权，如村里土地的出租、转让等，进一步增强了村干部自身的能量，拉大了与村民之间的差距。农民要监督制约村干部，必须要投入更多的成本。

如果说村民与村民自治组织及其村干部相比较，无论是在知识、金钱上还是在社会关系等各种资源上处于弱势地位，那么，跟作为国家一级政权的乡镇党委、政府来比较，这种差距无疑更大，主要表现在以下几个方面：一是农民群众缺乏有效的组织，处于分散化、原子状态的农民难以将诉求统一、整合起来，在面对自身权益受到侵害时，过高的组织成本使得农民不到万不得已，不会轻易向乡镇政权表达诉求；二是缺乏有效的途径，农民群众可以直接到乡镇党委政府反映情况、要求解决问题，但是这种直接表达诉求的方式，效果如何取决于多种因素，不确定性很大。最为关键的是，如果乡镇政权不能解决、满足农民群众诉求，有何救济性手段和途径？从理论层面上来讲，有行政诉讼、上访等，但行政诉讼成本高、胜诉率低，越过乡镇政权进行上访，其成效如何更难以确定。

（六）新闻舆论的监督

新闻舆论监督是指人民群众通过新闻舆论媒介如报刊、电视、广播、互联网等表达公意，对政府机关及其公务员的公务活动、涉及群众切身利益的其他重大社会事务进行监察和督导。当公民或组织认为政府机构或政府官员行为不当时，他可以将之揭露于众，并加以谴责，唤起其他公民对这些行为的注意和反对。随着我国农村经济社会的不断发展，农民群众也学会了借助新闻媒体监督乡镇政权和村民自治组织，以维护自己的权益。如通过拨打新闻热线向报社、电视台等媒体反映问题，或者直接组织动员村民，共同出资向有影响力的报社、记者求助，运用新闻媒体的力量维权。网络的普及也促使农民借助互联网表达诉求，如通过建立博客、微博和论坛发帖等方式，有些成功地引起了相关部门的关注，解决了反映的问题。不过，新闻媒体监督对于我国广大农民来说，还不是一种经常性的监督制约方式，很多问题的解决带有偶然性的因素，如报社、记者的重视，网友、领导的持续关注等，对于维护农民合法权益、监督制约农村公权力依法规范运行只能是一种有益的补充。

综上，从现行乡镇管理机制和村民自治的推行状况来看，要实现对农村基层组织及其干部的有效监督，除了完善自身各项制度外，就是建立健全权力监督制约机制。在现行宪政体制下，要完善上述监督制约机制，虽然在理论层面上是可行的，但是面临着采取何种监督途径和手段的问题。假设乡镇政府监督村民自治组织可行的话，那么，乡镇政府运用何种手段来实现这种监督？行政的手段显然不符合法律和正当性，经济的手段在缺乏合法性的同时，也缺乏可操作性；纪委监督对不是党员的村干部来说，主体显然不适合，虽然各地采取了诸如新当选的村委会主任立即入党等变通性措施，但不是长久之策，对中国共产党的组织构成也是一种挑战；而村民自治内部监督制约机制的健全完善，有赖于村民自治制度整体的健全。对乡镇政权的监督，同样面临着许多困境，更加难以在短时间内，依靠上述监督制约手段来实现。因此，必须引入新的监督制约机制，既要符合民主政治发展的趋势，又要切实有效地发挥监督制约作用。在我国现行监督制约体系中，只有检察机关的法律监督较好地契合了这种需要，用法律的手段实现对乡镇政权和村民自治的监督，不失为实现有效监督制约"乡政村治"的一种新选择。

第三节　健全完善中国特色社会主义
农村检察制度的必要性

我国的监督体系是一个对权力进行多角度监督制约的有机统一体。依据监督主体的不同，可以分为党内监督、人大监督、政府专门机关监督、政协民主监督、民主党派监督、司法监督、群众监督、舆论监督等，其中司法监督包括检察机关的专门监督和审判机关的监督。检察机关的专门监督，又称法律监督。如第四章中所述，我国检察机关的法律监督具有专门性、强制性、程序性等特点，在我国监督体系中具有独特地位和作用。按照我国《人民检察院组织法》规定，我国最低层级的检察机关是县一级检察院。目前，我国镇一级政权由乡镇党委、政府和上一级派驻站所组成。乡镇政权机关是国家政权机关的基层组织，由乡镇人民代表大会、乡镇人民政府和党的农村基层组织组成。通常还设立乡镇纪委、人民武装部和共青团、妇联等群团组织，归入乡镇党委系统。在个别地区，还设立乡镇政协。派驻站所是政府有关部门派驻乡镇的工作机构，如派出所、人民法庭、司法所、工商、税务、财政、邮电、环保、国土、粮食、电力等，唯独缺乏检察机构。如前所述，"乡政村治"治理结构中已有的监督方式和途径效果欠佳，难以发挥应有的作用，呈现出"上级监督太远，同级监督太软，下级监督太难，纪委监督太软，组织监督太短，法律监督太晚"的现状。针对这种状况，我们可以尝试引入法律监督，即通过建立健全农村检察制度，在现有的"乡政村治"结构中加入法律监督因素，弥补权力监督制约的不足，促使"乡政村治"在各自范围内正常运行。通过加强农村法律监督，进而健全完善乡村治理结构的意义是多方面的。

一、具体层面上健全中国特色社会主义农村检察制度的必要性

健全完善中国特色社会主义农村检察制度在具体层面上而言，具有以下意义：一是促使乡镇政权依法行政。我国《宪法》第 131 条规定："人民检察院依照法律规定独立行使检察权，不受行政机关、社会团体和个人的干涉。"这是以根本大法的形式确立人民检察院依法独立行使检察权的宪法原则。为了强调检察机关依法独立行使检察权的重要性，《人民检察院组织法》、《刑事诉讼法》和《检察官法》都重申了依法独立行使检察权的宪法原则。《人民检察院组织法》规定的最低层级的检察机关是县级检察院，即使会发生干涉检察机关独立行使检察权的不正常现象，乡镇政权也难以干涉到县一级检察机关独立行使检察权，因此可以说，检察机关的法律监督在"乡政村治"的监督体系中具有一定的超然性。而且，检察机关本身肩负着对乡镇政权正确行使职权的监督职责，对其滥用职权、贪污腐败等侵害农民群众和村民自治组织权益的行为有惩治和预防的责任。二是促使村民自治规范运行。检察机关既可以通过查办村干部职务犯罪，促进村干部廉洁自律、履职为民，也可以通过发出检察建议，督促村民自治组织加强对重大资金的发放管理等，促使村民自治组织依法管理、依法自治、依法决策，提升村民自治管理水平，完善自治制度。三是能够更好地维护农民群众权利。进一步畅通农民群众的利益诉求渠道，使农民群众能够方便、及时地表达自身诉求，减少利益表达的成本；同时，使农民群众能够及时获得检察机关的法律帮助和救济，有效维护自身权益。

二、宏观层面上健全中国特色社会主义农村检察制度的必要性

健全完善中国特色社会主义农村检察制度在宏观层面上来说，主要是能够促进乡村治理模式的转型和完善。通过强化农村法律监督，弥合了乡镇行政管理与村民自治民主管理之间的断层，架通了乡政与村治之间的桥梁。更重要的是强化了对农村公权力的监督制约，促使乡政和村治两者在各自的权力范围内

运行，为遏制农村公权力不作为、乱作为提供了制度保障。因此，从这个意义上来说，检察机关的法律监督对现行"乡政村治"的治理模式是一种很好的补充和完善，有助于完善"乡政村治"的治理模式，从监督制约公权力入手解决农村社会治理中的问题，也抓住了治理的核心问题，即如何监督制约公权力，为解决农村治理中的问题提供了较为现实的切入点。相反，如果不能够解决对农村公权力的监督制约问题，不管如何构建新的乡村治理模式都不能有效解决权力滥用、随意逾越边界、侵犯农民权利问题，① 可能各种新设计的治理模式都会在实践中成为权力的附庸。当然，并不是说有检察机关法律监督的加入就能够解决乡村治理结构存在的所有问题，乡村治理结构的完善，既需要外部有效的监督制约，也需要内部自身制度体系的健全完善，但是相对于现行"乡政村治"模式和各种改进方案而言，其在一定程度上更具合理性和可操作性，也更符合我国农村社会的现状。

综上，加强农村法律监督对于解决当前农村治理中存在的问题相当必要，而农村检察制度是加强农村法律监督的有效载体和平台。加强和改进农村法律监督，有效监督制约农村公权力，保护农民合法权益，必须健全完善中国特色社会主义农村检察制度。

---

① 关于"乡政村治"的治理模式的替代性改革方案，学界的观点主要有：一是以徐勇为代表的"县政乡派村治"模式；二是以沈延生为代表的"乡治村政社有"模式；三是以吴理财、郑法、于建嵘等为代表的"乡镇自治"模式，等等。这些模式为完善"乡政村治"提供了多种可供选择的路径和实现方式，但都是围绕如何扩大自治范围和合理划分权力边界设计的理想的治理模式，没有考虑权力的监督制约问题。可参见徐勇：《乡村治理与中国政治》，中国社会科学出版社 2003 年版；徐勇：《县政、乡派、村治：乡村治理的结构性改革》，载《江苏社会科学》2002 年第 2 期；沈延生：《村政的兴衰与重建》，载《战略与管理》1998 年第 6 期；郑法：《农村改革与公共权力的划分》，载《战略与管理》2000 年第 4 期；吴理财：《乡政新论》，载《开放时代》2002 年第 5 期；吴理财：《中国大陆乡镇政府何去何从?》，载《二十一世纪》2003 年 6 月号；于建嵘：《乡镇自治：根据与路径》，载《战略与管理》2002 年第 6 期。

第七章　中国特色社会主义农村
检察制度的实现路径

　　路径是指事物实现自身价值或目标的方式方法。任何事物只有借助和依靠一定的路径才能最终实现其应有的价值和功能。中国特色社会主义农村检察制度要实现其固有的价值和功能，也必须依赖一定的路径。农村检察制度的实现路径，是指在检察工作实践中，实现我国农村检察制度的价值和功能的具体工作方式和方法，既包括正式的制度安排，也有在实践中形成的、非正式的工作惯例，是一整套在检察实践中产生、经过长期的检察实践检验，并具有一定理论蕴含的工作方式方法、工作机制等构成的复合系统。如前所述，当前加强农村法律监督，健全完善中国特色社会主义农村检察制度是解决我国乡村治理中存在的问题、提升乡村治理水平的重要方式。虽然我国农村检察制度与中国特色社会主义检察制度共同发展、成熟和完善，产生的时间较长，工作方式方法多样，但是在我国农村由传统社会向现代社会转型过程中，社会治理方式日益制度化、法治化、程序化，农村检察制度的实现路径也要主动适应这一转变。因此，有必要对这些实现中国特色社会主义农村检察制度价值和功能的路径进行总结、分析和归纳，从中发现能够更好地实现农村检察制度价值和功能的路径，以充分发挥农村检察制度的作用，最大限度地利用有限的检察资源，为解决当前我国乡村治理中的突出问题提供便捷、管用的途径，更加有效地服务社会主义新农村建设。

第一节　中国特色社会主义农村
检察制度的运行方式

　　在当前的检察实践中，就农村检察工作方式方法和工作机制而言，有专项治理、走访、下访巡访、农村检察工作联络员、农村检察工作组、工作队等。本节将选择几项有代表性的工作方式进行粗略分析。

一、专项治理

我国检察机关的专项治理是指人民检察院在特定时间范围内集中力量和资源针对某项突出问题采取的专门性整治。如商业贿赂专项治理工作、涉税犯罪专项治理工作、以树立"严格公正文明执法好形象"为主题的专项教育整顿活动等。多年来，检察机关在专项治理活动中形成了一套较为固定的模式和程序。一般首先是存在某类突出的涉检问题，极大地影响社会和谐稳定和改革开放大局，急需检察机关运用法律监督职能予以解决，如商业贿赂多发、惠农支农资金被大肆贪污、挪用，等等。其次，针对存在的这些问题，检察机关决定采取专项治理的方式来解决，成立专项治理领导小组，由相关领导和部门责任人担任领导和成员，全面领导、协调、督促专项治理活动，并制定实施方案，向检察机关内部或下级单位下发通知，召开动员大会，提高对专项治理活动的思想认识，号召有关单位（部门）采取有力措施，全面推动这项专项治理工作的开展。再次，进入日常的实施治理阶段，完成专项治理活动方案所预设的任务和目标，并随时总结和上报办理的案件以及活动中的经验和做法；同时，上级部门不时检查、督促各地专项治理实施情况，进一步促进治理活动的发展，必要时，还要组织"回头看"活动，全面审视各地完成治理情况。最后，就是总结阶段，系统总结治理活动取得的成效、经验。专项治理大致可以简化为如下过程：治理客体的出现—成立专项治理领导小组—制定实施方案—召开动员大会—实施治理—检查反馈—回头看—总结评估八个环节。检察机关专项治理具有以下特点：

一是具有高效性。专项治理能够快速集中力量和优势资源，对某类突出问题进行集中整治，打击力度大、强度高，可以在维护经济社会秩序、打击违法犯罪行为等方面取得突出成效。这是常规性的执法办案活动无法达到的，对于解决存在的突出问题、紧要问题，效果显而易见，因此，在检察工作中广泛应用。二是具有针对性。在实施专项治理前，检察机关往往要经过调查研究、研讨、排查摸底等方式确定治理的对象，目标非常明确，针对性突出，进一步增强了治理的效能。三是具有灵活性。既有检察机关针对突出的涉检问题进行治理，也有针对检察机关自身存在的问题进行整顿；既可以涉及检察工作的整体，又可以就某一项工作进行治理，总之，对工作中存在的突出的类别性问题都可以进行专项整治。

我国检察机关在应对农村涉检问题上也采取了专项治理的方法，构成了当前我国检察机关应对农村问题的主要工作方式之一。如2008年，最高人民检察院针对国家对"三农"投入的资金逐年增多，支农惠农补贴资金增加，涉农职务犯罪频发，损害农民权益现象增多的问题，开展了为期两年的涉农职务犯罪专项治理工作，取得了显著成效，仅当年 1 月至 10 月，全国检察机关就立案侦查涉农职务犯罪案件 10752 人，侦查终结并提起公诉 5196 人。通过涉农职务犯罪专项治理，查办了一大批发生在农村基础设施建设和拆迁改造、农村土地征用开发、支农惠农资金管理、生态环境保护、农村教育和医疗卫生、农村社会保障和救灾、优抚、移民等专项款物管理、农村综合改革，以及农村基层政权和自治组织建设等领域与环节的职务犯罪，惩治和震慑了这些领域和环节的职务犯罪分子，促进了支农惠农政策的落实。

二、下访巡访和走访

下访巡访是近年来检察机关为畅通信访渠道，及时解决涉检信访问题而探索的工作方式。2006 年，最高人民检察院制定了《检察机关开展下访巡访试点工作的指导意见》，在 31 个地市级检察院、133 个县级检察院开展试点。下访是相对于群众的上访而言的。信访工作是党和国家的一项重要工作，各级党委和政府历来十分重视。人们常把涉及公检法处理的案件或是需要用法律手段调整的上访称为"涉法上访"。从法律意义上讲，上访作为公民申冤、诉苦、诉求公权力救济的民间路径和维权途径，是公众不可侵犯的宪法性权利，应当给予保护。然而，大量越级上访、群体上访，不仅增加了上访群众的精神和物质负担，而且给各级国家机关、政府部门增加了巨大的工作压力，影响了国家机关的正常办公和工作秩序，甚至损害了党委、政府的社会形象。因此，将"上访"变为"下访"、"坐堂接访"变为"下乡走访"，有利于贴近群众、及时掌握农民群众诉求，满足农民群众的新需求新期待，这也是检察机关响应党的号召，坚持党的群众工作路线，关心农民群众疾苦的表现。巡访是指来回进行下访，是下访的另一种表现形式。下访、巡访两者常常组合在一起，成为习惯性的词组。

检察机关下访巡访的主要任务有：一是依法处理涉检信访问题，及时发现并妥善处理因检察机关执法不规范引发的各种矛盾和问题，防止矛盾激化；二是深入开展法制宣传工作，宣传检察机关的法律监督职能，提高群众依法维权的意识和依法举报的积极性，及时发现和摸查职务犯罪线索，促进基层干部廉洁自律，引导群众依法信访；三是积极参与社会治安综合治理，深入了解群众反映强烈的热点、难点问题，建立检察机关与县、乡（镇）、村的经常性联系机制，配合相关部门做好矛盾纠纷排查调处工作。

下访巡访也是检察机关联系农村、服务"三农"、进一步做好农村检察工作的重要方法。在检察实践中，检察人员通过定期或不定期地到涉检问题突出的农村，与农民群众面对面地沟通，能够及时了解农民群众诉求，听取农民群众对检察工作的意见和建议，扩大法制宣传，化解矛盾纠纷，维护社会和谐稳定。在下访巡访过程中，还能够对可能引发集体访、越级访的问题，早发现、早报告、早介入、早处理，把矛盾化解在萌芽状态。

与下访巡访工作方式较为相近的另一种工作方式是走访。走访是我国行政机关、司法机关等国家机关开展工作、了解民情社意、贴近群众的基本工作方法之一，是落实执法为民、体现党的群众工作路线的具体行动和表现形式，是我党开展群众工作的优良传统和优势所在。在检察机关开展农村检察工作时，走访也是其中重要的工作方式之一。

通常而言，检察机关到农村走访的目的主要包括：一是了解农民群众对检察工作的新期待新需求，把握农村经济社会发展中需要检察机关运用法律监督手段解决的难点、热点问题，为农民群众排忧解难，为社会主义新农村建设提供强有力的法治保障。二是开展法制教育、宣传法律。如通过解答农民群众关心的法律问题，提高农民群众的法律素养，增强法制意识；通过开展职务犯罪预防教育，提高农村基层干部的廉洁从政意识和水平，增强依法行政、依法管理的意识和水平。三是发现检察工作的薄弱环节，提高检察工作的针对性。四是收集各种涉检信息，掌握农村情况，发现职务犯罪线索。

综上，检察机关下访巡访与走访在工作目的、功能等方面既存在一定的重合交叉之处，也存在许多差异，如下访巡访的目的性更强，主要是依法处理涉检信访问题；走访的目的主要是检察机关为了掌握农村一般性情况，具体目的因时因地而异。总的来看，检察机关的下访巡防和走访均具有成本低、方式灵活、简便易行的特点，在实践中具有以下成效：

一是方便农民群众，拉近了检察机关与群众的距离。由于农民群众对司法解决纠纷的途径不熟悉或者担心司法手段解决纠纷的时间过长、成本过高，上访仍然是当前部分农民群众反映诉求，要求解决切身利益问题的一种重要手段和方式。在目前我国农村，特别是中西部农村，交通状况比较落后，农民群众到检察机关反映诉求的路途较远，往返不便。检察机关通过下访巡访和走访，直接深入农村和广大农民群众之中，让农民不用出村、不出乡镇就可以进行控告申诉活动，就可以向检察官进行相关法律咨询，极大地方便了农民群众反映诉求。

二是及时掌握苗头性、突发性涉稳问题，有利于化解矛盾纠纷。检察机关通过下访巡访和走访，与广大农民面对面地直接交流和观察，能够尽早发现一些苗头性、突发性问题。对属于检察机关职权范围内的事项及时采取措施、及时解决，消除矛盾和隐患，把苗头性问题解决在萌芽状态。对于不属于检察机关管辖范围的问题，通过做好释法说理工作，为群众指点解决问题的办法和途径，督促相关部门及时解决，能够有效防止问题因不能及时解决而进一步恶化和失控。

三是可以促进检察人员积极转变作风，增强为群众办实事、解决问题的能力。促使检察人员贴近实际、贴近农民、了解农村、知晓群众诉求，改变过去长期坐在机关等案上门的做法，增强立检为公、执法为民的宗旨意识。

三、农村检察工作联络员制度

为了更好地加强与农民群众的联系，及时了解和掌握广大农民群众的新需求新期待，做好农村检察工作，服务新一轮农村经济社会发展，全国各地检察机关设置了许多关于农村检察工作的联络员。从全国公开报道的检察机关聘请的联络员的名称来看，主要名称有检察信息员、检察联络员、乡镇检察（工作）信息联络员、农村检察工作联络员、社情民意联络员、检察事务联络员等，虽然名称各异，但是从其设置的目的来看，具有同一性，即都是为了做好农村检察工作，密切与农民群众的联系。为了更好地总结、归纳这些新的探索和做法，本节将上述类型的检察工作联络员统称为农村检察工作联络员。农村检察工作联络员，是指检察机关为了更好地掌握、收集农村涉检情况和信息，宣传法律，扩大检察机关影响，方便群众司法诉求，做好农村检察工作，聘请检察机关以外的人员担任联系人的工作制度。

聘请农村检察工作联络员，是检察工作的人民性和党的群众工作路线在检察工作中的具体体现。《宪法》第 27 条规定："一切国家机关和国家工作人员必须依靠人民的支持，经常保持同人民的密切联系，倾听人民的意见和建议，接受人民的监督，努力为人民服务。"《人民检察院组织法》第 7 条规定："人民检察院在工作中必须坚持实事求是，贯彻执行群众路线，倾听群众意见。"《刑事诉讼法》第 6 条规定："人民法院、人民检察院和公安机关进行刑事诉讼，必须依靠群众。"设立农村检察工作联络员，可以更好地加强与人民群众，特别是农民群众的联系，及时掌握群众的新需求新期待，真正践行"立检为公，执法为民"的执法理念。同时，通过这一制度，能更好地吸收、运用人民群众的力量来做好农村检察工作，促进检察工作全面健康发展，如人民群众可以向检察机关积极提供职务犯罪案件线索，进一步推动基层农村反腐败斗争和党风廉政建设；提供立案监督和民事行政案件线索，切实维护公民的合法权益；积极开展法制宣传，拓展检察工作视野，等等，从而达到促进农村社会和谐稳定的目的。

农村检察工作联络员承担着联系检察工作与农村、农民和农业的桥梁纽带任务，并在其中起着至关重要的作用。因此，对担任农村检察工作联络员的资质条件要求也比较严格，一般来自基层党政部门、政法机构、村"两委"干部和为人正派、热心公共事务的村民，并要求具有一定的群众基础、认可度较高，熟悉农村情况。各地检察机关的农村检察工作联络员具体条件各异。如海南省检察机关派驻乡镇检察室检察信息员的选任条件为：一是信息员的户籍必须是在本乡镇村民委员会（居委会）、国营农（林）场内的守法公民，有一定的文化素养，有较好的群众基础；二是热爱信息员工作、办事认真、公道正派、廉洁自律、敢于同不良行为和犯罪分子作斗争；三是了解和掌握一些法律基本常识，有较强的组织和协调能力。如有的联络员从各乡镇分管政法副书记或纪检书记中产生，由各乡镇、街道各推荐 1 名，经检察机关审核后予以聘用，并书面通知其所在单位；有的则聘请各乡镇、办事处主管综治工作的副书记和县直涉农部门的副职为农村检察工作联络员，将全县所有行政村的支部书记或村主任聘请为农村检察工作联络员；① 有的则聘请群众基础较好的村民或聘请党外人士担任，等等。不过在实践中，也有个别检察机关的农村检察工作联络员由检察机关工作人员担任。如某省一区检察院为做好农村检察工作，建立了检务公开联络员工作机制，为全区每个镇、街道办事处配备一名检务公开联络员，即为每个镇、街道办事处配备一名年龄在 30 岁以下、具有一定组织协调能力的检察官作为检务公开联络员，以此加强与基层农村的沟通联系。

农村检察工作联络员是检察机关联系群众的桥梁，也是检察机关履行法律监督职责的助手，对其主要职责没有统一的规定，如海南省基层检察院派驻乡镇检察室检察信息员的工作职责为六项：一是协助派驻乡镇检察室开展检务公开、法律宣传和咨询活动，宣传检察机关受理群众信访的管辖范围，让群众了解检察机关的职能作用，引导本辖区（部门）群众正确有序地进行涉检信访活动，提高群众的法制观念和法律意识；二是配合派驻乡镇检察室受理群众申诉、信访和举报，全面收集涉检信访材料，及时报送派驻乡镇检察室；三是积极开展社情民意调查，听取群众的呼声和要求；四是及时收集和反映职务犯罪线索，关注人民群众反映强烈的不服人民法院已经生效的民事行政判决案件；五是及时反映公安机关应该立案而未立案的刑事案件；六是发现和举报人民检

① 《关于建立农村检察联络员工作长效机制的粗浅认识》，载 http://yzdb.cn/html/20104822950.html，访问时间：2010 年 7 月 3 日。

察院工作人员的违法违纪行为。还有的检察机关将联络员的任务限定为：开展检务公开活动，密切与人民群众的联系；进行法律宣传、咨询和服务，提高人民群众的法律意识和法制观念；协助检察机关开展案件和解，化解矛盾纠纷，畅通诉求渠道；及时反馈对检察机关的意见和建议等。① 虽然各地检察机关对农村检察工作联络员的职责任务的规定各不相同，但农村检察工作联络员基本职责没有偏离以下几个方面：第一，收集和反映贪污贿赂、渎职侵权等职务犯罪案件线索。第二，充分关注人民群众反映强烈的不服人民法院已经生效的民事行政判决案件，积极了解，及时反映。第三，积极反映未被司法机关掌握的侵犯公民财产权利、人身权利、民主权利的刑事犯罪案件。第四，反映公安机关应该立案而未立案的刑事案件或不应该立案而立案的情况。第五，协助检察机关查处发生在本单位的重大刑事犯罪案件。第六，发现和举报人民检察院工作人员违法违纪案件。

全国各地检察机关推行农村检察工作联络员制度，在实践中取得了较好的成效，其作用主要体现在以下几个方面：

一是增强了检察机关应对农村涉检问题的能力。通过设置农村检察工作联络员，能够及时为检察机关提供农村严重刑事犯罪，职务犯罪，基层政法机关执法不严、不公等情况和信息，使检察机关能够及时掌握农村存在的涉检问题，及时采取措施，调整工作措施和方向，进一步增强服务农村改革发展稳定的针对性、实效性，进一步增强检察机关应对农村涉检问题的能力和水平。

二是更加密切与人民群众的联系。农村检察工作联络员的设置，使检察机关在农村有了相对固定的人员，弥补了最低层级的检察机关设置在县一级城区、检察机关对农村情况不明、信息不通的状况，使检察机关能够及时掌握农民群众的新需求新期待；通过农村检察工作联络员，也使农民群众能够更加清晰地了解检察机关的职能，当合法权益受到侵害时，不至于投诉无门。同时，也更加方便了群众诉求。海南省临高县检察院设置农村检察工作联络员后，农民群众说："以前，我们到检察院'告状'要走几十公里，其中许多还是山路，光路上就要花半天时间。现在检察院设立了联络员后，许多问题在村里向他们反映就可以。"实践证明，农村检察工作联络员进一步密切了检察机关与人民群众，特别是农民群众的联系，将检察工作推向了社会，扎根农村，根植于人民群众之中。

三是强化了对农村的法制宣传。尽管我国社会主义法治建设已经推进到了

---

① 《永安市检察院开展检察联络员试点工作》，载 http://www.pafj.net/szbm/srmjcy/200910/214.html，访问时间：2009 年 11 月 20 日。

一个新的阶段，但由于受文化、地域条件等的限制，广大农民群众对检察机关的法律监督职能并不了解，往往选择信访或者抗拒执行等手段来维护自己的权益，造成了许多不必要的矛盾和冲突。因此，对于检察机关而言，一个重要任务就在于做好宣传工作，而农村检察工作联络员则可以成为这一任务的承担者。由于农村检察联络员分布于乡镇各个党政机关、企事业单位、社会团体、基层组织等，而且也都由政治素质高、有一定的法律知识，关心、关注检察工作的人员担任，这对于宣传检察业务和法律知识有积极的促进作用，特别是有利于对检察机关职能、任务和性质的深入宣传。

四是加强了检察机关自身的监督制约。农村检察工作联络员尽管受聘于检察机关，但其并不一定是公务人员，大多是普通民众。建立和完善农村检察联络员制度，既可以为检察机关法律监督职能的履行提供多方面的帮助，又可以将检察事业置于人民群众的直接监督之下，有效加强检察机关的外部监督，进一步提高检察干警的自律意识，杜绝特权霸道作风和粗暴执法作风，进一步纠正执法活动中存在的突出问题，防止司法不公和冤假错案的出现，做到不枉不纵，最大限度地保护公民的人身权利、财产权利和民主权利，不断提高检察机关的办案效率和办案质量，对改进检察机关的执法作风、执法观念、执法形象和执法效果有积极作用。

四、检察工作队（组）

如第三章所述，在20世纪50年代检察机关成立之初，检察工作队是开展农村检察工作经常运用的方式方法之一。虽然目前检察机关的专业化水平、规范化程度等较新中国成立初期有很大程度的提升和进步，但是运用检察工作队（组）依然是开展农村检察工作的重要途径。当前，一些省检察机关为了更好地开展农村检察工作，成立农村检察工作队（组），深入农村，服务农村改革发展的需要，成为新时期检察机关联系农民群众的桥梁和纽带，创新了检察机关服务农村经济社会平稳较快发展的实现方式，解决了检察机关联系基层的瓶颈问题和信息反馈渠道不畅问题，延伸了检察职能和法律监督触角，使检察机关变得"耳聪目明"。农村检察工作队的职责主要包括：一是依法打击侵害农民利益、危害农业生产、影响农村稳定的犯罪活动，依法维护农村基本经营制度、农村土地管理制度、农业支持保护制度和农村民主管理制度，巩固农业农村发展的良好形势。二是坚决打击农村黑恶势力犯罪、严重影响农民群众安全感的"两抢一盗"犯罪、拐卖妇女儿童犯罪以及组织利用邪教组织破坏法律实施和利用宗教、宗族势力等破坏农村政权建设的犯罪活动。三是积极参与农村社会治安综合治理和平安创建活动，维护农村社会大局稳定。四是深入开展查办涉农职务犯罪工作，加强涉农职务犯罪预防，保障农村基础设施、民生工程的投入和农业补贴款项的规范使用，保障各项支农强农惠农政策的有效实施。五是强化涉农法律监督和司法保护，认真办理土地承包经营权流转、农产品生产经营、农村金融领域和涉及农民工劳资纠纷的民事行政申诉案件，切实保障农民权益。

农村检察工作队（组）的形式也非常丰富，如前文提到的"下访巡访工作队"，还有"涉农信访检察工作组"等，其基本职能大同小异，如专门受理各村镇农民群众的举报、控告、申诉，及时了解、掌握社情民意，开展法律宣传工作，等等，此处不再赘述。依靠农村检察工作队（组）开展农村检察工作，其优势显而易见。

一是具有较强的灵活性。检察工作队（组）由检察机关根据形势任务的需求，自己决定派出工作队（组）的形式、时间、组成人员、工作重点、前往的区域，针对性强、效率高，有利于突出问题的快速解决。如某省检察机关成立涉农工作队，其成员从检察院各部门抽调，哪一方面的问题突出，就抽调哪一方面的人员参加，成员不固定。群众举报职务犯罪案件的，以反贪、反渎部门为主组建工作队；群众反映社会治安混乱的，以侦监、公诉部门为主组建工作队；群众有信访诉求的，以控申和相关业务部门为主组建工作队；群众有法制教育需求的，以预防、民行部门为主组建工作队。

二是具有较强的流动性。检察工作队（组）的灵活性也赋予了其较强的流动性，即不受管辖区域局限，哪里问题突出就到哪里解决问题，直接深入问题突出的乡镇、重点村，与农民群众面对面地交流、沟通，进一步加强了与农民群众的联系，能够更加直观地感受到农村的突出问题和农民群众的诉求。

五、小结

检察机关通过以上几种方式和途径惩治和预防了农村职务犯罪，为农村改革发展提供了清正廉洁的发展环境；更加及时地了解和掌握农民群众的需求，化解和防范农村矛盾纠纷，密切了检察机关与人民群众的联系；更好地宣传了党和国家的法律、政策，使党和国家的支农惠农政策能够真正落实到农民群众手中，强化了农村法律监督工作，促进了农村检察工作的蓬勃发展。虽然如此，但这些方式仍然存在一些不足，主要呈现出"运动式"治理的某些特点。

"运动式"治理是指由占有一定的政治权力的政治主体，如政党、国家、政府或其他统治集团，凭借手中掌握政治权力、行政执法职能发动的维护社会稳定和应有的秩序，通过政治动员自上而下地调动本阶级、集团及其他社会成员的积极性和创造性，对某些突发性事件或国内重大的久拖不决的社会疑难问题进行治理的一种暴风骤雨式的有组织、有目的、规模较大的群众参与的重点治理过程。"运动式"治理具有以下特点：①

一是临时性。治理主体在治理过程中为了达到目的，会最大限度地调配公共资源以协助治理的开展。因此，这就注定治理的时间越长，治理的成本就会越高。基于此种投入产出的经济因素考虑，治理主体就会在尽可能短的时间内结束治理过程。一旦治理行动达到预期的目的，治理主体就会立即退出治理过程，这是由经济人的特性所决定的。专项治理活动时间一般不长，专项治理活动结束，检察机关的工作重心也相应地发生转移，不利于检察机关对农村涉检问题的长期应对，并建立长期稳定的治理策略和方式。

二是预设目的性。治理活动往往是针对某类突出问题开展的，这是与专项治理活动的针对性相关联的。这种临时的、有针对性的行为并不是对农村整体进行的法律监督，而是着眼于一域、一时的农村社会状况，不能通盘考虑农村社会法治的整体情况，不利于彻底铲除农村社会不稳定、不和谐的根源，也不利于检察机关及时把握农村出现的新情况新问题，以便及时调整治理策略。

三是成本高、效益低。治理成本是指在治理过程中治理主体为其治理行动所支付的费用或成本。在治理过程中，由于时间短、任务重、人员多、细节密等因素的存在，导致开支的核算和运用监管有相当大的难处，甚至可能出现为了实现治理目标，不计治理成本的状况，在这种情况下，虽然从短期来看实现了治理目标，但是从长远看，是对治理资源的一种浪费，得不偿失。

四是反弹性。反弹主要指事物或事件的反复。专项治理结果的反弹指在治理结束后，专项治理的客体又重复出现甚至出现程度更加剧烈或更为严重症状的一种现象，从而形成一种恶性循环。因此，时间的短期性决定了专项治理是一种治标不治本的治理方式，没有从源头上铲除治理客体再生的根源，治理客体在有机会的情况下就会再生，导致治理客体的反复出现。由于专项治理要求在最短的时间内达到最大的目的，常常只关注一个目标，将所有资源集中在解决需要治理的问题上，从而忽视其他的各个目标，导致治理整体效益的低下。

五是违背法治精神。由于"运动式"执法具有临时性和反复性的特点，其打击违法的长期效益并不明显。有些时候"运动式"治理在执法过程中把

---

① 冯志峰：《中国运动式治理的定义及其特征》，载《中共银川市委党校学报》2007年第2期；另可参见冯志峰：《中国运动式治理的成因及改革》，载《唯实》2007年第2期。

临时政策异化为法律来执行，甚至还在执行的时候背离法制，这就与稳定的法律原则相违背，损害了法律的稳定性和确定性。运动式的执法手段降低了国家机关的威信，弱化了国家法律法令的威慑力。采用运动式的方法，不但助长了执法者的选择性和随意执法行为，也容易使群众对国家机关的执法司法能力、信用产生怀疑，甚至激起群众的暴力抗议行为。这种治标不治本的形式主义执法形式，影响了国家机关的信用或形象。

"运动式"的治理方式，使检察机关参与农村治理缺乏制度性、稳定性，不利于形成制度性治理、日常性治理。虽然如此，对于上述治理方式，我们还是应该采取唯物辩证法的观点来分析和看待，不能全盘否定，既要发挥其应有的优点，又要极力避免其本身存在的不足。总的来看，要更好地做好农村检察工作，实现农村检察制度应有的价值和目标，不能仅仅依靠这些工作方式方法，还必须建立检察机关参与农村治理的制度性治理机制，使检察机关法律监督职能作用能够在农村长期有效发挥，实现法律监督参与农村治理的制度化、日常化。

第二节　新时期海南省检察机关设置的 派驻乡镇检察室及其特点

一、派驻乡镇检察室的调研过程与工作思路

2008 年，海南省检察院在学习实践科学发展观活动中，围绕检察工作如何更好地服务党和国家工作大局开展深入调研，组成 4 个调研组深入全省 22 个市、县、区的农村、企业、社区和 38 个省直单位，采取发放调查问卷、召开座谈会、走访等形式，广泛听取社会各界对检察工作的意见和建议，掌握广大人民群众对检察工作的新需求新期待。通过调研，检察机关对影响海南农村和谐稳定、农民群众反映强烈的问题有了更为深入的了解，主要有：土地纠纷矛盾突出；村级财务管理存在漏洞；惠农资金被贪污、侵占、私分；农民合法权益受到侵害得不到及时处理；利益分配不公；村委会换届选举问题突出；宗族恶势力成为地下"公检法"；极少数基层干部不作为、乱作为；基层干部群众法律意识淡薄；对村组织干部的监督不力，等等。面对调研组，广大农民群众说出了心里的盼望：盼加强涉农检察工作，将工作重心下移到广大农村；盼农村社会治安好，生活、生产有安全感；盼加大惩治腐败力度，及时查办涉农职务犯罪；盼送法下乡，提供便捷的法律服务；盼保护农民合法权益，为农民

群众主持公道；盼基层组织执法公正，伸张正义；盼畅通诉求渠道，方便举报、控告、申诉。

调研的过程是思想认识深化的过程，海南省检察院党组一班人深切感受到传统的执法工作方式已不能适应和满足新形势下农民群众对检察工作的新要求新期待。在开放、多元、动态的社会环境和信息化条件下，农村社会矛盾纠纷类型和解决方式发生了巨大变化，对法律监督的需求日益增长。从我国农村管理模式来看，现行"乡政村治"的农村管理模式虽然有利于释放农村活力，促进农村基层民主，但由于乡镇的行政管理与村民的民主自治缺乏有效衔接，乡镇、村党支部和村民都无法有效监督村民自治组织。从政权组织构成来看，乡镇政权组织体系由乡镇政权机关和上一级部门的派驻站所组成，按照现行《人民检察院组织法》，最基层的检察机关设置在县级城市，在农村缺乏对应的公安派出所、人民法庭、司法所的组织机构，没有伸及农村的触角，这既不便于农民群众向检察机关依法控告、申诉或举报违法腐败行为，也使得检察机关不能及时获知农民群众诉求，客观上造成检察机关与广大农村"信息不对称"。2007 年，海南省统计局在对全省群众安全感调查分析中，对公安机关、人民法院、人民检察院的不了解程度抽样调查结果显示，社会各界对检察机关的不了解率高居公检法三机关的首位，比人民法院高出将近 6 个百分点，是公安机关的 4 倍多，其中对公安机关（派出所）的不了解率为 9％，对人民法院（法庭）的不了解率为 32.27％，对人民检察院的不了解率为 38.31％。这种结果固然与检察机关自身的宣传力度和所承担的工作职能有关，但是也和检察机关没有与农村直接交流沟通的制度设置有密切关系。农民对检察机关的了解程度更低。在调研组发放的"对检察机关了解程度"的调查问卷中，农民对检察机关的不了解率高达 45％。在召开的调研座谈会上，一些基层组织代表反映，很多农民一旦遇到不公正、不合理的事情首先想到的是找政府上访，即使是对法院作出的判决不满也是如此，而不是到检察机关寻求法律监督。且涉农检察工作专项治理停留在"运动式"执法的层面，法律监督在农村成为薄弱环节。

能否在农村建立起执法为民、服务"三农"的固定阵地和一线平台？海南省检察院党组经过反复论证，提出了"基层检察工作重心下移、检力下沉，把法律监督延伸到广大农村"的工作思路，在距离城区（县城）较远、人口集中、治安问题突出、信访总量较大或开发项目较多的中心乡镇设置派驻检察室，以此为新的载体，延伸法律监督触角，及时掌握广大农民群众的涉检需求，加强对人民法庭、派出所等基层组织及其人员的法律监督，保护农民群众权益，维护农村和谐稳定，促进农业经济健康发展。

　　海南省检察院提出的工作思路得到海南省委的充分肯定，时任省委书记卫留成在省检察院党组报送的《基层检察院工作重心应该下移——对我省农村涉检问题的调研报告》上批示："省检察院的调研报告提出的工作重心下移的意见很值得重视，特别是在当前深入贯彻党的十七届三中全会精神的情况下，检察工作重心高度关注农村和农民就显得更重要，请政法委研究支持检察院的做法。"时任最高人民检察院党组副书记、常务副检察长张耕到海南调研时也对这一工作思路予以充分肯定，认为这是检察机关贯彻落实党的十七届三中全会精神的重要措施，应该积极探索。

　　在海南省委、省委政法委和最高人民检察院领导的大力支持下，海南省检察机关设置派驻乡镇检察室试点工作拉开帷幕。2008 年 11 月 13 日，澄迈县检察院派驻老城检察室、福山检察室和琼海市检察院派驻中原检察室、长坡检察室同时挂牌成立。2009 年年初，海南省委、省政府下发了《关于进一步加强全省政法基层基础建设的意见》，要求将派驻乡镇检察室建设纳入全省政法基层基础建设中，省委政法委将推进派驻乡镇检察室建设作为政法机关"基层基础建设年"的重要任务，并明确在年底前基本完成全省派驻乡镇检察室的设置布局。2009 年 12 月，在试点工作推进实施一年之际，海南省委政法委召开了派驻乡镇检察室建设试点工作总结大会，省委常委、省政法委书记肖若海在会上充分肯定了派驻乡镇检察室开展试点以来的工作成绩，要求坚定信心，全力推进法律监督触角向纵深发展。派驻乡镇检察室建设由试点转向全面推进。目前，海南省检察机关共设立 36 个派驻乡镇检察室，覆盖 158 个乡镇、59 个农场、13636 个自然村，为占全省总人口近 70% 的 550 万农民群众提供法律服务和司法保障。

　　如何在宪法和法律的范围内准确定位派驻乡镇检察室的功能和职责任务，关系到其能否充分发挥法律监督职能作用，也关系到试点工作的成败。海南省检察机关积极探索总结涉农检察工作的新特点和内在发展规律，围绕"法律监督的触角"来定位派驻乡镇检察室的功能职责，确定了派驻乡镇检察室的主要功能和职责任务。其主要功能是：基层检察院的"侦察兵"；执法为民的一线平台；督促基层组织及其人员依法履责的"助推器"；参与农村社会管理创新的重要元素；检察专门工作与群众路线相结合的有效载体；历炼检察队伍的实践基地。海南省检察院派驻乡镇检察室建设工作领导小组经过调研、论证，并通过总结一年多试点工作实践中取得的经验，确定了派驻乡镇检察室的职责：（1）受理公民、法人和其他组织的举报、控告、申诉，接受犯罪嫌疑人自首；（2）畅通群众诉求渠道，排查化解矛盾纠纷；（3）开展调查研究，对辖区影响社会和谐稳定的源头性、根本性、基础性问题，提出对策建议，参与基层社会管理创新；（4）发现、收集职务犯罪线索和其他涉检信息，经检察长批准对职务犯罪线索进行初查；（5）对基层公安派出机构、人民法庭、司法所等执法单位的执法活动开展法律监督；（6）开展职务犯罪预防工作和法制宣传教育；（7）协助派出院开展民事督促起诉等工作；（8）完成检察长交办的其他工作。

新形势下海南省检察机关设置的派驻乡镇检察室是基层人民检察院派驻广大农村的内设综合性机构，是基层人民检察院的组成部分，在派出它的人民检察院的直接领导下依法开展检察工作，代表派出它的检察院独立行使法律监督权。派驻乡镇检察室虽然名为某某派驻乡镇检察室，但其与所在乡镇的政府或其他部门在业务上、行政上和人事上并没有直接或间接的关系，只受派出它的人民检察院领导。

派驻乡镇检察室也与基层人民检察院内部的业务机构有所区别。虽然与基层人民检察院的业务机构共同属于基层人民检察院，但就其职能而言，它远远超过检察院内部的其他任何一个业务机构，检察院内部的其他业务机构一般只能行使某一方面的检察权，例如，控告申诉科，它只负责接受人民群众的来信来访，公民的控告、申诉和检举，而派驻乡镇检察室则拥有更宽广的职权范围。按照海南省检察机关对新形势下派驻乡镇检察室的定位，其职能涉及八个方面，涵盖检察机关法律监督的大部分内容。这是检察机关内部其他业务部门无法相比的，是一个集多种职责于一体的综合性机构。就基层政法机构体系而言，派驻乡镇检察室与派出所、人民法庭、司法所等共同构成了我国基层政权组织体系，它们之间地位平等，是"分工负责、互相配合、互相制约"的关系。派驻乡镇检察室的活动应视为人民检察院的活动，其行为具有法律效力，取得的证据材料可以作为合法的证据使用。派驻乡镇检察室的法律地位和职责决定了其具有以下特点：

一是独立性。即派驻乡镇检察室组织机构的独立性，不从属于任何乡镇党委、政府，与党委、行政等权力分离，是独立的检察机构。派驻乡镇检察室的独立性保证了法律监督权依法独立行使，是法律监督权正确运行的必要前提和保障，也是派驻乡镇检察室发挥应有作用的前提和基础。在此前检察机关派驻乡镇检察室的探索历史中，少数派驻乡镇检察室没有正确认识到派驻乡镇检察室的独立性，将自身混同于乡镇党委、政府的一般内设机构，导致派驻乡镇检察室的职能不清、职责不明，行使了许多非法律监督权，最终影响了派驻乡镇检察室法律监督职能的发挥。

二是隶属性。即派驻乡镇检察室是派出它的检察院的派出机构，必须受其领导、指挥和监督。派驻乡镇检察室必须认真贯彻执行派出它的检察院的指示、命令，及时向其汇报工作；设立派驻乡镇检察室的检察院应当定期或不定期地检查、督促派驻乡镇检察室的工作，将其纳入检务督察的范畴，发现违反法律、法规和党的纪律等情况，要及时纠正，同时要负责派驻乡镇检察室的人、财、物的配置，确保派驻乡镇检察室具备开展工作的必要人员、物质条件。

三是群众性。中国特色社会主义制度下的检察机关作为党和国家政法机关的重要组成部分，是政治性、法律性和人民性的统一。政治性和法律性是中西方司法机关普遍具有的共同性质，人民性则是中国特色社会主义司法制度特色的重要体现。检察机关的人民性要求检察机关在工作中必须始终坚持群众工作路线，贴近群众，满足人民群众的新需求新期待。在新时期，检察机关运用和发扬党的群众路线，必须结合社会主义法治理念和检察工作规律，走制度化、法治化的道路，通过符合社会主义法治理念和检察工作规律的形式，使党的群众路线的精神得以延续。派驻乡镇检察室根植于农村、根植于农民群众之中，进一步拉近了农民群众与检察机关的距离，使检察机关能够及时听取农民群众的呼声和要求，这是从群众中来、到群众中去的生动体现，也充分体现了检察工作的群众性。

四是拓展性。由于检察机关以前在农村没有经常性和制度性的工作力量和机构，农民群众对检察机关缺乏认识和了解，遇到涉检问题也不知道向检察机关反映；同样，检察机关也对广大农村的情况缺乏认识和了解。这种信息的不对称使得法律监督在广大农村的效力并没有充分发挥。2009年全国基层检察机关建设工作会议指出，要把法律监督的触角延伸到广大农村。派驻乡镇检察室作为延伸法律监督触角的途径之一，其本身就拓展了法律监督的深度和广度，让农民群众能够及时得到检察机关的司法救助。

五是综合性。派驻乡镇检察室涵盖的职能多，不仅仅涉及单一内设工作机构的职责，而是涉及很多业务部门，如接受控告申诉、协助查办职务犯罪、对人民法庭和派出所进行监督等，是一个拥有多项检察职能的综合性内设工作机构。

经过几年的探索，海南省检察机关派驻乡镇检察室在贴近农民群众、畅通诉求渠道、化解矛盾纠纷、查办和预防职务犯罪、强化对农村基层组织及人员的监督、参与农村社会管理创新、促进农村民主法治建设等方面发挥了积极作用，使广大农民群众真切地感受到了公平正义就在身边，被农民群众形象地誉为"家门口的检察院"和"保护神"。这一实践探索也得到了最高人民检察院、海南省委省政府以及全省各级党委政府和广大干部群众的充分肯定。2011年10月，最高人民检察院在海口市召开现场会，向全国推广海南省的经验，中央政法委也充分肯定了海南省的做法。据不完全统计，近年来全国各地检察机关、有关部门共 211 批次 2500 余人次来海南省检察机关派驻乡镇检察室参观、学习和考察，推动了新时期全国检察机关派驻检察室建设。目前，全国检察机关共设有派驻检察室 1895 个，其中 2009 年后新设派驻检察室 1118 个，占总数的 59%。①

二、新时期派驻乡镇检察室的特点

在中国特色社会主义农村检察制度的诸多实现路径中，派驻乡镇检察室最受理论界和实务界的关注，也饱受争议。一方面，派驻乡镇检察室是最高人民检察院在 20 世纪八九十年代曾经大力推广，但最终无疾而终的一种农村检察工作制度；另一方面，2008 年海南省检察机关开展基层检察机关重心下移、检力下沉，设置派驻乡镇检察室试点工作，在全省设置了 36 个具有明确职能定位、科学的工作流程、统一规范的工作场所、拥有正式编制机构的派驻乡镇检察室以来，在协助查办和预防涉农职务犯罪、化解矛盾纠纷、维护农村社会稳定等方面取得了显著成绩，受到了地方各级党委、政府、人大代表、政协委员和农民群众的欢迎，实现了政治效果、法律效果和社会效果的高度统一，引起了广泛关注。全国各地检察机关纷纷仿效建立派驻乡镇检察室或类似派驻农村、社区的基层检察机构。最高人民检察院检察长曹建明在海南调研时，通过视察万宁市检察院派驻兴隆检察室、澄迈县检察院派驻福山检察室、海口市琼山区检察院派驻云龙检察室，对海南省检察机关派驻乡镇检察室"充分肯定、大力支持"，他强调："检察机关如何实现重心下移，把法律监督的触角延伸到广大农村，加强和改进涉农检察工作，是中央对检察机关提出的明确要求。海南省院党组按照中央和高检院的要求，不仅认真思考这个问题，而且进行了积极有效的探索，积累了非常好的经验，为全国检察机关进一步加强涉农检察工作树立了非常好的典范。"

在准确理解和把握当前检察机关设置的派驻乡镇检察室的功能、目的、作用和价值之前，必须首先指出，当前检察机关设置的派驻乡镇检察室与 20 世

---

① 　数据均截至 2011 年年底。2011 年以来，全国检察机关派驻检察室建设得到进一步推进，各地纷纷设置形式多样的派驻检察室。如曹建明检察长在 2013 年最高人民检察院工作报告中指出：五年来，全国检察机关"推进检力下沉、工作重心下移，在人口集中的乡镇、社区探索设立派出检察室 2405 个，在偏远乡镇开展巡回检察，就地受理控告申诉，加强法律监督，为群众排忧解难"。

纪八九十年代的派驻乡镇检察室除了在名称上具有相同点之外，在职能定位、工作运行模式、人员构成、经费编制保障等方面均发生了显著的变化，它是对20世纪八九十年代派驻乡镇检察室工作经验教训的总结和提升，也是检察机关主动应对新形势下农村产生的新情况新问题和农民群众的新需求新期待，检察工作发生的新变化。也正是为了避免混淆前后派驻乡镇检察室之间的区别，防止人们简单地将两者不加区分地画上等号，海南省检察机关在设置派驻乡镇检察室试点过程中，曾就派驻乡镇检察室的"名称"专门作过研究和探讨，并提出以"农村检察室"、"基层检察室"等名称替代，但出于对农村检察工作的历史连续性、制度的传承性和更加重视检察室承担的实质功能等方面的考虑，没有轻易地弃用"派驻乡镇检察室"这一名称，而是坚定地沿用了"派驻乡镇检察室"的称呼，并在其职能定位、工作模式、管理方式等直接关系到检察室职能发挥的方面进行了认真探索。通过实践的反复检验，使之与20世纪八九十年代的检察室相比发生了质的变化和飞跃，呈现出全新的面貌，是一个融时代性和法律监督职能于一体的崭新事物。可以说，两者是在不同社会条件下产生的、具有不同职能和定位的不同组织机构。也正如曹建明检察长在海南调研时所讲的："今天的乡镇检察室，尽管在名称上与过去的乡镇检察室好像是有重复，但是它与过去的乡镇检察室相比，不是简单意义上的重复，而是在总结过去经验教训的基础上，在新的形势下，按照十七届三中全会加强社会主义新农村建设要求，特别是中央深入推进三项重点工作的要求，在这样一个基础上的发展和创新，在这种基础上看待乡镇检察室，相信对乡镇检察室又会有很多新的认识。"

（一）农村社会发展形态的区别

长期以来，我国社会学、法学等社会科学研究者受费孝通先生《乡土中国》一书的影响非常深刻，认为我国农村社会是乡土社会。在乡土社会里，"乡村里的人口似乎是附着在土上的，一代一代的下去，不太有变动"。当然，这并不是说乡村里的人口是固定的，事实上，人口增加超过一定规模，就会出现人口的流动和分支现象，不过，"老根是不常动的"。大多数农民聚村而居，使得村落成为中国乡土社会的基本单位。从外部来看，由于人口的流动率低，社区之间的往来不多，因此，"乡土社会的生活是富于地方性的"。而从内部来看，人们在这种地方性的限制之下生于斯、长于斯、逝于斯，彼此之间甚为熟悉，因此，这又是一个"没有陌生人的社会"。在这样的社会里，法律是用不上的，社会秩序主要靠老人的权威、教化以及乡民对于社区中规矩的熟悉和他们服膺于传统的习惯来保证。① 基于对乡土社会的认识，一些人认为在乡土社会中引入代表国家司法权力的检察制度，设置基层检察机关的派驻机构，是完全没有必要和多余的。然而，费孝通先生提出中国农村社会是"乡土社会"的时间是 20 世纪 40 年代，距今已经整整 70 年了。在今天，我国农村不再是一成不变的静止社会，而是一个融入经济全球化和市场经济大潮中的变动的工商或半工商社会，新型的交通肇事、产品责任等纠纷不断出现，传统的纠纷解决方式无力应对这些新型纠纷，需要建立新的适应市场经济发展的纠纷解决机制。当代许多中国法学家，即使是关心中国农村问题，但只要不是深入调查，都很容易把当代中国农村简单等同于相对传统的或计划经济时代的中国农村，很容易将中国农村的司法需求仅仅视为比较传统的纠纷解决。② 改革开放以来的 30 多年里，我国农村社会也是在不断发展变化的，特别是农村的治理模式，由高度行政命令式的管理方式过渡到民主自治的管理模式，法律监督对于农村公权力运行的监督和制约显得日益必要。忽视这些变化，就不可能看到今天的派驻乡镇检察室存在的意义和价值。

（二）职能定位上的区别

职能定位是一个机构能否正常有效开展工作的前提和基础，没有科学合理的职能定位，就无法正常有效地开展工作。20 世纪八九十年代设置的派驻乡镇检察室对其职能定位进行了认真探索。1989 年，最高人民检察院第七届检察委员会第三十一次会议讨论通过的《人民检察院乡（镇）检察室工作条例（试行）》第 4 条规定："县（市）、市辖区人民检察院乡（镇）检察室在派出它的人民检察院领导下工作。它的任务是：一、受理辖区内公民的举报、控告和申诉，接受违法犯罪分子的投案自首；二、对发生在本辖区内、属于检察机关直接受理的刑事案件进行立案前调查；对人民检察院批准立案的刑事案件进行侦查；三、对辖区内缓刑、假释、管制、剥夺政治权利和实行监外执行人员的管理教育工作进行检察，发现问题向执行机关提出纠正意见；四、结合检察业务，进行法制宣传，提出检察建议；五、开展调查研究，参加社会治安的综合治理；六、办理派出它的人民检察院交办的工作。"1993 年，最高人民检察院正式通过的《人民检察院乡（镇）检察室工作条例》对派驻乡镇检察室的职能定位进行了细微修正，但其基本职能依然没有改变，仅对"发生在本辖

---

① 费孝通：《乡土中国》，北京三联书店出版社 1985 年版。

② 朱苏力：《中国农村对法治的需求与司法制度的回应——从金桂兰法官切入》，载《法律社会学研究》2007 年第 2 期。

区内、属于检察机关直接受理的刑事案件进行立案前调查；对人民检察院批准立案的刑事案件进行侦查"进行了限定，即必须要经过检察长的批准，进一步限定了派驻乡镇检察室开展初查和侦查的程序要件，有利于派出院对派驻乡镇检察室行使侦查职能的控制和监督。

当时的检察理论界也对派驻乡镇检察室的职权范围提出了各种各样的设想和规划，一种观点认为，派出检察机构的主要职责有三：一是接受群众的控告、申诉和举报犯罪案件；二是协助该派出检察院办理各类案件；三是开展法制宣传，协助所在地方对违法犯罪人员进行帮助教育等。另一种观点认为，派出检察机构的职权有八项：（1）代表检察机关就地接受人民群众的申诉、控告，为民排忧解难；（2）调查了解违法犯罪情况，为检察机关提供案件线索，开辟案件来源；（3）初查案件和协助检察机关办理案件，检察助理员可以受检察长指派与检察员一起，出庭支持公诉，弥补检察机关办案力量的不足；（4）宣传检察机关的职能作用和受案范围，扩大检察机关的影响，树立检察机关在群众中的形象；（5）参加普法教育，开展法律咨询活动，加强基层法制建设；（6）在检察机关的指导下，组织对免诉人员、监外执行的四类人员和违法青少年的帮教，预防犯罪、减少犯罪；（7）在基层党组织的领导下，纠正基层干部的违法行为，保护人民群众合法权利；（8）协助检察机关落实检察建议和开展综合治理工作。①

综合检察实践与检察理论研究的观点来看，当时的派驻乡镇检察室的职能几乎涵盖了基层检察院除公诉以外的所有职能。作为基层人民检察院在农村的"窗口"和"阵地"，派驻乡镇检察室被赋予的职能很多，近乎一个"小检察院"。赋予一个部门的职能必须以其能够胜任、完成所赋予的职能为前提，否则，就容易落入面面俱到、顾此失彼的尴尬局面，增加了厘清派驻乡镇检察室与基层检察院其他内设机构的关系的难度，不利于构建清晰合理的基层检察机关内部关系；也不利于突出派驻乡镇检察室职能特色，淹没了其独特的职能定位。按照《人民检察院乡（镇）检察室工作条例》第5条规定："乡（镇）检察室配备检察员、助理检察员、书记员若干人，设主任一人，根据需要可设副主任一人，主任、副主任由检察员担任。"最高人民检察院的工作条例中没有明确规定派驻乡镇检察室可以配备多少人员，但基层检察院普遍编制不足，人少事多，在检察实践中派驻乡镇检察室往往配备 3—5 人。面对如此繁多的职能，让 3—5 名检察人员完成，显然超出了其能力范围；而且也对派驻乡镇

---

① 孙谦主编：《检察理论研究综述》（1978—1988），法律出版社 1990 年版，第166—167 页。

检察室的检察人员的能力和素质提出了很高的要求——必须精通检察机关承担的大部分职能，做到一岗多能。

2009年全国基层检察院建设工作会议提出，要着力抓好涉农检察工作，把法律监督的触角延伸到广大农村。海南省检察机关紧紧围绕"法律监督的触角"来定位派驻乡镇检察室的职能，也就是本章第二节中列举的九项主要职责任务。这九项主要职责任务与《人民检察院乡（镇）检察室工作条例》相比较，虽然在条款的数量、语言表述方式等方面存在一些差异，但是主要区别集中在能否对检察机关直接受理案件的侦查上。派驻乡镇检察室人手有限，如果要进行侦查，一方面是力不从心，受制于人手少、侦查能力不强等客观因素，且会分散检察室的工作重点，顾此失彼，甚至可能演变为单纯的办案机构，成为第二反贪局、反渎局；另一方面，由于检察室远离基层检察机关，安全防范条件和内部监督力度有限，容易引发办案安全问题，甚至成为检察机关工作人员违法违纪的节点。事实上，在20世纪八九十年代派驻乡镇检察室的实践中，借助办案，非法扣押涉案人员财产、限制人身自由、索要办案经费等违法违纪现象屡见不鲜，其中一个重要原因就是派驻乡镇检察室拥有侦查权的同时缺乏有效的监督。

因此，新形势下对派驻乡镇检察室的侦查权作出限制，既考虑到了派驻乡镇检察室工作力量不足的实际，又考虑到了办案安全防范和内部监督制约的不足，可以有效防止出现办案安全事故和损害检察机关形象，最终危及派驻乡镇检察室制度的生命力的现象。因此，海南省检察机关将派驻乡镇检察室的职能定位为"法律监督的触角"，即：广泛收集包括职务犯罪、民行案件、立案监督等在内的涉及检察职能、群众反映强烈的各类信息，经过派驻乡镇检察室工作人员整理、分类，向派出检察院报告或向地方党委、政府报告，只有经检察长批准才能对职务犯罪线索进行初查。这一定位有效地弥补了职能过多、侦查工作任务过重等不足。

（三）人员构成上的区别

20世纪八九十年代，由于当时没有出台《检察官法》，对担任检察官没有严格的准入条件和资质要求，导致各种人员充斥检察机关，派驻乡镇检察室也不例外。这也是日后最高人民检察院整顿各类检察室的一个重要原因，即要求清理没有检察官资格的人员。而新形势下海南省检察机关设置的派驻乡镇检察室都是由通过法定程序进入检察机关工作、拥有检察官资格的检察官组成，而且选派政治坚定、综合素质较高、会做群众工作的检察官到派驻乡镇检察室工作，每个检察室配备3—5名检察官，省编制办、地方编制办专门给派驻乡镇检察室编制，派驻乡镇检察室人员的配置、准入条件并没有因为其作为基层检察院的派出机构而有所降低，严格执行了《检察官法》的规定。

（四）经费保障上的区别

20 世纪八九十年代，检察机关由于经费紧张，原本意在加强与社会各界联系、拓展检察工作领域的各种检察室成了检察机关拓宽经费来源的重要途径之一，包括派驻乡镇检察室在内的各种检察室通过办理案件、拉赞助，维持检察机关运转，严重损害了检察机关的形象和执法公信力，也导致派驻检察室工作出现了波折。目前，我国各级政府财力大大增强。特别是 2008 年新一轮司法体制改革将加强政法经费保障作为其中的重要内容之一，将基层政法机关"分级负担、分级管理"的经费保障体制，改革为"明确责任、分类负担、收支脱钩、全额保障"的体制，中西部地区政法机关的办案（业务）经费和业务装备经费，由中央、省级和同级财政按照规定分别承担，经济较为发达的东部地区政法机关的办案（业务）经费和业务装备经费原则上由同级财政负担，中央财政予以奖励性补助。检察机关经费保障大为改善，在很多地方，经费紧缺已经成为历史，从根本上消除了依靠办案拉赞助增加经费的制度性根源。海南省检察机关在设置派驻乡镇检察室试点过程中，主动向党委、政府汇报派驻乡镇检察室的职能、定位和取得的工作成效，争取各级党委、政府的支持。全省 36 个派驻乡镇检察室办公办案装备全部配备到位，并按照全省统一的标准建设办公办案用房，经费保障列入市县财政预算，为派驻乡镇检察室工作顺利推进奠定了基础。

（五）内部管理监督上的区别

20 世纪八九十年代的派驻乡镇检察室内部管理较为混乱、缺乏规范。有的由具体业务部门负责管理，如反贪局、控申部门等；有的由政工部门或办公室等综合部门负责，没有一个统一规范的管理部门。在派驻乡镇检察室内部的管理上也存在许多不足，如在人员管理上，一些派驻乡镇检察室的工作人员除本单位的人员外，还聘请了乡镇政府、村委会等工作人员，即使是本单位的工作人员，也大多以兼职为主，大部分时间还是在派出院工作，而无法顾及派驻乡镇检察室的工作；在业务工作管理上，派驻乡镇检察室工作缺乏有效的制度规范，随意性大，且未列入考核范围，想管就管、不想管也没什么大问题。管理上的缺位，使派驻乡镇检察室不能走上科学化、专业化、规范化的发展轨道，严重制约了其健康有序发展。新形势下海南省检察机关在设置派驻乡镇检察室过程中，高度重视加强规范管理和强化内部监督制约，建立了法律监督调查、查办和预防涉农职务犯罪、化解矛盾纠纷、立案监督、诉讼监督、配合协调、监督考核等内外部工作机制，通过制度来实现对人、对事、对物、对案的有效管理，确保派驻乡镇检察室的各项工作依法规范运行。

第三节　理性认识派驻乡镇检察室

客观、理性地认识派驻乡镇检察室是正确对待和充分发挥这项制度的作用与价值的前提和基础。本节从派驻乡镇检察室理论研究的视角，通过对检察机关恢复重建30多年以来有关派驻乡镇检察室的研究成果的整理和归纳，梳理出30多年来检察系统对派驻乡镇检察室研究的概况及其特征，并将其与人民法庭理论研究工作进行对比，从中发现派驻乡镇检察室研究中存在的问题，并针对这些问题提出加强和改进该项工作的意见和建议。①

一、派驻乡镇检察室研究概况及其特征——兼与人民法庭研究的对比分析

派驻乡镇检察室和人民法庭虽然同为人民检察院和人民法院的派驻机构和组成部分，但是两者在实践中的境遇各异，截至2004年，我国共有人民法庭10345个，法庭干警41109人。最高人民法院为加强人民法庭的建设相继出台了《关于人民法庭若干问题的规定》、《人民法院法庭建设标准》、《关于全面加强人民法庭工作的决定》等规范性文件。据统计，我国人民法庭每年受理案件大约150万件，② 且95%的人民法庭设在农村，人民法庭已经成为服务农村改革发展，促进农村和谐稳定的重要机构。③派驻乡镇检察室和人民法庭在实践中的差异，也体现在理论研究上。

（一）研究现状

通过查阅图书馆资料和运用网上搜索查询工具进行派驻乡镇检察室相关资料的查找，具体方法为：一是到图书馆查阅相关的书籍资料，目前没有专门研

---

① 黄卫国：《检察理论研究视域下的派驻乡镇检察室》，载《中国检察官》2010年第3期。

② 参见《关于进一步做好2008年人民法庭工作的通知》。

③ 参见《关于进一步做好2009年人民法庭工作的通知》。

究派驻乡镇检察室的专著；二是在中国期刊网上查找。先后以题名"乡镇检察室"、关键词"乡镇检察室"和摘要"乡镇检察室"查询 1979 年至 2008 年的相关文献，仅查询到与其内容相关的文章 12 篇，且全为期刊论文。用同样的方法检索有关人民法庭的资料，可以发现有关人民法庭的专著较多，仅 2009 年，就出版了 3 本专著，①分别以"人民法庭"作为"题名"、"关键词"和"摘要"查询，可以找到 278 篇论文，其中包括 1 篇硕士论文和 1 篇博士论文。② 由于许多高校的硕士、博士论文和期刊没有加入中国期刊网，许多关于人民法庭的研究并没有收入其中，可见人民法庭研究的数量之多。③

（二）研究的作者构成和刊物分布

以著作上刊登的作者简介、杂志上的标明单位和报纸上的署名为依据来划分作者的身份归属，对派驻乡镇检察室的研究无一例外是检察机关的人员，而研究人民法庭的人员相对丰富多样，从机构性质而言，主要是高校学者、人民法院、人民检察院等，研究人员有学者、法官、检察官等。

在刊物分布上，派驻乡镇检察室的研究主要集中在检察机关自己主办的刊物上，如《人民检察》、《检察实践》、《中国刑事法杂志》等，仅有少数发表在检察机关以外的刊物上，如《法学》；人民法庭的研究则分布广泛，既有人民法院主办的刊物，也有其他单位主办的知名学术刊物，如《法学家》、《政治与法律》、《现代法学》、《法制与社会发展》、《金陵法律评论》、《西南政法大学学报》等。

（三）研究的涉及领域及其研究方法

根据各篇文章反映或所涉及的内容对其予以分类归纳，统计出派驻乡镇检察室研究所涉及的范围，主要包括两个方面：一是派驻乡镇检察室工作经验性材料和总结，包括派驻乡镇检察室的做法、取得的成效等；二是对派驻乡镇检

---

① 高其才主编的中国司法研究书系中的《乡土司法：社会变迁中的杨村人民法庭实证分析》、《基层司法：社会转型时期的三十二个先进人民法庭实证研究》、《政治司法：1949—1961 年的华县人民法院》。

② 参见四川大学法学院的《我国人民法庭制度研究》和华中科技大学社会学博士论文《乡村法治的政法逻辑》，中国知网。

③ 赵晓力：《通过法律的治理：农村基层法院研究》，北京大学法学院 1999 年博士研究生学位论文；丁卫：《秦镇人民法庭调查》，载《洪范评论》第 8 辑；丁卫：《基层司法的困境及其变革——以秦镇人民法庭的"特邀协调员"制度为例》，载徐昕主编：《司法》第 2 辑，等等。

察室工作所涉及具体问题的研究，如派驻乡镇检察室的职责范围、法律地位、队伍建设及与人民法庭的关系等。从这些研究上看，很少有人对派驻乡镇检察室的意义和价值进行进一步总结和提升，大多停留在具体建设层面上，唯一的《派驻乡镇检察室——中国特色社会主义检察制度》，也是仅仅提出了派驻乡镇检察室作为中国特色社会主义检察制度的重要组成部分这样的一个概念和命题，尚未进一步对其进行充分的论证，如为何派驻乡镇检察室应该是中国特色社会主义检察制度的重要组成部分，其在整个中国特色社会主义检察制度中处于何种重要地位等。可见，派驻乡镇检察室研究涉及的领域非常狭窄，没有充分展现派驻乡镇检察室应有的意义和价值。

而人民法庭研究的领域远远超越了法学研究本身，融入了政治学研究、社会学研究等不同学科，运用了实证研究、法律社会学研究、个案研究等研究方法，其成果不乏体现人民法庭在基层社会治理、巩固党的基层政权等方面的重大意义。

（四）研究所涉及的态度

派驻乡镇检察室研究所涉及的态度都是充分肯定其重要性和价值的。从现有的、公开出版的学术刊物和检察学研究著作中，仅在王桂五先生的著作中提到了少数同志对派驻乡镇检察室抱有不同意见，但是难以得知反对的理由。

相对于这种情况而言，虽然人民法庭研究也是大部分持赞成态度，但不乏持不同意见者。有学者认为，随着社会经济的发展，人们的物质生活水平有了较大改善，我国的交通和通讯状况已发生了根本变化，原来为方便群众诉讼而设立人民法庭的依据已不复存在，因此，除个别少数民族地区及边远地区远离县城的乡镇外，绝大多数乡镇的人民法庭应当撤销，以维护司法的独立和尊严，利于司法公正。相反，设立过多的机构并不见得是好事，弄不好不仅不能便民，反而会扰民，故以撤销为好。直至全国人民法庭佛山会议提出关于"全面加强人民法庭工作，为构建社会主义和谐社会提供有力的司法保障"总体思路，人民法庭存废之争才尘埃落定，为理直气壮地加强人民法庭建设画上了一个圆满的句号。[①]

综上，如何对待派驻乡镇检察室不仅仅关涉到检察理论研究本身，更重要的是关涉到如何认识中国特色社会主义检察制度的特色问题——中国特色社会主义检察制度的特色是由一项项具体制度构架而成的，没有这些制度则无法构

---

① 有关对人民法庭的不同观点，可参见邵俊武：《人民法庭存废之争》，载《现代法学》2001 年第 5 期。

建中国特色社会主义检察制度体系，这关系到中国特色社会主义检察制度的健全和完善，关系到中国特色社会主义检察制度的发展和未来走向。因此，在新的历史条件下开展检力下沉、重心下移，设置派驻乡镇检察室试点工作，必须要在理论、实践和立法层面上共同推进。

二、在检察理论研究上认真对待派驻乡镇检察室

理论是行动的先导。检察理论研究是科学决策的基础，是检察事业创新发展的前提。认真对待派驻乡镇检察室，首先要在理论上拓展对派驻乡镇检察室的研究。

（一）研究的基本路径

检察理论研究必须坚持以中国特色社会主义理论体系为指导，坚持政治性、人民性和法律性的有机统一。具体到派驻乡镇检察室的研究上，要在中国特色社会主义检察制度的指引下，从中国特色社会主义检察制度的特色入手认识和把握派驻乡镇检察室的价值和意义，并要着重解决目前困扰派驻乡镇检察室建设的一些重点问题，如在新形势下设置派驻乡镇检察室的重要性、必要性和可行性；与20世纪八九十年代乡镇检察室的区别；派驻乡镇检察室的职能定位；派驻乡镇检察室的管理和运行机制，等等，增强检察理论服务检察实践的针对性。

（二）研究的方法

运用多种研究方法，从不同侧面揭示派驻乡镇检察室的意义和价值。一是运用实证的方法。要了解中国社会的司法状况特别是派驻乡镇检察室建设发展的状况，仅仅局限于法律条文远远不够，不能仅仅停留于制度、规范的静态研究阶段，必须掌握第一手资料，进一步对其在社会生活中的存在形式与状况，即事实问题、实效性问题作动态的考察、实证的分析。规范的价值判断应该以实证分析为基础，实证为理论创新和制度变革提供契机，通过实证研究解释农村检察工作制度和派驻乡镇检察室制度、认识中国特色社会主义农村检察制度发展中的问题，从而推进当代中国的司法改革和完善。二是社会学研究的方法。一个国家的检察制度受制于其政治体制、社会环境和经济发展水平等多种因素，是社会的产物。认识和把握中国检察制度当然不可能离开中国社会。研究和认识派驻乡镇检察室也是如此，离开了对20世纪90年代我国农村经济社会发展变化的了解，就无法把握其在巩固农村政权、维护农村社会稳定、加强

和巩固党在农村的执政地位和基础等方面的重要作用。三是个案研究方法。即通过对派驻乡镇检察室处理个案的剖析，从中发现和总结派驻乡镇检察室发挥职能作用的方式和方法以及在实际的司法运行中的作用等。

（三）研究的队伍

检察理论研究的队伍主要由检察系统和法律学者构成，其知识结构以法学为主，这虽然非常有利于检察机关的专业化建设，但也限制了对一项制度认识的视域，即仅仅停留在法律层面看待其价值和意义。就对派驻乡镇检察室的态度而言，在海南省检察机关开展基层检察工作重心下移、检力下沉，设置派驻乡镇检察室试点工作中所进行的一系列调研中，明显可以感觉到党政系统的同志对基层检察院设置派驻乡镇检察室更为支持，因为他们更多的是从加强基层政权建设、巩固党的执政地位这一角度来认识和看待派驻乡镇检察室的价值和意义的。这说明了不同的知识构成对派驻乡镇检察室研究的重要性。最高人民检察院在检察理论研究队伍建设方面提出，要加强与高等院校、科研机构的交流合作，提倡检察机关与院校共同研究，将更多的法学专家引入检察学研究领域。派驻乡镇检察室的研究也应该如此，应该鼓励具有不同知识构成的研究者来研究派驻乡镇检察室，海南省检察机关在推进派驻乡镇检察室发展建设的过程中，不仅重视从推进司法改革、实现检察工作创新发展的角度来审视和研究派驻乡镇检察室，而且也重视从巩固和加强党的基层政权建设角度来认识当前设置派驻乡镇检察室的重大意义，联合中央党校等单位的党建理论专家成立课题组，专门研究派驻乡镇检察室对于党的基层政权建设的重大意义。派驻乡镇检察室作为新形势下适应我国农村经济社会发展变化需要的一项改革措施，只有放宽研究的眼界和视域，从党的政权建设、经济社会发展演变等不同角度来研究，才能发现其独特而重要的价值。

三、在检察实践上认真对待派驻乡镇检察室

科学理论具有巨大的威力，但它是以实践为基础的，它的威力只有在实践中才能发挥出来，离开实践，任何理论都显得苍白无力。一是准确把握当前经济社会发展的大背景。制度的正当性和合理性离不开所在的社会环境，不能脱离社会环境来讨论制度的正当性和合理性。要认识和把握派驻乡镇检察室制度在新形势下的重要意义和价值，必须准确把握当前我国经济社会发展的变化和特点。改革开放30多年来，我国经济社会全面发展，农村发生了翻天覆地的变化，如果仍然用老眼光、旧观点看待我国农村问题，停留在计划经济时代的

农村的治理方式和对农村社会矛盾的判断，肯定无法全面认识派驻乡镇检察室对于当前农村社会稳定和谐的重要功能，也无法看到在新形势下开展重心下移、检力下沉，设置派驻乡镇检察室的时代价值和意义。二是大力推动派驻乡镇检察室的实践探索工作。试点是总结经验、避免制度正式推行时走弯路的重要方法。对新形势下是否设立派驻乡镇检察室、其作用如何、怎样发挥其作用等重大问题都可以通过先行试点来解决。通过试点，检察机关可以对派驻乡镇检察室的设置、职能定位、管理和运行方式、检务保障等方面积极探索，解决思想认识、工作规范、编制经费、自身建设等方面存在的突出问题，在实践中形成一套较为完善的制度规范体系，为全面推动派驻乡镇检察室工作提供经验和示范。

第四节　新时期设置派驻乡镇检察室的必要性、可行性和重大意义

一、新形势下建立派驻乡镇检察室的必要性

进入新世纪，派驻乡镇检察室逐渐淡出检察实践，但这并不意味着我国广大农村对司法需求的降低，也不表明农村无须检察机关的法律监督。相反，农民群众对涉检问题的反映更加强烈，设置派驻乡镇检察室愈发凸显其现实的必要性和重要意义。在新形势下建立派驻乡镇检察室的必要性表现在以下几个方面：

一是满足农民群众新要求新期待的需要。人民群众的需要是检察机关开展工作的动力所在，也是检验各项工作是否合理、必要和可行的最重要标准。海南省检察机关在决定探索设立派驻乡镇检察室试点之前的调研过程中，发现当前农民群众的新要求新期待主要体现出"六盼"。一盼社会治安好，生活有安全感。许多群众反映，应加大对涉及人身财产安全和影响群众切身利益犯罪的打击力度，进一步为新农村建设和人民生活提供良好的社会治安环境，增强群众的安全感。在调研组发放的调查问卷中，"受访者最关注的社会问题、民生问题"一栏，选择"社会治安"的有1438人，占受访总人数的72%。二盼加大惩治腐败力度，特别是对涉及民生领域的腐败犯罪的打击力度。人民群众对惩治贪污腐败问题的关注仅次于社会治安问题，在调研组发放的调查问卷中，"受访者最关注的社会问题、民生问题"一栏，选择"贪污腐败"的有1280人，占受访总人数的64.1%。三盼送法下乡。基层农民群众期盼加大法制宣

传工作力度，采取农民群众喜闻乐见的形式，宣传国家的方针、政策和法律知识，使广大农民群众知法懂法，用法律维护自身合法权益。四盼能够维护农民合法权益。首先，进一步加大打击和预防医药购销领域商业贿赂犯罪的力度，铲除医疗卫生系统中滋生"吃回扣"、"拿红包"等腐败现象的土壤，缓解老百姓看病难、看病贵的问题；其次，进一步加大查办坑农、害农案件的力度，如制售假农药、假种子、假化肥等假农资犯罪；最后，进一步加大对破坏生产经营犯罪的打击力度，依法维护农村的正常生产秩序。五盼能够保障和实现司法公正。农民群众反映，基层公安机关该立案不立案、不该立案乱立案、违法扣押款物、随意传唤当事人、执法办案的效率不高等现象大量存在，检察机关应该对这些违法情况强化监督。六盼方便群众举报、控告、申诉。目前，我国最低层级的检察机关设置在县城。由于受农村交通、自然条件、经济状况等因素制约，一些乡镇农村离所在市县检察院距离较远，农民群众向检察机关举报反映问题比较困难，缺乏方便、快捷的举报、控告、申诉渠道，制约了农民群众的举报、控告、申诉热情。检察机关要满足农民群众的上述需求和期待，就必须进一步加强对农村问题的关注，不断建立健全农村检察制度的设置，为农民群众提供更好的法律监督服务，而设置派驻乡镇检察室是达到这一目标的必要途径之一。派驻乡镇检察室贴近群众，能够及时了解和把握农民群众的需求和期待，也一定能够通过发挥其法律监督的职能作用，满足农民群众的需求和期待。

二是党中央农村政策的需要。党的十七届三中全会通过的《中共中央关于推进农村改革发展若干重大问题的决定》指出："强化涉农执法监督和司法保护，推进农村依法治理。"党的十八大提出，要加强党内监督、民主监督、法律监督、舆论监督，让人民监督权力，让权力在阳光下运行。目前，我国检察机关只设置在县市及其以上的城市，乡镇一级没有检察机关或其机构，而涉农执法大部分发生在农村，与农民直接相关，因此，在乡镇缺乏检察机关或其机构的背景下，难以对涉农执法活动进行及时有效监督，也难以对农民群众反映的执法不严、不公现象作出及时反馈和回应。派驻乡镇检察室的设置可以有效改变这一状况，为检察机关在农村建立"触角"和"阵地"，能够更好地依法严查各类涉农案件，强化涉农法律监督和司法保护，推进农村惩治和预防腐败体系建设，做好农村涉检信访工作，维护农村社会和谐稳定，为农村改革发展提供有力的司法保障，实现曹建明检察长在陕西调研时提出的"基层检察院要将工作重心进一步下移，确保问题解决在基层，矛盾化解在萌芽状态"。

三是健全完善农村基层政法组织的需要。目前，我国乡镇基层政权中，已经普遍设立了人民法庭、司法所、基层派出所等司法机构，部分乡镇工商、税务、土地等行政执法派出机构也一应俱全，各种司法、行政权力已经延伸到了农村基层，唯独只有派驻乡镇检察室的建设依然停滞不前。检察机关在乡镇基层信息不通、耳目不聪，"两所一庭"的司法活动以及行政派出机构的行政执法活动，难以纳入法律监督的视野，一定程度上造成少数法制观念淡薄的乡镇基层干部无视群众利益，侵害群众利益的行为时有发生。胡锦涛在同全国政法工作会议代表和全国大法官、大检察官座谈时，指出："切实加强基层基础工作，健全基层党组织领导的充满活力的基层群众自治机制，完善基层服务网络，加强基层司法机构建设，提高基层政法部门履行职责能力，切实把维护人民权益的职能落实到基层。"派驻乡镇检察室的设置，填补了乡镇政权组织原来所缺的检察机关这一块，使原来的"两所一庭"变成了"两所一庭一室"，从机制上完善了乡镇一级的司法体系。派驻乡镇检察室与派出所、人民法庭和司法所一起组成了较为完整的基层司法工作机制，各部门各司其职、相互配合、相互制约，共同维护农民合法权益、促进农村社会和谐稳定。

四是改变检察机关对农村问题治理方式，加强法律监督能力建设的需要。以海南省检察机关为例，海南省检察机关在全面推进派驻乡镇检察室建设之前，面对农村存在的问题，各基层检察院也是积极应对，并采取了有效措施，如针对农村土地征用过程中腐败问题严重的现象，组织对涉及土地的职务犯罪进行严肃查处；针对农村涉检上访较多的情况，也是尽其所能进行接待和处理，争取件件有着落、有结果。然而，这些措施仍然存在以下不足：首先是基层检察院缺乏系统性应对农村问题，呈现零散特点。虽然海南省基层检察院在农村检察工作中采取了许多行之有效的措施，但是这些应对之策主动性、针对性、系统性不强，而是零散的应急之策、就事说事，没有系统地研究、思考农村问题产生的根源和如何减少农村类似犯罪等深层次问题，导致基层检察机关对当前农村问题缺乏系统的认识和把握。其次是基层检察院消极、被动应对农村问题。法律监督权是一项带有部分主动性和积极性的国家权力。法律监督权的这一特点使其区别于审判权。因此，检察机关应该积极主动地行使法律监督权，对农村干部职务犯罪、破坏农村选举等行为进行主动监督。这样才能将问题化解在萌芽状态，消除社会的不稳定、不和谐因素。然而，少数基层检察机关在面对农村问题时，缺乏主动性，没有对农村职务犯罪进行主动监督和预防，通常是在农村问题积聚、社会矛盾激化后才采取相应措施，如农民常年上访或向检察机关多次举报后，检察机关才予以重视和查处某类职务犯罪。最后是基层检察院以"运动式治理"方式应对农村问题。突出表现在，某个特定的时期，基层检察机关积极响应上级检察机关或党委、政法委的号召，开展某项农村犯罪专项治理活动，加大对农村某类犯罪进行打击和治理的力度。虽然专项治理活动能够很好地惩治某类犯罪，取得良好的法律效果和社会效果，但也正如前文所述，专项治理活动仍然存在一些不足：第一，临时性。专项治理活动一般时间不会太长，治理活动结束，基层检察机关的工作重心立即转移，不利于检察机关对农村问题的长期应对。第二，局限性。"头痛医头，脚痛医脚"，治理活动往往是针对某类突出问题开展的，不利于从制度设置上彻底铲除农村社会不稳定、不和谐的根源。因此，检察机关有必要扭转这种"运动式治理"方式，建立检察工作深入农村的制度性治理机制。而派驻乡镇检察室的设置为检察机关应对农村问题提供了固定的制度性机构，将检察机关应对农村问题由缺乏系统性地、零散地应对转变为有意识、集中地应对；由消极、被动应对转变为积极、主动应对；由运动式治理转变为制度性治理，促使基层检察机关真正扎根农村，有助于提高检察机关知民情、听民意、顺民心的能力，使法律监督获得了力量之源，成为加强基层检察机关法律监督能力建设的重要途径之一。

五是建设社会主义新农村、维护农村改革发展稳定大局的需要。当前，影响社会主义新农村建设和农村改革发展大局的因素依然很多，在涉检方面主要表现在以下几个方面：首先是刑事犯罪和农村社会治安问题突出。以海南省为例，在推进派驻乡镇检察室建设之前的三年，即2006年至2008年，发生在农村的刑事案件分别占当年发案总数的36.2%、36.2%和35.6%。2008年1月至10月，海南省检察机关共批准逮捕发生在农村地区的刑事案件1358件2150人，占批捕刑事案件总数的35.3%和37.7%。2008年1月至9月，海南省公安机关共查处违反治安管理处罚条例的案件13605起，其中发生在农村地区的7975起，占58.6%。其次是农村基层干部贪污受贿、挪用公款等职务犯罪问题突出。2006年至2008年10月，海南省检察机关共受理群众举报农村基层干部贪污、受贿、挪用公款、渎职侵权等职务犯罪线索329人，立案查办农村基层组织人员职务犯罪案件67件86人，占全省查办职务犯罪总人数的12.5%。再次是土地纠纷引发的刑事和信访事件成为影响海南农村社会稳定的突出问题。自2001年至2008年上半年，海南省由土地引发的群体性事件有160起，占全部群体性事件的35.9%。据海南省信访部门统计，2006年至2008年10月，共受理农民信访8119人（次），其中因土地管理引起的信访有4588人（次）、因土地征用引发的信访有2119人（次），分别占农民信访总数的56.5%和26.1%。最后是一些政法机关对涉农犯罪打击不力、执法不严甚至执法犯法，农民的合法权益得不到有效保障。2006年至2008年9月，海南省检察机关共查办基层政法干警职务犯罪案件17件18人，立案人数占同期立案查办政法干警总数的25%。执法机关有案不立、有罪不究、以罚代刑等问题仍相当突出。这些问题严重影响了农村社会和谐稳定，破坏了农村经济社会又好又快发展的大局，阻碍了社会主义新农村建设的进程。派驻乡镇检察室的设立为检察机关惩治和预防农村职务犯罪、打击农村刑事犯罪、处理农民群众涉检上访等问题，提供了直接面对农民群众的机构，是更好地履行服务社会主义新农村建设，维护农村发展稳定的必要方式和手段。

六是促进农村治理方式转型，实现依法治理的需要。目前，我国农村已经建立"乡政村治"的治理模式，但是由于农村基层民主政治和法治的不完善，使得"乡政村治"这一治理模式难以充分发挥其应有的功能和价值。党和政府要加大对农村的治理力度，实现农村的长治久安，如果依然高度依赖行政命令对农村进行治理，就偏离了村民自治制度设置的初衷，与人民民主不断扩大的现状和趋势不相符合。因此，要完善农村基层民主政治，使"乡政村治"发挥应有作用，必须加强农村法治建设，通过社会主义法治的完善，来促进农村基层民主的健全和完善。而要实现这一目的，首要的是要加强对农村公权力的监督制约，确保公权力依法行使、规范运行。检察机关通过在农村设置派驻乡镇检察室，延伸法律监督的触角，就是为了更好地监督和制约农村的公权力，进一步促进农村治理方式由行政命令型向民主法治型转型，实现依法治理。

二、新形势下建立派驻乡镇检察室的可行性

在新形势下，推进派驻乡镇检察室建设具有可行性，主要有以下几点：

（一）建立派驻乡镇检察室的宪政基础

我国公安机关、人民法院和人民检察院的设置和布局从中央、省、地市和县四级都是对应设置，形成了公检法三家分工负责、互相配合、互相制约的组织格局和工作运行模式。然而，在乡镇一级，检察机关的设置并没有对应派出所、人民法庭和司法所的设立而设置，检察机关在农村缺乏固定的机构，法律监督在乡镇一级存在空白。派驻乡镇检察室的设置将填补这一空缺，完善我国宪政体制中规定的公安机关、人民法院和人民检察院分工负责、互相配合、互相制约的要求。

（二）建立派驻乡镇检察室的法律基础

《人民检察院组织法》第 2 条第 3 款规定："省一级人民检察院和县一级人民检察院，根据工作需要，提请本级人民代表大会常务委员会批准，可以在工

矿区、农垦区、林区等区域设置人民检察院，作为派出机构。"这条规定常常被拿来作为检察机关在农村设置派出机构的根据。其实，这是对检察机关设置派出检察院的授权性规定，不是派出其他检察工作机构的依据。对此，我们要有清楚的界定和认识，不要混淆派出检察院与派出检察室的区别。对派出检察室的规定，仅有最高人民检察院1993年颁布的《人民检察院乡（镇）检察室工作条例》，虽然该条例至今仍然有效，但是今天设置的派驻乡镇检察室与其规定的派驻乡镇检察室除了共用同一名称之外，没有其他共同点了。因此，这个《人民检察院乡（镇）检察室工作条例》也不能算作今天检察机关设置派驻乡镇检察室的直接依据。

（三）建立派驻乡镇检察室的现实基础

当前，检察机关的经费保障、规范化建设以及依法行使法律监督权、践行社会主义法治理念的能力和水平有大幅提升，导致派驻乡镇检察室职权混乱、各色人员充斥、拉赞助等制约因素已不复存在。检察机关经费保障水平的大幅提升，使检察机关具备了设立派驻乡镇检察室的物质条件，派驻乡镇检察室作为基层检察院的派出机构，在人事、财政等方面与乡镇相互独立，不存在增加乡镇和农民负担问题；《检察官法》实施后，为检察人员设置了门槛，队伍专业化水平不断增强，派驻乡镇检察室的检察人员必须要符合《检察官法》的要求；经过近年来的不懈努力，检察机关的规范化建设成效显著，依法办案、规范办案的意识和水平不断提高。因此，在现阶段，只要能够进一步明确派驻乡镇检察室的职权范围，规范运作，派驻乡镇检察室应该能够很好地行使法律监督权。

（四）建立派驻乡镇检察室的实践基础

虽然派驻乡镇检察室制度遭遇了许多波折，但是，所有按照法律和最高人民检察院要求认真设置派驻乡镇检察室的基层检察院的实践证明，派驻乡镇检察室的设置，在维护社会稳定、惩治职务犯罪、开展诉讼监督、服务当地经济社会发展和锻炼年轻干部、培养检察人才等方面都取得了丰富且积极的经验。例如，海南省检察机关在推进派驻乡镇检察室建设工作中，澄迈、琼海、屯昌等县市检察机关设置的派驻乡镇检察室在开展法制宣传，方便群众举报、控告、申诉，化解社会矛盾，对辖区内的执法机关的执法活动进行监督，查办和预防职务犯罪等方面逐步发挥作用，受到当地党委、政府和农民群众的欢迎和肯定。海南省检察机关派驻乡镇检察室的实践证明，在新的历史条件下，重新认识和推进派驻乡镇检察室建设具有充分的可行性。

三、新形势下建立派驻乡镇检察室的重大意义

在新形势下设置派驻乡镇检察室的意义是多方面的，主要体现在：

第一，对党和国家而言，通过设置派驻乡镇检察室，能够进一步强化党和国家对农村的领导，强化党和国家路线、方针、政策在农村的推行，夯实党的执政基础。胡锦涛同志多次强调指出：基础稳，则全国安。随着我国政治、经济体制改革的不断深化，我国目前正处于人均国民收入由 1000 美元向 3000 美元跨越的关键时期，在这一时期，因全方位改革导致利益格局调整引发的深层次矛盾增多，"既是发展的黄金期，也是矛盾的凸显期"。特别是与群众利益相关的土地征用、征地拆迁、移民补偿、抢险救灾、医疗卫生等领域问题频发，这些问题涉及广大农民群众的民生，是农民群众最直接、最关心、最现实的问题，如果这些矛盾得不到及时有效的处理和化解，往往会演变成上访、群体性事件，严重影响党和国家方针政策在农村的贯彻落实，甚至可能动摇党的执政基础。通过加强农村检察制度建设，强化农村法律监督工作，保护农民合法权益，维护农村社会稳定和谐，有利于党和国家路线、方针和政策落实到广大农村，进一步加强党对农村工作的领导，巩固基层政权，是科学执政、民主执政、依法执政的具体实践。

第二，对检察机关自身而言，设置派驻乡镇检察室是促进中国特色社会主义农村检察制度健全完善的重要途径。在设置派驻乡镇检察室之前我国最基层的检察机关是县级检察机关，法律监督权仅仅停留在县城。派驻乡镇检察室的设置将彻底改变检察机关对农村问题的治理主要依靠各式各样的专项治理活动这种"运动式"治理方式的局面，建立对农村问题的制度性治理机制，实现对农村涉检问题持久性、稳定性的关注，能够发挥将矛盾化解在基层、化解在萌芽状态的功能；能够发挥对乡镇一级国家权力行使的监督职能，使合法权利受到侵害的农民群众得到最及时的救济；能够更好地为广大农村和农民提供快捷、方便的法律服务。派驻乡镇检察室一方面与公安派出所、人民法庭相互配合、制约，形成了共同维护农村社会稳定的司法防线；另一方面强化了对基层执法、司法活动的法律监督，促进公正执法、司法，让农民群众感受到公平正义，衷心地拥护党和政府，有利于健全完善中国特色农村司法制度，促进农村和谐稳定。

第三，对广大农村和农民而言，派驻乡镇检察室的设立，能够更好地为其提供法律服务，帮助了解党和国家的政策、法律，增强对检察机关和法律的认识，提高维护自身权利的水平和能力。派驻乡镇检察室具有贴近基层、贴近农

村、贴近群众的优势，为农民群众提供了"零距离、低成本"的诉求渠道和直接"面对面"的场所，能够及时有效地化解农民群众的不满情绪或误解，排除可能由此直接引爆群体性突发事件的"导火线"，有利于依法妥善处理农村矛盾纠纷，预防群体性事件。同时，派驻乡镇检察室通过及时妥善处理涉农信访案件，严肃查办职务犯罪，特别是有效地治理村组织干部监督缺失、直接侵害农民群众利益的乱作为等现象，能够使村组织干部受到深刻的警示教育，认识到不代表广大人民群众的根本利益、不正确行使受委托的公权力，也会受到法律惩处，增强他们自觉接受监督的意识，有利于保证国家支农惠农政策落到实处，维护农民群众合法权益。

虽然新形势下的派驻乡镇检察室具有新的特征和历史使命，但在推进派驻乡镇检察室建设过程中，还存在一些不同的声音，这有利于我们更加客观和理性地看待新形势下的派驻乡镇检察室，也会在实践中更加谨慎地推进这项工作。

首先，派驻乡镇检察室是否会陷入无事可做的境地。一些人提出，一些基层检察院的工作压力并不大，存在人浮于事的现象，如果再设立派驻乡镇检察室，派驻乡镇检察室是否会无事可干？在设立和推进派驻乡镇检察室建设的过程中，这种担忧和质疑是十分必要的。设立派驻乡镇检察室本身并不是目的，其目的是要解决农民群众最关心、最直接、最现实的问题，是为了满足农民群众对检察工作的新期望、新要求，切实维护农民群众的合法权益。少数基层检察院存在工作压力不大、人浮于事的现象并不等于基层检察院已经充分履行了法律监督职权，满足了人民群众对法律监督工作的需求。事实上，提出这些质疑的人士仅仅看到了问题的表面，没有深入问题的实质进行探究：这些基层检察院之所以工作压力不大、人浮于事，正是因为部分人没有认真深入群众、深入农村了解基层现状，了解群众的司法需求，听取广大农民群众的声音，从群众中获得开展检察工作的线索，也没有认真研究和思考新形势下检察机关如何全心全意为农民群众服务，所以觉得法律监督工作无从下手。派驻乡镇检察室的设置，建立健全了沟通检察机关与农村的桥梁，拓宽了法律监督的渠道，可以直接听取农民群众的呼声和要求，这就找准了基层检察工作的切入点，真正深入其中就会发现，派驻乡镇检察室不是也不会无事可为，而是大有作为。海南省检察机关的探索实践已经充分证明了这一点。

其次，派驻乡镇检察室是否会重蹈覆辙。这是推进派驻乡镇检察院建设过程中必须认真对待的问题之一。正如上文指出的那样，派驻乡镇检察室设置过程中出现的波折，并不是因为派驻乡镇检察室制度本身存在问题，而是因为没有行使好。当时，派驻乡镇检察室自身的职能定位、管理方式、运行模式和经费保障等制度不完善，加之当时整个社会法治水平较低，以致出现派驻乡镇检察室超越职能从事其他党政工作、各种不具有检察官资格的人员充斥其中、甚至出现违法办案为检察机关谋取经费等情形，极大地损害了这项制度本身蕴含的价值和意义，也损害了检察机关的形象。当前，我们国家通过多年来大力加强法治建设，中国特色社会主义法律体系已经形成，《检察官法》、《人民检察院组织法》、《刑事诉讼法》等法律相继出台或修改完善，人民检察院在执法办案、队伍管理等方面的法律依据更加完备，检察官队伍的专业化水平不断提高，掌握和运用社会主义法治理念指导实践的能力不断增强，执法办案的实体意识和程序意识牢固树立，执法规范化程度不断提高；检察机关的经费保障比过去更加有力，中央财政转移支付逐年增加，虽然一些检察机关也面临经费紧张的问题，但是已经不再需要通过办案拉赞助来维持机关运转了。因此，20世纪八九十年代派驻乡镇检察室曾经遇到过的人员构成复杂、管理制度缺失、到处拉取赞助等现象，现在已经丧失了诱发这些问题的制度性根源。因此，只要准确定位派驻乡镇检察室的职能，配强配齐人员，科学管理，规范运行，新形势下的派驻乡镇检察室将具有旺盛的生命力，焕发出本应具有的生机和活力。

第八章　海南省检察机关派驻
乡镇检察室的实践探索

如前所述，2008 年 4 月，海南省检察院在开展服务海南经济社会发展大局调研过程中，了解到广大农村和农民群众对检察工作存在强烈需求，而检察机关在农村没有与公安派出所、人民法庭、司法所同级的基层组织机构，缺乏"触角"，不能及时掌握广大农民群众的涉检司法需求。为了弥补这一不足，更好地服务保障社会主义新农村建设，海南省检察院提出了"基层检察工作重心下移、检力下沉，把法律监督的触角延伸到广大农村"的工作思路，决定在距离城区较远、人口集中、治安问题突出、信访总量较大或开发项目较多的乡镇设置派驻检察室，共设置派驻乡镇检察室 36 个，以点带面、辐射周边，有效延伸了法律监督触角，实现了法律监督对全省广大农村的全覆盖，在畅通群众诉求渠道、化解基层社会矛盾、加强基层政权建设、推动农村党风廉政建设、参与基层社会管理创新、维护群众合法权益、促进农村和谐稳定、推动基层民主法治建设等方面发挥了积极作用，取得了显著成效。这是一次健全完善中国特色社会主义农村检察制度的有益尝试和探索，得到了最高人民检察院、海南省各级党委政府及广大农民群众的充分肯定。

第一节　主要做法

一、派驻乡镇检察室的指导性原则

海南省检察机关举全系统之力推进派驻乡镇检察室建设，经过多次调研，反复论证，试点探索，结合省情和检察工作实际，确立了派驻乡镇检察室的功能定位、设置原则、组织体系、运行模式、内外部工作机制、检务保障等一系列事关检察室规范有序运行的指导性原则，为派驻乡镇检察室工作顺利推进提供了强有力的制度支撑。

（一）工作宗旨

派驻乡镇检察室的工作宗旨是"执法为民，服务三农"，这是"立检为公，执法为民"的检察工作宗旨在涉农检察工作中的具体与细化，也是检察机关贯彻落实党中央建设社会主义新农村方针政策、突出检察工作人民性的具体体现。践行这一宗旨，要求派驻乡镇检察室及其干警要坚持以"忠诚、为民、公正、廉洁"的政法干警核心价值观为引导，牢固树立"以人为本"理念，不断提高新形势下做好群众工作的能力水平，增强工作的积极性和主动性，把广大农民群众的需要作为派驻乡镇检察室工作的根本导向，坚持打击与保护并重，全力服务农村改革发展，全力保障农民群众的根本利益，努力让人民群众在每一个案件中都能感受到公平正义。

（二）职能定位

职能，是事物或机构应有的作用和本质体现。在海南省检察机关推进派驻乡镇检察室试点工作的关键时期，2009 年 2 月，全国基层检察院建设工作会议召开，最高人民检察院提出：要着力抓好涉农检察工作，把法律监督的触角延伸到广大农村，全力服务农村改革发展。2009 年 6 月，最高人民检察院检察长曹建明在基层调研时指出："要积极探索加强涉农检察工作的有效举措，把法律监督的触角延伸到广大农村，更好地服务社会主义新农村建设。"这些重要指示为海南检察机关的试点工作指明了方向，明确了目标任务，注入了强大动力。海南检察机关结合最高人民检察院的要求、新时期广大农民群众对检察工作的新需求新期待以及设置派驻乡镇检察室的目的，将派驻乡镇检察室的职能定位为"法律监督的触角"。检察机关最基层的机构设置在县一级城市，没有伸及乡镇和广大农村的"触角"，由此造成检察机关和农民群众之间缺乏双向了解，检察机关不能全面掌握农民群众的需求，农民群众对检察工作职能不了解、信息不对称，收集线索、查办案件等工作难免留有"死角"，难以充分有效地发挥各项检察职能。派驻乡镇检察室作为基层检察院的派出工作机构，通过发挥"触角"作用，发现、收集大量涉及农村和谐稳定、影响经济社会发展的问题，及时传达、反映社情民意，积极向农民群众宣传检察工作及其职能，能够弥补检察机关与广大农民群众信息不对称的不足，并作为制度性应对农村涉检问题的载体和平台，有效加强和改进基层检察机关的执法方式。

（三）功能作用

功能，是事物或机构在一定条件下发挥出来的作用，是其本质的实现机制及其结果状态。明确功能定位是派驻乡镇检察室发挥法律监督触角作用的关键。海南省检察机关结合省情、社情、民情以及涉农检察工作的新特点和内在发展规律，围绕"法律监督的触角"来定位派驻乡镇检察室的功能作用。其主要功能是：基层检察院的"侦察兵"；执法为民的一线平台；督促基层组织及其人员依法履责的"助推器"；参与农村社会管理创新的重要元素；检察专门工作与群众路线相结合的有效载体；历练检察队伍的实践基地。

（四）职责任务

在明确派驻乡镇检察室职能定位和功能作用的基础上，海南省检察机关确定了派驻乡镇检察室的职责任务。主要有八项：其一，受理公民、法人和其他组织的举报、控告、申诉，接受犯罪嫌疑人自首；其二，畅通群众诉求渠道，排查化解矛盾纠纷；其三，开展调查研究，对辖区影响社会和谐稳定的源头性、根本性、基础性问题，提出对策建议，参与基层社会管理创新；其四，发现、收集职务犯罪线索和其他涉检信息，经检察长批准对职务犯罪线索进行初查；其五，对基层公安派出机构、人民法庭、司法所等执法单位的执法活动开展法律监督；其六，开展职务犯罪预防工作和法制宣传教育；其七，协助派出院开展民事督促起诉等工作；其八，完成检察长交办的其他工作。同时，海南省检察机关提出了"四个及时"、"四个掌握"、"六项延伸"的工作任务，即：及时帮助解决群众诉求、及时化解矛盾纠纷、及时发现涉农职务犯罪线索、及时督促基层组织及其人员依法履职；掌握维稳基本情况及社情民意、掌握社会治安突出问题、掌握农民群众反映强烈的问题、掌握特殊人群和流动人口的情况动态；延伸控告申诉检察职能、畅通农民群众诉求渠道，延伸检察监督协调职能、及时有效化解社会矛盾纠纷，延伸参与查办和预防职务犯罪职能、切实维护农民群众权益，延伸各类诉讼监督职能、促进基层政法队伍公正廉洁执法，延伸民事检察职能、开展民事督促起诉工作，延伸联系群众的桥梁纽带职能、当好党委政府参谋助手。

（五）设置原则

海南省检察机关在派驻乡镇检察室设置上坚持"服务三农、方便群众、有利监督、稳妥慎重"的原则，提出了"认真谋划、科学布局、成熟一个、设置一个、巩固一个"的建设发展工作思路。在距离城区较远、人口较多、治安问题突出、信访总量较大或开发项目较多的中心乡镇设置派驻检察室，巡回管辖周边若干镇、农场。派驻乡镇检察室的设置、变更、撤销必须层报省检察院批准，严格设置标准和程序。

（六）组织体系

为了保证派驻乡镇检察室辖区内其他乡镇与检察室驻所地享有同等的法律监督，海南省检察机关通过在辖区周边非驻点乡镇设立检察工作站，在农村干部和群众中选聘检察信息联络员等方式，建立了覆盖农村、横向到边、纵向到底、点面结合的"乡镇检察室、工作站、检察信息联络员"三位一体的涉农检察工作网络体系，为派驻乡镇检察室对辖区内所有乡镇和村庄实现同等、有效、常规性的法律监督提供平台，更加方便群众反映诉求，放大了派驻乡镇检察室的执法效应。

（七）运行模式

针对派驻乡镇检察室人手少、工作头绪多、管辖区域广等特点，海南省检察机关积极探索"定点加巡回"的工作运行模式。所谓"定点加巡回"，是指基层检察院立足检察职能，以派驻乡镇检察室驻地乡镇为定点，派驻乡镇检察室和相关业务部门定期或不定期地到派驻乡镇检察室辖区内非驻点和辖区外乡镇及国营农（林）场开展巡回检察活动，将法律监督职能延伸到基层检察院全部辖区的工作模式。"定点加巡回"有效地解决了派驻乡镇检察室在人员有限、管辖范围较大的情况下如何实现驻点地和非驻点地、辖区内和辖区外的法律监督全覆盖的问题，拓展了法律监督延伸的广度和深度，形成了定期接访、巡回调查、随时接访和信息联络员及时传递社情民意及维稳动态信息的立体化全方位的法律监督新格局。

（八）内部工作机制

派驻乡镇检察室是基层检察院派驻乡镇的工作机构，是基层检察院的组成部分，在基层院领导下开展工作，机构规格与基层院其他内设机构相同，和其他内设机构相互之间无隶属关系。为加强派驻乡镇检察室与派出院其他业务部门的衔接，海南省检察机关建立了派驻乡镇检察室"1＋10"内部工作对接机制，即与基层检察院的反贪、反渎、侦监、公诉、民行、控申、预防、纪检监察、办公室等10个内设机构，建立了无缝对接的工作机制。派驻乡镇检察室可以向本院相关业务部门提供工作信息、线索和请求支援，本院业务部门收到后，及时处置，或分流到有关部门，或协助配合检察室开展工作，形成合力，最终实现全院重心下移、检力下沉。海南省检察机关非常重视对派驻乡镇检察室的内部监督管理，形成了规范有序、科学合理的内部管理体系。海南省检察院先后制定了《关于深入推进派驻乡镇检察室工作的意见》、《海南省基层检察院派驻乡镇检察室工作规则》、《海南省基层检察院派驻乡镇检察室工作考核细则》、《海南省基层检察院派驻乡镇检察室廉洁从检八项规定》等规章制度，明确了派驻乡镇检察室岗位职责、业务操作流程、队伍管理、廉洁从检、绩效考核、创先争优等各项工作标准，对派驻乡镇检察室的工作进行全面系统的规范。各基层检察院也结合各自实际，进一步细化了派驻乡镇检察室的管理和工作制度，形成了细致严密的工作制度体系。

（九）外部工作机制

农村社会各种问题形成的原因多种多样，仅靠单一部门的力量难以消除问题产生的根源。派驻乡镇检察室立足检察职能，围绕地方党委政府工作中心，推动形成了依靠社会各方力量化解矛盾纠纷、开展职务犯罪预防的外部工作机制。一是推动建立"大调解"工作机制。派驻乡镇检察室积极推动建立由乡镇党政统一领导，"两所一庭一室"分工牵头，乡镇有关部门、各村委会各司其职，社会力量广泛参与的"大调解"工作机制，人民调解、行政调解、司法调解形成合力，各成员单位按照"归口管理"、"谁主管、谁负责"和"属地管理"的原则，通过定期召开维稳联席工作会议，充分发挥整体联动作用，及时有效地化解矛盾纠纷，实现了资源共享、人员共同、效能共显，努力把群众的诉求解决在基层和初访、个访阶段，做到"三个防止"，即防止由小的矛盾演变为大的矛盾，防止民事纠纷演变为刑事犯罪案件，防止单纯个案演变为群体性事件。二是建立农村基层干部廉政教育机制。依托派驻乡镇检察室，建立农村基层干部职务犯罪警示教育基地，对村"两委"干部、涉农部门干部和新当选村官等进行系统法治警示教育，形成了农村基层干部廉政教育"八个一"模式，即一道廉政文化廊、一组法制宣传栏、一堂犯罪预防课、一部警示教育片、一本农村干部百问书、一份廉洁责任状、一处清风谈心亭、一册心得体会集，开创了派驻乡镇检察室预防涉农职务犯罪的新形式，使派驻乡镇检察室融入到农村惩治和预防腐败体系建设总体格局。

（十）检务保障

积极争取各级党委政府的支持，千方百计解决派驻乡镇检察室机构和人员编制以及经费保障等问题。海南省编委先后批复了36个派驻乡镇检察室机构编制和119名人员编制。各基层检察院选派政治坚定、综合素质较高的干警到派驻乡镇检察室工作，每个检察室配备3—5名工作人员，全省派驻乡镇检察室共配备人员126人，平均年龄35.5岁，其中检察官84人，占56%；本科以上学历106人，占84%。省检察院、各分市院还先后选派47名年轻干警到各派驻乡镇检察室进行为期两年的锻炼。海南省政府在经费十分紧张的情况下，拨专款用于派驻乡镇检察室"两房"建设。全省检察机关36个派驻乡镇检察室"两房"建设全部完成并投入使用，办公经费全部列入市县财政预算。

二、派驻乡镇检察室的主要工作

海南省检察机关派驻乡镇检察室围绕职责定位，积极发挥职能作用，主要做了以下工作：①

一是积极畅通农民群众诉求表达渠道，及时化解农村矛盾纠纷。检察室扎根农村、贴近群众，接地气，听民声，化民怨，护民利，解民忧，全面落实接访、巡访和下访"三访合一"工作机制和"检察室＋工作站＋信息联络员"及时传递社情民意及维稳动态信息的工作运行模式，到农民群众中去解决群众反映突出的问题。坚持"三讲一做"的工作方法，把"讲感情"作为做好群众工作的基础，"讲道理"作为做好群众工作的有效手段，"讲法律"作为做好群众工作的坚强保障，"做实事做好事"作为做好群众工作的归结点，努力做到"一早、两有、三不、四个掌握"，把矛盾纠纷化解在基层。即早发现，努力在第一时间掌握矛盾纠纷的苗头，为后期化解预留更大空间；有耐心、有信心，对矛盾双方耐心进行说服教育，让群众感受到检察官真心诚意的帮助关怀，从心理上清除对抗情绪，促使积怨化解；不盲目、不怕苦、不放弃，克服工作中的种种困难，对收集掌握的材料进行分析、归纳和整理，找准化解矛盾纠纷的突破口，提高工作的针对性和有效性；掌握维稳基本情况及社情民意、掌握社会治安突出问题、掌握农民群众反映强烈的问题、掌握特殊人群和流动人口的情况动态，为化解矛盾纠纷奠定基础。2009年以来，共接待农民群众来访举报8109人次，咨询26000余人次，入村进户走访10738人次，化解各类矛盾纠纷822件，平息集体上访243件，制止或化解群体性事件91件。2010年5月12日，乐东县利国镇官村与九所镇赤塘村因采沙场矛盾发生械斗，造成两人死亡、多人受伤，双方村民继续聚集，更大规模的集体械斗一触即发。乐东县检察院派驻九所检察室得知后，立即协助公安机关疏散情绪激动的群众，并组织双方村民选派代表进行对话协商，引导村民运用合法手段维护自身权益。通过耐心说服，细致工作，双方情绪逐渐稳定，化解了一起可能引发更大伤亡的群体性械斗事件。检察室推动建立由乡镇党政统一领导，"两所一庭一室"分工牵头、各司其职，村级组织和群众广泛参与的"大调解"组

---

① 本书所涉及的数据截至2012年。

织体系，形成化解矛盾纠纷的合力。对属于检察机关管辖的，做到诉求合理的解决问题到位，诉求无理的思想教育到位，生活困难的帮扶救助到位，行为违法的依法处理到位。对于农民群众反映、不属检察机关管辖的诉求，热心接待不生硬、细心倾听不推诿、耐心解答不拖延，先期受理，及时转办，督促、协调有关部门依法解决，努力把群众诉求解决在基层和初访、个访阶段，防止由小的矛盾演变为大的矛盾，防止民事纠纷演变为刑事犯罪案件，防止单纯个案演变为群体性事件，做到"小事不出村，大事不出镇，矛盾不上交"。2009 年以来，共为群众办实事解难事 846 件，转办不属检察机关管辖事项 552 件，做到事事有答复、件件有回音。儋州市白马井镇腾根村在校学生符某在该镇某娱乐场所被南庄村青年伤害致死，引发村民聚众抬尸冲击派出所的群体性事件。儋州市检察院派驻白马井检察室迅速介入，与有关部门耐心细致地做死者家属和村民的思想工作，控制事态发展。随后，一方面督促公安机关尽快破案，另一方面对村民反映的派出所在执法过程中存在明显不公的情况进行调查，及时消除死者家属及村民对派出所执法办案的误解和顾虑。在检察室的监督下，被害人家属与该娱乐场所自愿达成补偿协议，有效地平息了事态。

二是积极查办涉农职务犯罪，全力保障党和政府支农惠农政策落到实处。检察室作为派出院的"侦察兵"，广泛收集涉农职务犯罪线索，协助查办案件，确保支农惠农政策落实到群众身上。检察室成立以来，共收集发现涉农职务犯罪线索 586 件，协助查办发生在农村基础设施建设、土地征用开发、支农惠农资金管理等领域严重侵犯农民切身利益的职务犯罪案件 181 件 280 人，配合查办集体上访、群体性事件背后的职务犯罪案件 57 件 123 人，追回被贪污的支农惠农补贴款 3361.4 万元，发还给 1 万余名受害群众，震慑了农村特别是村级组织人员犯罪，切实维护了农民群众的合法利益。白沙县检察院派驻七坊检察室干警走访时发现七坊畜牧站原站长符某贪污能繁母猪补贴款的线索，协助反贪部门查办了该案，并将被其贪污的 16700 元能繁母猪补贴款全部发还给 74 户受害群众。同时，针对该案暴露出来的支农惠农资金发放存在的问题，形成调查报告，时任省委主要领导作出批示，推动了全省支农惠农资金发放"一卡通"改革，将各项补贴资金统一由财政部门通过农信社直接划入补贴对象"一卡通"存折账户，确保了补贴资金足额、及时发放到位，有效遏制了侵害农民群众利益的问题发生。陵水县检察院派驻新村检察室干警到辖区英州镇走访时，了解到鹅仔村委会军屯村林某等 15 名村干部涉嫌贪污、挪用村民土地补偿款，涉及该村 1600 多名村民的直接利益，协助派出院查办该案，并将被贪污挪用的 45 万元土地补偿款全部追回，发还给受害村民。

三是开展涉农职务犯罪预防工作，从源头减少、遏制涉农职务犯罪。针对农村各类职务犯罪的特点、成因、规律，不断创新预防职务犯罪形式，因地制宜，采取适合农村特点的预防方式，重点加强对乡镇、村组织干部的警示教育。在全省22个市（县、区）院派驻乡镇检察室建立农村基层干部职务犯罪警示教育基地，通过"八个一"模式（前文已有论述）进行反腐倡廉教育，受训基层干部333期2万余人次，开辟了预防职务犯罪的新阵地。共开展预防讲座、组织旁听庭审、听取服刑人员现身说法等各类职务犯罪预防工作720余次，受教育的基层组织干部达2.9万余人次。临高县检察院派驻新盈和博厚检察室针对农村"两委"干部职务犯罪频发的实际，与县纪委和组织部联合开展"农村基层干部廉政警示教育暨职务犯罪预防宣传月活动"，形成了预防"两委"干部职务犯罪合力，得到县委的充分肯定。

四是加强对基层执法司法活动监督，促进公正廉洁执法。检察室完善了农村基层政法组织体系，弥补了法律监督机构在农村基层政法组织体系中的缺失，与公安派出所、基层人民法庭和司法所组成了较为完整的基层政法组织体系，不仅可以发挥基层政法机关维稳工作的合力作用和整体效能，而且改变了以往检察机关对基层执法单位执法监督不到位、不及时的状况。针对农民群众反映强烈的执法不严、司法不公问题，以及因此引发矛盾纠纷问题突出的情况，检察室找准自身定位，积极履行监督职责，不断加强对公安派出所、人民法庭和基层执法单位的监督，及时处理和纠正执法不公正、不规范的问题，促进公正廉洁执法。2009年以来，共协助派出院要求公安派出所说明不立案理由237件，监督立案150件，纠正侦查活动违法65件；开展监外执行活动监督326次，纠正违法49件；监督基层法庭的审判、执行和调解活动204次，纠正违法47件。澄迈县福山镇和乐村村民符某因土地纠纷被同村村民殴打致轻伤未及时处理，被害人情绪激动不断上访。澄迈县检察院派驻福山检察室受理后，督促派出所做司法鉴定，及时处理结案，被害人获得赔偿后由衷感谢检察机关"敢于监督，为民服务"。

五是以监督促管理，促进农村社会管理水平提升。深入调查研判影响农村社会和谐稳定的源头性、根本性和基础性问题，当好党委政府的参谋助手，督促推进社会治安突出问题综合治理，加强农村社会管理。检察室成立以来，共向各级党委提交法律监督调查报告192份，向有关部门发出检察建议297份，有效防范诱发腐败的突出问题90多项。针对村级财务、土地征用承包、支农惠农补贴不公开、不公示、缺乏监督的情况，积极探索"两监督、三公开"制度，即：纪检监察党政监督和检察室法律监督双管齐下，实现村财务公开、支农惠农资金标准和发放程序公开、土地征用承包情况公开，帮助村级组织整章建制，规范村务管理，提高村民自治民主管理水平。琼海市检察院派驻长坡检察室针对欧村党支部书记符某在承包开发虾塘过程中侵吞承包款案件中暴露出来的村委会财务管理方面的问题，帮助该村建立健全财务管理制度，并建议镇委、镇政府对各村委会财务开支情况集中进行清理，监督纠正了部分村委会财务管理混乱的问题。积极主动服务保障村级组织换届选举，促进农村民主法治建设。立案查办干扰破坏换届选举的职务犯罪 7 件 11 人，向公安机关移送犯罪线索 11 件，化解选举中的矛盾纠纷 101 件，制止 44 起串联拉票事件，建议取消不符合候选人资格 14 件，民主与法治相辅相成，相得益彰，保证了全省第六届村级组织换届选举工作的顺利完成，取得了"六个新提升和一个明显下降"的良好效果，即干部群众的民主意识和法制观念有了新提升；群众参与度有了新提升；群众满意程度有了新提升；选举规范化程度有了新提升；村级组织新班子成员的整体素质和公信度有了新提升；检察机关的执法公信力有了新提升；干扰选举正常进行的事件明显下降。

六是开展民事督促起诉工作，保护国有、集体、社会公共资产的安全。当前，土地问题引发的矛盾纠纷占海南农村矛盾纠纷总量的 60%—70%，且具有广泛性、规模化的特点，极易转化升级。检察室充分运用民事督促起诉职能，依法解决征地拆迁、土地承包租赁等引发的矛盾纠纷，切实维护国家、集体和群众利益，并将化解矛盾纠纷工作贯穿于案前、案中、案后全过程，把息诉和解作为结案首选方式，加大调解调处工作力度，提高工作质量，尽可能找到有利于实现双赢、多赢的处理办法，让身处纷争的当事人尽弃前嫌、握手言和，实现执法办案与服务大局、化解矛盾纠纷与参与社会管理创新的有机结合。2009 年以来，共协助办理民事督促起诉案件 563 起，挽回经济损失 2.98 亿元，收回土地 1.9 万余亩、水面 3800 余亩。东方市检察院派驻感城、东河检察室开展民事督促起诉，协助市委市政府解决了 1.7 万余亩农村土地承包租赁中存在的"租金过低、租期过长、面积过大"问题，化解矛盾纠纷 6 起，收回土地 2500 余亩，为集体和群众挽回经济损失 701 万元，得到市委的充分肯定。

七是认真落实检察环节治安环境整治的各项措施，切实增强人民群众的安全感。各派驻乡镇检察室对辖区农村社会治安状况、存在的治安隐患进行调查，认真分析原因，提出解决问题的对策建议。通过"法律进校园"、"法律进乡村"等活动，各派驻乡镇检察室共深入农村开展法制宣传教育 2470 次，发放宣传资料 21 万余份，受教育人数 20 万余人次；参与社会治安综合治理行动 745 次。配合对 660 名刑释解教人员安置帮教，敦促 339 名犯罪嫌疑人投案自首，及时化解了矛盾纠纷，减少了司法成本，消除了不安定因素，促进了社会稳定。琼中县检察院派驻湾岭检察室创新工作方法，通过投案自首的犯罪嫌疑人马某，成功劝说和影响另外 12 名犯罪嫌疑人向检察室投案自首。

第二节　实践效果

海南省检察机关的实践证明，在广大农村设置派驻乡镇检察室有利于畅通农民群众诉求表达渠道，维护农民群众合法权益；有利于惩治和预防涉农职务犯罪，保证国家支农惠农政策落到实处；有利于健全完善农村基层政权组织的监督制约体系，与党的纪律监督、群众监督、舆论监督有机结合，形成监督合力，促进农村基层组织及其人员依法履职，自觉接受监督制约；有利于促进农村社会和谐稳定，巩固和夯实党的执政基础，为探索加强农村党风廉政建设提供了新路径。

海南省检察机关推进派驻乡镇检察室建设的实践探索，得到了最高人民检察院、海南省委省政府以及全省各级党委政府和广大干部群众的充分肯定。最高人民检察院检察长曹建明给予高度评价："把法律监督的触角延伸到广大农村，海南省进行了非常有益的探索，积累了非常好的经验，为全国检察机关进一步加强涉农检察工作树立了非常好的典范。"最高人民检察院在海南召开现场会，向全国推广海南省的经验，中央政法委也充分肯定海南省的做法。海南省委书记罗保铭等 11 位省领导分别视察各派驻乡镇检察室并给予充分肯定，指示要把检察室工作推向深入、扎实、完善，发挥出更大作用。海南省编委批准了 36 个检察室的机构编制和 119 名人员编制，海南省政府拨款 3500 万元用于检察室办公用房建设。目前，36 个检察室办公用房全部建成，办公经费全部列入市县财政预算。海南省人大代表、万宁市市委书记丁式江说："这项创新性工作使检察机关与老百姓之间，可以讲话更投缘、心灵更接近、感情更深厚、事情更好办、社会更和谐。乡镇检察室的设立架起了与农民的连心桥，也是我们了解社情民意的信息站，预防基层干部违法的防护网，执政为民的展示台。"琼海市长坡镇椰林村村民孙振洲说："以前反映问题至少要去市里，既花时间又花钱，如今在身边就可以解决问题，感谢检察院为老百姓着想。"农村基层干部认为派驻乡镇检察室的设置加强了对权力行使的监督制约，促使依法履职，自觉接受监督制约，勤政廉政，执政为民。澄迈县人大常委会主任陈平辉认为："检察室小中见大，可以概括为最近的距离，最大的方便；最低的成本，最大的效益；最小的机构，最大的作用。"2010 年，海南省检察院课题组在对全省 2100 名农民群众、1050 名乡镇干部进行的问卷调查中，有 98.95% 的农民群众认为派驻乡镇检察室设立后村"两委"干部"不敢随意侵占老百姓利益"或"不敢贪污腐败"。有83%的乡镇干部认为有了派驻乡镇检察室的监督后，在工作中"依法用权的意识增强"、"廉洁自律的意识增强"；62.03%的人认为派驻乡镇检察室对自身工作的帮助是"对农村存在的突出问题把握更准确"，77.04%的人认为"减少了自身工作中的随意性"，39.07%的人认为"对村干部说话更管用"。78.02%的农民群众和69.76%的乡镇干部认为有检察室后社会治安"明显好转"或"好转"。

派驻乡镇检察室的作用具体体现在以下几个方面：

一、加强了党对农村工作的领导

综合运用教育、经济、文化、行政、法律等手段是社会主义市场经济条件下治国理政的基本方式。检察工作作为党和国家工作的重要组成部分，加强涉农检察工作、服务农村改革发展、促进农村民主法治建设是党加强农村工作的有效方式和途径之一。设置派驻乡镇检察室，通过运用法律监督职能预防和惩治涉农职务犯罪、畅通农民群众诉求渠道、化解农村矛盾纠纷、促进农村社会管理创新等，为党在新的历史条件下加强农村治理提供了法律的手段和方式，是依法治国理念的延伸和题中应有之义，契合了蓬勃发展的农村基层民主政治新形势。

二、健全完善了农村基层权力监督制约体系

开展派驻乡镇检察室建设之前，检察机关在广大农村没有机构，检察机关对农村的法律监督只能依赖专项治理和农民的举报、控告等，不能及时掌握农村的新情况新问题和农民群众诉求，也不能很好地监督制约基层政权及组织。设置派驻乡镇检察室后，乡镇一级政权中增加了专门的法律监督机构，弥补了法律监督机构在乡镇一级政权组织体系中的缺失，与乡镇纪委监督、上级部门监督、群众监督、舆论监督有机结合，形成监督合力，能够更好地监督制约基层政权及组织依法行使权力，促进各类组织工作人员依法行政、依法履职，遏制不作为、乱作为，从源头上遏制侵害农民群众利益的现象，进一步促进了农村党风廉政建设，巩固了党的执政基础。

三、保证了党和国家支农惠农政策落到实处

当前，随着党和国家支农惠农政策的不断加强以及社会主义新农村建设的

加快推进，农村经济社会取得快速发展，农村基层组织掌握、经手的资金等与过去相比大大增加，如征地补偿款、拆迁款、项目款、补助款等，农村基层干部的经济决策权和行政管理权也随之得以扩大，导致农村基层干部职务犯罪问题更加突出。各种涉农职务犯罪如果得不到及时有效查处，农民权益就得不到及时有效保护，这不仅阻碍党中央强农惠农目标的实现，还影响农村干群关系和谐、农村社会稳定，会滋生许多新的矛盾。派驻乡镇检察室通过开展职务犯罪预防、收集农村基层干部职务犯罪案件线索，积极配合派出院查办涉农职务犯罪案件，加强了对党和国家支农惠农资金的监督管理，有效避免了资金流失，同时，通过办案开展法制宣传教育，能够有效激发农民群众的法律意识和维权意识，增强了农民群众运用法律武器维护自身合法权益的能力。

四、畅通了农民群众诉求渠道

派驻乡镇检察室为群众提供了"零距离、低成本"的诉求渠道和直接"面对面"的场所，可以及时有效地化解群众的矛盾纠纷，也有利于及时督促基层各级组织积极作为，依法履责，把矛盾纠纷解决在萌芽阶段，避免了因不作为、乱作为而致使小事拖大、大事拖炸。据有关县市信访部门统计，设置检察室后，海南省临高县2009年集体上访、群体性事件较同期分别下降41.3%和48%。海口市秀英区2010集体到省市上访批次和人数同比分别下降68.2%和85.1%，到区上访同比下降78.3%和66.5%。

五、促进了我国乡村治理模式的健全完善

如第五章所述，改革开放后，我国农村实行了"乡政村治"治理模式，在乡镇一级依靠行政管理方式，在农村推行村民自治的民主管理方式，两种管理方式在权力性质、运作模式、干部产生方式等方面存在较大差别，乡镇与村的关系发生了变化。乡镇政权不能再像人民公社时期那样可以通过行政命令管理村级自治组织，加上村级自治组织本身存在的不足，村级自治组织处于缺乏监督甚至无人监督状态，造成了村级自治组织权力滥用，损害了农民权益，党的政策、方针无法有效贯彻落实，"乡政"与"村治"之间产生了"断层"。派驻乡镇检察室通过监督乡镇政权、村民自治组织权力运行的过程，督促各自正确履职，确保权力依法行使，一方面使乡镇政权不能任意干涉、干预村民自治，防止不作为、乱作为，让村民自治发挥应有功能；另一方面促使村民自治正常有序运作，对村"两委"干部换届选举、日常管理等进行监督，防止村

干部、利益团体等操控村级组织，损害群众利益，真正实现民主选举、民主管理、民主决策、民主监督。实践证明，派驻乡镇检察室的设置使党和国家的农村政策能够更好地贯彻落实到农村，使农民的诉求能够及时反映到上级党委、政府，成为沟通乡镇政权与村民自治组织的桥梁和纽带。法律监督促进乡政和村治依法运行，派驻乡镇检察室从客观上促进了我国"乡政村治"治理模式的健全完善。

六、提升农村社会管理水平

检察机关参与农村社会管理如果没有工作平台，找不准工作载体，就无法整合检察机关应有的社会管理功能，只能依靠单项专门治理方式参与社会管理。专门治理带有"运动式"治理的特征，不适应当前农村社会管理法治化、制度化的新要求。派驻乡镇检察室的设立，有效地解决了这一问题。派驻乡镇检察室作为基层检察院派出的内设综合性业务机构，在把握农村社会突出问题、收集职务犯罪线索、协助查办基层组织人员职务犯罪、接受群众来信来访、化解矛盾纠纷和群体性事件、畅通农民诉求渠道等方面发挥了重要作用，有效地整合了检察机关在参与社会管理方面的各项职能。同时，派驻乡镇检察室参与农村社会管理更新了检察机关参与社会管理的理念，拓展了工作领域。通常而言，检察机关参与社会管理的领域主要有特殊人群帮教、社会治安重点地区综合治理、网络虚拟社会的管理与建设等。但是，派驻乡镇检察室的实践说明了检察机关参与社会管理的领域非常广泛，还可以在更多方面发挥作用，如监督、督促村民自治功能的正确发挥；对影响农村社会稳定的重大问题，向党委、政府和有关单位报告，提出对策建议；监督社会管理各主体依法履职；畅通群众诉求渠道，及时排查化解矛盾纠纷，预防群体性事件发生等。拓展了检察机关参与社会管理创新的领域，使得法律监督职能在参与社会管理创新方面的作用得到了进一步显现。① 通过派驻乡镇检察室参与农村社会管理，健全了农村社会管理的方式、手段，完善了农村社会预警机制，提升了农村社会管

---

① 如曹建明检察长在山东调研时指出，检察机关在参与社会管理创新，"在当前形势下，如果仅仅抓严厉惩治，抓批捕起诉，对其他社会矛盾一概不管，就不可能有好的法律效果和社会效果。很多民事矛盾和诉求反映到检察机关，求助到检察机关，不能简单地采取属于检察机关职能范围的就一抗之，不属于职能范围的就一推了之，必须要热心服务群众，千方百计为群众排忧解难，使群众得到一个满意答复，促进社会和谐稳定。"这为当前检察机关参与社会治理指明了方向。

理综合效能，使检察机关有了固定的参与农村社会管理的载体和平台。

七、促进了基层政法队伍和行政执法机关公正廉洁执法

派驻乡镇检察室在加强与公安派出所、人民法庭相互配合、相互制约的同时，强化对公安派出所、人民法庭、司法所以及其他行政执法部门执法活动的监督，积极配合派出院对辖区行政执法机关有案不立、有罪不究、以罚代刑等违法行为进行监督，及时纠正执法不公正、不规范问题，以监督促进基层政法队伍和行政执法机关廉政勤政、依法行政、公正执法，让农民群众感受到公平正义就在身边，衷心地拥护党和政府。

八、带动了全省各项检察工作健康发展

派驻乡镇检察室实现了法律监督与人民群众新的司法需求的有效对接，为检察工作注入了强大的生机活力，拓展了法律监督的领域，增强了工作的针对性和实效性，使之更加符合经济社会发展需要和人民群众的新期待。有利于及时调整完善工作思路，确定不同时期阶段性工作重点，改进执法方式方法，实现"三个效果"相统一和法律监督效能最大化。锻炼了检察队伍，提升了队伍综合素质。一批年轻干警通过在派驻乡镇检察室锻炼，加深了对国情、社情、民情的认识，大局意识、宗旨意识、执法水平有较大提升，职业认同感、归属感、荣誉感和成就感明显增强，特别是独立处理问题的能力、做群众工作的能力得到明显提升。密切了与群众的联系，树立了检察机关的良好形象。各乡镇检察室深入村社开展工作，拉近了与群众之间的距离，树立了检察机关为民、亲民、护民的形象，提高了执法公信力和人民群众的满意度。在对全省各市县1050名乡镇干部进行问卷调查中，有1018人对乡镇检察室工作表示赞成肯定，占96.9%；在对2100名农民群众进行问卷调查中，有2060人认为派驻乡镇检察室很有必要，占总数的98.1%。

九、促进了中国特色社会主义农村检察制度的健全完善

新时期派驻乡镇检察室的设置，是中国特色社会主义农村检察制度实践探索迈出的重要一步，通过向广大农村基层延伸法律监督的触角，使检察机关在广大农村有了自己的"阵地"，在广大农民群众中有了自己的"根"，涉农检察工作由依托城市走向根植乡村，真正有了自己施展的空间和平台，也为农村

检察制度的新实践奠定了坚实基础。同时，派驻乡镇检察室整合了检察机关参与农村社会管理、服务农村经济社会发展的各项职能，优化了检察职权配置，进一步丰富了检察机关开展农村检察工作的运行模式和机制，完善了检察机关在农村的组织机构，成为涉农检察制度的重要组成部分，是中国特色社会主义检察制度"密切联系人民群众，走群众路线"特色的具体体现。

第三节　取得的成效和经验

一、取得的经验

在推进派驻乡镇检察室建设实践中，海南省检察机关始终坚持正确的政治方向，始终把广大农民群众的需求放在首位，始终坚持围绕法律监督职能开展工作，为新形势下加强和改进农村检察工作，促进中国特色社会主义农村检察制度的健全完善作了有益的探索，积累了宝贵的经验。

（一）坚持正确的政治方向是派驻乡镇检察室工作保持强大生命力的决定性因素

胡锦涛同志指出："马克思主义只有同本国国情和时代特征紧密结合，在实践中不断丰富和发展，才能更好发挥指导实践的作用。要把人民拥护不拥护、赞成不赞成、高兴不高兴、答应不答应作为制定各项方针政策的出发点和落脚点，一切以是否有利于发展社会主义生产力、有利于增强社会主义国家综合国力、有利于提高人民生活水平这'三个有利于'为根本判断标准，坚持问政于民、问需于民、问计于民。""要坚持全心全意为人民服务的根本宗旨，坚持立党为公、执法为民，通过改革发展为人民群众造福，实现好、维护好、发展好最广大人民的根本利益。"一项改革好不好，不仅要看系统内部的评价，更主要的是要看人民群众是否认可和满意。派驻乡镇检察室作为法律监督的触角，把法律的公平正义送到人民群众中，进而在人民群众的实践创造中吸取营养，丰富和发展党的检察工作，是新时期专门工作与群众路线相结合的具体方式，加强了基层政权组织建设，夯实了基层检察工作的根基，得到了各级党组织和广大人民群众的认同和支持，展现出了旺盛的生命力。广大农民群众高度赞扬派驻乡镇检察室是"农民群众的保护神"和"农民家门口的检察院"。海南省检察机关在推进派驻乡镇检察室过程中，始终以人民群众的需求为导向，在服务农村改革发展大局、保障民生中寻找加强和改进涉农检察工作的结合点和着力点，深入推进社会矛盾化解、社会管理创新、公正廉洁执法、治安环境整治，为党的执政服务、为广大人民群众服务，顺应了农民群众的新期待，得到了党委、政府和社会各界认可。

（二）最高人民检察院、海南省委和省政府以及全省各级党委政府的重视支持是派驻乡镇检察室工作顺利推进的坚强后盾

2010 年 5 月，最高人民检察院检察长曹建明到海南省视察工作时用"充分肯定，全力支持"对派驻乡镇检察室工作给予了高度评价，最高人民检察院原检察长贾春旺，党组原副书记、常务副检察长张耕，党组副书记、常务副检察长胡泽君，副检察长朱孝清、孙谦、姜建初、张常韧，纪检组组长莫文秀，政治部主任李如林（现为副检察长），检委会专职委员童建明（现为河北省检察院检察长）等领导在先后到海南省考察工作过程中，也对派驻乡镇检察室工作给予了高度评价和大力支持。省委书记罗保铭等省领导对派驻乡镇检察室工作高度重视，多次专门作出批示，亲自听取汇报、研究解决派驻乡镇检察室的编制、经费等问题。省委政法委把推进派驻乡镇检察室建设作为全省政法机关"基层基础建设年"的重要任务，并多次召开发改委、编委、组织部、财政厅等多个部门参加的协调会，专门就派驻乡镇检察室的编制、职数、办公用房建设等重大问题进行协调。各地方党委政府有的从当地财政中辟出专门经费支持派驻乡镇检察室建设，有的主动为派驻乡镇检察室划拨建设用地，还有的从市县本来就很紧张的编制中拿出职数给派驻乡镇检察室。2010 年 10 月，最高人民检察院下发《关于进一步加强和规范检察机关延伸法律监督触角促进检力下沉工作的指导意见》，将派驻乡镇检察室建设上升为最高人民检察院的决策部署，进一步坚定了海南省检察机关深入推进这项工作的信心和决心。

（三）准确定位职能是推动派驻乡镇检察室工作健康发展的关键

对派驻乡镇检察室的职能如何定位不仅关系到派驻乡镇检察室能否发挥应有作用，而且也关系到这项工作的兴衰成败。20 世纪八九十年代的派驻乡镇检察室所遭遇的曲折，其中一项重要原因就是其职能定位不准，有的成了自侦部门的羁押看守场所，有的成了检察机关开展创收的工具，诸如此类，都逾越了检察机关作为法律监督机关的职权范围。相对于 20 世纪八九十年代派驻乡镇检察室的职能范围而言，新形势下派驻乡镇检察室的职能主要增加了两项：一是民事行政检察监督工作；二是对公安机关派出机构执法活动的法律监督，主要是立案监督与侦查活动监督职能。派驻乡镇检察室的职能几乎涵盖了基层检察院除公诉以外的所有职能。作为基层人民检察院在农村的"窗口"和

"阵地"，派驻乡镇检察室被赋予的职能很多，近乎一个"小检察院"。赋予一个部门的职能必须以其能够胜任、完成所赋予的职能为前提，否则，就容易落入面面俱到、顾此失彼的尴尬局面。按照《人民检察院乡（镇）检察室工作条例》第5条规定："乡（镇）检察室配备检察员、助理检察员、书记员若干人，设主任一人，根据需要可设副主任一人，主任、副主任由检察员担任。"最高人民检察院的工作条例中没有明确规定乡镇检察室可以配备多少人员，但基层检察院普遍编制不足，人少事多，在检察实践中派驻乡镇检察室往往配备3—5人。面对如此繁多的职能，让3—5名检察人员完成，是否会超出其能力范围；而且也对派驻乡镇检察室检察人员的能力和素质提出了很高的要求——必须精通检察机关承担的大部分职能，做到一岗多能。

需要指出的是，对派驻乡镇检察室履行接受群众控告、申诉和举报犯罪案件；开展法制宣传，协助所在地方对违法犯罪人员进行帮助教育；参与社会治安综合治理等职能，检察理论界和实务界均无异议。争论的焦点主要集中在一些能够产生实际影响力的职能上，如能否承担初查、侦查职务犯罪的职能；能否行使民行检察监督的职能；能否行使对派出所的立案监督的职能等。一般而言，派驻乡镇检察室能否行使这些能够产生实际影响力的职能关系到派驻乡镇检察室的威信和在当地农村的影响力。一些同志担心如果不赋予派驻乡镇检察室这些能够产生实际影响力的职能可能会减损法律监督的威力。

然而，派驻乡镇检察室作为基层检察院的派出工作部门，要求其同时承担反贪、侦查监督和民行检察等部门的职能，既超出了一个派出工作机构所能承担的工作职能的能力范畴，又造成了其与基层检察院的反贪部门、侦查监督部门和民行检察部门的职能重叠和交叉，增加了理清派驻乡镇检察室与基层检察院其他内设机构关系的难度，不利于构建清晰合理的基层检察机关内部关系；也不利于突出派驻乡镇检察室职能特色，淹没了其独特的职能定位。因此，必须从设置派驻乡镇检察室的初衷出发，结合派驻乡镇检察室作为基层检察院的一个内设工作部门的实际，充分考虑与基层检察院其他内设机构的关系，来重新定位派驻乡镇检察室的职能。

海南省检察机关围绕"法律监督的触角"来定位派驻乡镇检察室的职能。"法律监督的触角"是一个十分形象的比喻，所谓触角，通常指节肢动物头上分节的附肢，有触觉和嗅觉功能，是动物获取外部信息的重要器官。将法律监督的触角延伸到广大农村，即指检察机关通过在广大农村设立一定机构、采取相关工作方式或者出台一系列措施，使之能广泛获取农村各类涉检信息，以便进一步加强农村检察工作。基层检察院在农村设置派驻乡镇检察室，其宗旨就是加强检察机关与农民群众的联系和沟通，主要是通过发挥派驻乡镇检察室贴近群众、深入农村、直接面对农民的特点，建立检察机关与农民群众沟通的渠道，使检察机关能够广泛获取信息，听民声、解民意，找准检察工作服务农村改革发展的切入点，使法律监督更好地服务于农村经济社会发展。因此，设置派驻乡镇检察室是检察机关将法律监督的触角向广大农村延伸的重要途径之一，应紧紧围绕"法律监督的触角"来定位派驻乡镇检察室的职能，即：广泛收集包括职务犯罪、民行案件、立案监督等在内的涉及检察职能、群众反映强烈的各类信息，经过派驻乡镇检察室工作人员的整理、分类，向派出检察院报告。这是作为"法律监督触角"的派驻乡镇检察室的主要职能。当然，派出检察院根据派驻乡镇检察室的报告内容将工作分配给相关职能部门后，派驻乡镇检察室也可协助相关职能部门执行，如协助查办职务犯罪、办理民事行政检察案件等，但这绝不是乡镇检察室独立履行的职能，仅仅是利用其靠近农村的便利条件，协助配合相关职能部门办理而已。此外，派驻乡镇检察室还应具备对公安机关和人民法院派出机构执法活动进行法律监督、开展法制宣传、参与社会治安治理、化解社会矛盾纠纷等职能，这些是发挥其"法律监督触角"作用的重要内容。

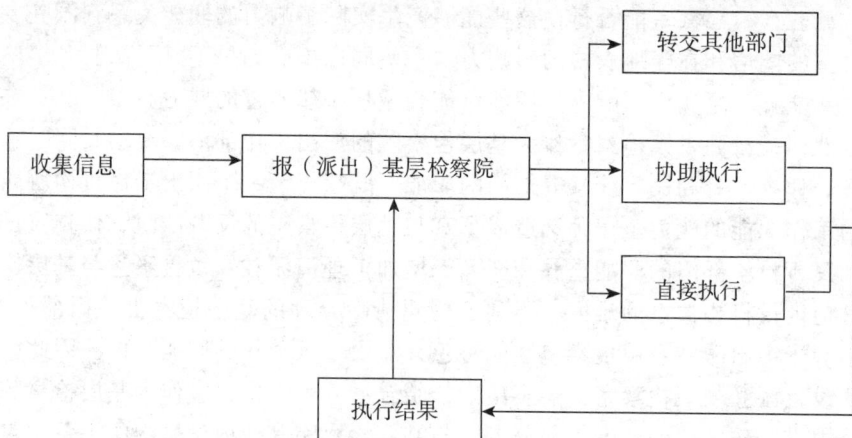

```
收集信息 ──→ 报（派出）基层检察院 ──→ 转交其他部门
                              ──→ 协助执行 ──┐
                              ──→ 直接执行 ──┤
           执行结果 ←───────────────────────┘
```

如果将派驻乡镇检察室的职能按照上图定位，难免有人会认为派驻乡镇检察室就是一个设立在农村的控诉部门。这种观点有一定的合理性，即看到了派驻乡镇检察室在收集、整理各类信息、线索方面与控告申诉部门的共同点——两者都是收集、整理线索（信息）。不过，其忽略了派驻乡镇检察室的独特性：一是派驻乡镇检察室收集、整理的信息来源不同，主要来自农民群众；二是派驻乡镇检察室收集、整理的信息范围更加宽广，只要涉及法律监督职能的信息都要收集、整理，供基层人民检察院研判；三是派驻乡镇检察室除了这些职能之外，按照基层检察院的指令，还承担直接执行监督基层执法部门的任务，如监督派出所、人民法庭；协助办理基层人民检察院指派的职务犯罪侦查、督促起诉等工作。因此，按照上述定位，派驻乡镇检察室是基层派出检察院内一个承担收集、整理各类涉检信息、按照基层检察院的指令执行任务的综合性职能部门，是基层检察院了解广大农村涉案信息的"侦察兵"，是派出院职能部门办理案件的"千里眼"、"顺风耳"，突出体现其"法律监督触角"的功能。

事实上，将派驻乡镇检察室的职能定位在"法律监督的触角"，围绕发挥好"法律监督的触角"作用来做文章、下功夫、求突破，符合新形势下设置派驻乡镇检察室的初衷，契合当前检察机关设置派驻乡镇检察室的目的。一是能够弥补检察机关与农民群众之间的信息不对称。目前，我国基层检察机关设置在县城，远离广大农村，一方面造成对农民群众的需求期待了解不及时、不全面；另一方面受制于知识文化水平、交通条件等主客观原因，广大农民群众对检察机关的性质、功能和作用等不了解，存在较为严重的信息不对称现象。派驻乡镇检察室的设立，能够及时了解农民群众的涉检法律需求，能够及时发现和解决农民身边的涉检问题，同时能够通过开展工作和法治宣传教育，增进人民群众对检察机关和检察工作的了解，有效构建了双向信息渠道，弥补了信息不对称的不足。二是能够畅通农民群众诉求渠道，满足农民群众日益增长的司法需求。当前，我国农村社会矛盾突出，农民群众反映自身利益诉求渠道不畅，社会矛盾的淤积往往引发群体性事件，危害农村稳定。基层检察院在广大农村设置乡镇检察工作机构，使检察机关在农村有了阵地和平台，在广大农村扎了根，与人民群众广泛接触，紧密联系，为广大农民群众提供方便、快捷的司法解决利益诉求的渠道，这样就使检察机关处在了维护社会稳定和化解矛盾纠纷的最前沿和第一线，能够充分发挥化解矛盾纠纷的作用，把矛盾化解在基层、把问题解决在当地、把隐患消除在萌芽状态。三是符合派驻乡镇检察室的实际。派驻乡镇检察室作为基层检察院的一个派出机构，其人员通常只有3—5人，无法承担更多的工作职责。将派驻乡镇检察室的职能定位为"法律监督的触角"，既弥补了检察机关都设置在城区造成的脱离群众的弊端，又发挥了其收集信息、参与办案的触角功能。四是符合检察机关内部监督制约的要求。强化检察机关内部监督制约机制、规范检察机关的执法活动，确保公正行使检察权，是实践"强化法律监督，维护公平正义"的检察工作主题，保障在全社会实现公平和正义的需要。目前，我国检察机关基本上形成了举报中心负责对贪污贿赂、渎职犯罪案件线索的受理、管理工作；反贪污贿赂侦查部门、渎职侵权检察部门负责贪污贿赂、渎职侵权案件的侦查工作；批捕起诉部门负责贪污、贿赂案件的审查工作；控告申诉部门负责贪污、贿赂案件的申诉复查工作的工作格局，这是确保检察机关内部相互制约、相互监督的重要保证。如果派驻乡镇检察室承担的职能太多，既直接面向社会受理案件线索，又负责案件的初查，成为一个"小检察院"的话，不仅自身力量承担不起来，也容易造成法律监督权的滥用。因此，将派驻乡镇检察室的职能定位为"法律监督的触角"适应检察机关内部监督制约的需要。

（四）不断完善派驻乡镇检察室与派出院业务部门工作衔接机制是派驻乡镇检察室工作得以有序开展、取得明显成效的基本保证

派驻乡镇检察室作为基层检察院派驻农村的内设工作机构，承担的职能多、任务重，如发现和收集职务犯罪线索，对基层公安派出所、人民法庭、司法所等执法单位的执法活动开展法律监督等，单靠派驻乡镇检察室自身难以完成，因此，必须与派出院形成良好的业务衔接机制，按照相应的职能分工将收集、发现的线索以及涉检信息动态等及时报告有关业务部门，再由相关业务部门处理。这是将派驻乡镇检察室定位为"法律监督的触角"的初衷，也是实现这一定位所必需的配套制度。同时，基层检察院相关业务部门要将各业务部门新的指导思想、工作重点和方法及时传达到派驻乡镇检察室，不过要注意，不能将本应由基层检察院业务部门承担的工作也交给派驻乡镇检察室承担，这样势必影响派驻乡镇检察室的正常工作。这就需要建立科学规范的工作衔接机制。海南省检察机关在推进派驻乡镇检察室工作过程中，始终注意协调内设机构与派驻乡镇检察室之间的关系，使部门工作和检察室工作有效顺利对接，相互配合，互相促进，良性互动，形成合力，既缓解了派驻乡镇检察室人手少、工作量大的情况，又为派出院各业务部门拓展了工作空间、打开了工作局面，实现了基层院全部检察工作重心下移、检力下沉，增强了法律监督的整体效能。

（五）配齐配强人员、提高执行力是派驻乡镇检察室工作顺利推进的人才和智力保障

海南省检察机关对派驻乡镇检察室队伍建设高度重视，选派政治素质好、熟悉业务、作风正派、独立工作能力较强、乐于吃苦、善于做群众工作、了解本地风土人情的干警担任检察室主任，选派政治坚定、综合素质高的干警到派驻乡镇检察室任职。省检察院、各分市院还选派年轻干警到各派驻乡镇检察室进行为期两年的锻炼，解决年轻干警才出学校门又进机关门，缺乏基层工作经验的问题，为他们提供更多的接触社会、接触群众的机会，不断提高做群众工

作的能力，成为锻炼培养年轻干警的一线平台。同时，注意强化岗位培训，将派驻乡镇检察室人员列入大规模检察教育培训范畴，专门举办针对派驻乡镇检察室业务工作需要的培训班，对全体派驻乡镇检察室工作人员进行培训，提高了派驻乡镇检察室干警的检察业务水平和综合素质。

（六）勇于探索、敢于创新是推动派驻乡镇检察室工作不断深化的不竭动力

在新时期开展派驻乡镇检察室工作，没有成功的经验可以遵循，也没有现成的模式可供借鉴，必须在实践中不断探索，反复试错，围绕法律监督职责，探寻出适合派驻乡镇检察室实际的工作模式和运行规则。各派驻乡镇检察室在积极开展工作的同时，敢于实践，勇于创新，结合实际积极探索"乡镇检察室＋工作站＋信息联络员"的涉农检察组织网络、"定点加巡回"工作机制等新的制度和工作方式，形成覆盖农村、横向到边、纵向到底、点面结合的检察网络体系，形成定期接访、巡回调查、随时接访和信息联络员及时传递社情民意及维稳动态信息的工作运行模式，变被动为主动、变上访为下访巡访，以农民群众听得懂的语言、容易接受的方式开展工作，实现了涉农检察工作方式的转变。

（七）加强调查研究，摸清社情民意，因地制宜开展工作是派驻乡镇检察室工作取得成效的重要前提

各派驻乡镇检察室把人民群众的呼声作为第一信号、第一选择，积极主动深入辖区各乡镇、农（林）场以及农村、社区调查摸底，掌握社情民意，了解农民群众涉检需求，明确了工作思路，找准了切入点，并突出工作重点，因地制宜地开展法律监督工作，迅速打开了工作局面。

（八）举全省检察系统之力，各部门联动、全员参与是派驻乡镇检察室工作得以强力推进的组织保证

海南省检察院高度重视派驻乡镇检察室工作，成立了以检察长为组长的派驻乡镇检察室建设工作领导小组，专门设立了基层检察工作处，对设置派驻乡镇检察室的可行性组织了论证，统一思想认识，将这项工作作为当前和今后一段时期全省检察机关的重点工作抓紧抓好，并就设置过程中出现的问题进行多方沟通协调，积极争取各级党委政府的支持，千方百计解决派驻乡镇检察室机构和人员编制以及经费保障等问题。各级院也将派驻乡镇检察室工作作为本院"一把手"工程，由检察长亲自抓。各部门也努力增强"主动参与"、"有所作

为"的意识，想办法、出点子，形成了心往一处想、劲往一处使的良好局面，推动了派驻乡镇检察室工作的深入开展。

（九）规范管理监督是派驻乡镇检察室工作健康顺利开展的有力保障

海南省检察机关注意加强派驻乡镇检察室制度建设，建立完善工作机制，努力促进这一改革创新工作健康发展。在工作中坚持高起点、高标准、高要求，注重建立健全派驻乡镇检察室工作规则、队伍建设和考核评价等相关制度，用制度管人管事，用制度规范干警的执法行为。海南省检察院制定了《派驻乡镇检察室工作规则》、《派驻乡镇检察室工作考核细则》等规章制度，明确了派驻乡镇检察室的职能定位、业务范围、办案程序和考核标准等，对派驻乡镇检察室的工作进行全面规范。各级院也制定了派驻乡镇检察室管理和工作制度。万宁市、定安县等基层检察院主动结合省院下发的工作规则，制定了实施细则，进一步明确工作职能、工作程序。各派驻乡镇检察室也结合本地实际，建立健全了检察长接待日、巡回接访以及与人大代表联系工作等有关规章制度。建立健全派驻乡镇检察室工作考核评价机制。海南省检察院把派驻乡镇检察室建设纳入基层检察院绩效考核体系，并由省检察院基层检察工作处专门负责全省派驻乡镇检察室的绩效考核，量化派驻乡镇检察室的工作任务。各派驻乡镇检察室之间形成了你追我赶、力争上游的好态势，同时也促进了各检察室整章建制，健全表、簿、卡、册，逐步实现了以绩效考核引导检察室各项工作健康深入发展的目的。在廉政建设、廉洁从检方面，海南省检察院专门出台《派驻乡镇检察室工作人员廉洁从检八项规定》，对派驻乡镇检察室工作人员廉洁从检工作提出了明确要求。各基层检察院也相继制定派驻乡镇检察室人员行为规范，要求检察室干警廉洁自律，做到自身正、自身净、自身硬。澄迈县检察院还安排分管副检察长和监察科科长带队深入检察室开展检务督察。检察室干警以优良的纪律作风和实际工作成效赢得了群众的认可支持，几年来实现"零投诉"，提高了检察机关的执法公信力，保证了检察室工作健康顺利进行。

（十）重视理论研究工作是派驻乡镇检察室工作在前行中不断创新的强有力的理论支撑

在新的历史起点上，如何加强农村检察工作，促进涉农检察工作创新发展是新时期检察工作的新课题新任务，面临许多理论和实践上的困惑。因此，必须从理论上回答这项工作中出现的种种理论和实践问题，筑牢农村检察工作的发展根基。海南省检察院自从开展重心下移、检力下沉，设置派驻乡镇检察室试点工作以来，非常重视围绕这项工作开展理论研究，为探索实践释疑解惑、扫清障碍。一是专门成立了课题组。试点工作刚刚启动，海南省检察院就以研究室为主要力量成立了专门的课题组，就试点工作的可行性、必要性和重要性进行系统论证，形成了较为科学、合理的论证报告，供省检察院党组参考，为作出这一决策提供了重要依据。二是借用外部资源，联合攻关。针对加强农村检察工作对党的基层政权建设的重要现实意义，海南省检察院与中共中央党校党建部、《求是》杂志社等联合攻关，从加强农村基层党的建设、巩固党的执政基础等角度，研究和挖掘试点工作的重要意义和进一步改进、提高的途径以及方式。三是举办理论研讨会。2009 年 7 月 5 日至 6 日，由海南省检察院、检察日报社和《人民检察》杂志社联合举办的"法律监督向农村延伸的理论价值与实践探索"研讨会在海口召开。会议旨在研讨法律监督向农村延伸的路径方式，进一步推动海南省检察机关派驻乡镇检察室试点工作。会议围绕"法律监督向农村延伸的探索"、"派驻乡镇检察室的理论"、"派驻乡镇检察室的实践"三个主题进行研讨，解决了一系列重要问题，如派驻乡镇检察室的职能、称谓、历史等问题。

二、派驻乡镇检察室的重要性

海南省检察机关对派驻乡镇检察室的实践探索，使我们对派驻乡镇检察室的重要性有了更为深刻的认识。

（一）建立派驻乡镇检察室是检察机关服务党和国家中心工作的需要

"三农"问题关系党和国家事业发展的全局，是全党工作的重中之重，也是检察机关服务党和国家中心工作重中之重的一项工作。把法律监督触角向农村延伸既是党中央的要求，也是人民群众对检察工作的期盼，在推进社会主义新农村建设中需要检察机关在服务"三农"工作中发挥更大的作用。

（二）建立派驻乡镇检察室是加强基层政权建设的需要

加强党的基层政权建设是党的十七届四中全会的重要内容，也是海南省委实施基层党建工作"强核心工程"的根本目的。通过派驻乡镇检察室的近距离监督，有利于解决农村反映突出的腐败问题，加大农村反腐倡廉力度，净化农村基层干部队伍，巩固农村基层政权和党的执政基础。

（三）建立派驻乡镇检察室是维护社会和谐稳定的需要

派驻乡镇检察室通过建立下访巡访等制度，主动深入乡村、深入田间地头，倾听农民反映情况，有效畅通了农民群众诉求渠道，为农民群众反映问题提供了方便，也有利于及时发现问题，把矛盾纠纷解决在基层、化解在萌芽状态，避免引发重大的矛盾纠纷，避免发生群体性事件，维护农村社会和谐稳定。

（四）建立派驻乡镇检察室是保障民生的需要

随着党和政府支农惠农政策的推行，农村享有的支农惠农补助款、专项资金越来越多，这些资金的管理发放涉及广大农民群众的切身利益，解决不好就会侵害农民群众的利益。充分行使法律监督职能，重点查办和预防支农惠农资金管理发放过程中的职务犯罪，是落实党的支农惠农政策、维护农民群众权益的现实需要。

（五）建立派驻乡镇检察室是完善基层司法组织体系建设、加强涉农检察工作的需要

派驻乡镇检察室与公安派出所、基层人民法庭和司法所一起组成了较为完整的基层司法工作机制，成为法律监督在广大农村的"触角"，具有坚实的社会基础和独具的不可替代性，是新形势下检察工作理念、资源配置、能力规模、执法方式的大调整，为我们进一步总结加强涉农检察工作的经验建立了新平台。

第四节 对健全完善我国乡村治理模式的启示

海南省检察机关派驻乡镇检察室的实践证明，派驻乡镇检察室的作用是多方面、多层次的，既能促进检察制度自身的健全完善，也有超越检察制度之外、促进党的执政水平提高等作用。如本书第一章和第六章所述，要全面认识新形势下农村检察制度的作用，必须将其置于整个乡村治理模式和结构之中，才能从整体上全面把握法律监督对当前我国农村社会的作用，才能更好地证明法律监督对农村经济社会改革发展的必要性。通过前面几章，我们对派驻乡镇检察室的历史和现实进行了较为详细的审视，对其运行模式、实践效果等也有了一定的了解和认识，回过头来再看派驻乡镇检察室对健全完善我国乡村治理

的作用。

一、派驻乡镇检察室对完善我国乡村治理模式的作用

海南省检察机关派驻乡镇检察室的实践表明，法律监督对促进完善乡村治理的作用主要体现在两个方面：一是法律监督对乡村治理各主体的作用，即法律监督权分别对乡镇国家机关及其工作人员、村民自治组织、农村基层政法组织的监督制约作用和对农民群众合法权益的保护作用；二是法律监督在沟通、协调乡村治理主体之间的作用，即通过法律监督协调国家政权、村民自治组织和农民群众的关系和利益，实现治理主体之间的利益均衡。

（一）对乡村治理主体的监督制约作用

对乡镇国家机构而言：一是协助查办涉农职务犯罪，惩治贪污贿赂、渎职侵权等犯罪行为，预防职务犯罪发生。派驻乡镇检察室广泛收集、及时发现发生在群众身边、直接侵害群众利益的职务犯罪线索，配合自侦部门查办农业基础设施建设、农业补贴款项、国家优抚金等领域的涉农职务犯罪案件，保证了党和国家支农惠农政策落到实处，并通过查办案件，教育警示权力行使者依法行使权力。二是监督基层组织公正司法，确保国家权力在法治的轨道上运行。按照我国司法活动的一般原则，人民法院、人民检察院和公安机关，在刑事诉讼中相互配合、相互制约，共同行使国家追诉犯罪的权力。如前所述，我国农村的司法机构，一般仅包括人民法庭、公安派出所，没有检察机关的工作机构，对设立在农村的人民法庭和公安派出所的监督，依赖于设置在县一级城区的县级检察院。在农村设置派驻乡镇检察室，可以使检察机关对人民法庭、公安派出所的监督更加及时，确保依法行政、公正司法。

对农村基层执法组织而言：派驻乡镇检察室通过召开辖区内各执法部门座谈会、查阅各执法部门近年来的执法记录、与被处罚人了解情况等方式，不断强化对公安派出所、人民法庭和执法单位的监督，及时处理和纠正各执法单位不公正、不规范的问题，改变以往检察机关对基层执法单位执法监督不到位、不及时的现状，促进了农村社会的公平正义。

对村民自治组织而言：一是监督村民自治组织依法管理，促进管理水平提高。派驻乡镇检察室针对村级财务、土地征用承包、支农惠农补贴不公开、不公示、缺乏监督的情况，积极探索"两监督、三公开"的方式（即纪检监察党政监督和检察机关法律监督，促进村财务公开、支农惠农资金标准和发放程序公开、土地征用承包情况公开），帮助村级组织整章建制，规范村务管理，

提高村民自治民主管理水平。二是监督村民民主选举。派驻乡镇检察室在农村"两委"干部换届选举期间，深入辖区各乡镇农村，采取法制宣传、专题调研、接受信访举报等形式，积极配合党委、政府开展村级组织换届选举的各项工作，在选举前，开展选举法律宣传教育；在选举中，配合公安机关等积极打击贿选以及扰乱、破坏选举的各种犯罪；在选举后，对新当选的村干部开展警示教育，为农村"两委"换届提供及时、便捷、高效的法律服务。

对农民群众而言：派驻乡镇检察室通过聘请检察联络员、接访、下访巡访、开展法律咨询等形式，认真倾听农民群众的呼声，为农民群众提供了畅通、便捷的诉求渠道，引导农民群众合法表达诉求，及时有效化解农村社会矛盾纠纷，使农民群众在权利受到侵害时，能获得畅通的诉求渠道，并得到有效的司法救济。

（二）　对农村治理主体之间的沟通协调作用

法律监督对农村治理主体之间的沟通协调作用主要是通过发出检察建议、查办案件等，督促某一应该履行职责的治理主体依法履行应该为另一治理主体履行的义务，如公安派出所应该为报案的农民群众及时立案，并在合理时间内给当事人答复、解释；或是查清事实真相，化解治理主体之间因信息不对称造成的误解；或是为治理主体之间充当公正的第三者，平衡各方利益关系，等等。总之，都是立足于法律监督职责之上的沟通协调各方利益的行为。

——充当中立的第三者。当前，我国社会某种程度地存在"仇官、仇富、仇警"的不良社会心态，这种心态体现在网络和日常生活中，普遍表现出对公共权力行使者的不信任。缺乏公众信任的第三者，使得国家和社会提供的裁判者均缺乏公信力，公力救济失灵，只有求助于私力救济，其结果是社会秩序的混乱不堪。检察机关在老百姓眼中能够惩治贪腐，打击犯罪分子，维护农民利益，如果能够秉公执法，容易在农民群众中树立威信。例如，在 2010 年海南省第六届村级组织换届选举中，海口市秀英区海秀镇业里村村民出现选举投票争议，需对票箱进行封存，但对保管票箱的选举工作部门产生怀疑，强烈要求秀英区检察院派驻永兴检察室对封存的票箱进行保管。农民群众说："哪个部门保管封存票箱，我们都信不过，我们就信乡镇检察室！"

——督促基层组织及其工作人员依法履职。如前所述，农村许多侵害农民权益的行为都根源于公共权力缺乏监督制约，不作为、乱作为所致。现实中，许多农民群众的利益受损后，不能得到及时有效的救济，以致小事拖大、大事拖炸。这绝非危言耸听。如某省发生的一起震惊全国的群体性事件的起因，就是由于两个村的小孩打架，到派出所反映，长时间无人处理，最终引发了两个村的械斗，公安机关出面制止，反而引火烧身，情绪失控的村民打砸派出所、冲击乡镇机关，造成恶劣的社会影响。这种村与村之间的小矛盾看似简单平常，但如果负有化解矛盾、惩处违法者职责的国家权力部门怠于履行职责，往往会酿成更为严重的后果。从这个意义上来说，派驻乡镇检察室对基层组织及其工作人员履职进行监督，减少不作为、乱作为现象，对农村长治久安是非常有价值的。

二、学术界对健全完善我国乡村治理模式提出的改革方案

学界对乡村治理模式提出的许多新的替代性理论观点和理想模式的重心并不在建立权力监督制约机制，而是意图通过扩大基层民主进程和合理划定基层政府职能两个方面来实现。具有代表性的观点主要有三种：一是以徐勇为代表的"县政乡派村治"模式；二是以沈延生为代表的"乡治村政社有"模式；三是以吴理财、郑法、于建嵘等为代表的"乡镇自治"模式。

（一）"县政乡派村治"模式

即将县作为国家在农村的基层政权，独立承担法律责任，直接对本县政务和人民负责；乡是县的派出机构，接受县政府的委派，专事县政府委托的任务。乡的财政支出由县政府编制预算，由县财政开支。乡不必与政府设立对等对口的机构，人员精简，转变职能；村即村民自治，村里的公共事务及支出由村民会议或者村民代表会议决定。"县政乡派村治"设计的优点是明显的，它十分系统地论述了县、乡、村三者的功能定位及结构关系，使乡村治理结构中的权、责、能相对均衡，从根本上消除制造和加重农民负担的因素。①

（二）"乡治村政社有"模式

即在乡镇实行自治，以社区服务为主，以行政决策为辅，其财政体制与人事制度由上级统一制定，以防范社区恶势力对乡治的操纵。乡镇长由选民直接选举产生，乡镇自治代表机构亦由选民选举产生，乡镇干部均应纳入地方公务员系列，乡镇长等人则应算作政务官，随选举而进退；在农村设立村公所，将政府组织延伸至行政村，村公所可由1—3人组成，成员均由乡镇政府委派，

---

① 徐勇：《县政、乡派、村治：乡村治理的结构性转换》，载《江苏社会科学》2002年第2期。

由地方公务员担任，村公所经费由乡镇财政负担。在行政村还应设立村民代表会议，作为议事机关。与其他模式相比，这种观点主要为了解决村民自治在处理村庄公共事务时缺乏动员能力的问题，是为了更好地解决村庄公共事务。社有，是指通过立法，明确规定农村土地属于村社所有，改变目前村民委员会在农地管理与分配有关的功能上与农业生产合作社、经济社之间关系不清的状况，进一步明确农村土地的权属，有利于限制当前农村方兴未艾的"圈地运动"，保护耕地资源。①

（三）"乡镇自治"模式

即在乡镇一级实行自治，如于建嵘主张"撤销乡镇政府，建立自治组织；健全和强化县级政府职能部门如公安、工商、税收、计生、教育的派出机构；充实和加强村级自治组织；大力发展农村经济中介组织；开放农会等农民利益代表组织"。"乡镇自治是一种社区自治，它要求以一地方之人，在一地方区域以内，依国家法律的规定和本地方公共的意志，处理一地方公共之事务"。"乡村社会可以通过民主选举的方式形成有利于社会发展的公共意志并处理好地方公共事务"。② 吴理财提出的"乡政自治"虽然在县乡关系等方面与"乡镇自治"有很大差别，但是就乡镇政府实行直选、重新配置乡镇政府的权力等方面与"乡镇自治"存在一致。③

学界对乡村治理模式改革的观点还有许多，较具代表性的学者如温铁军、党国英等，温铁军的主要意见有三：一是乡政府改为县财政直接开支的乡公所；二是村一级实行自治；三是镇改建为自治政府，只管镇建成区，不得管辖有自治权的村。党国英的主要意见是建立大农村社区，其基本想法是，第一，取消村级管理层次，村委会和村支部所承担的经济职能转移到民间经济组织，其所承担的公共管理职能转移到乡镇管理机构。第二，适当缩小乡镇规模，在乡镇社区实行"民主选举、议政结合、两委合一"。所谓两委合一，即政府委员会与党的委员会合一。④

这些观点丰富了我国乡村治理模式的研究，也为我国未来乡村治理的健全

---

① 沈延生：《村治刍议》（下），载中国选举与治理网，http：//www. chinaelections. org/PrintNews. asp？NewsID=62676，访问时间：2010 年 12 月 25 日。

② 于建嵘：《乡镇自治：根据和路径》，载《战略与管理》2002 年第 6 期。

③ 吴理财：《官民合作体制："乡政自治"》，载中国选举与治理网，http：//www. chinaelections. org/newsinfo. asp？newsid=103853，访问时间：2010 年 12 月 29 日。

④ 贺雪峰：《县乡村体制整体改革研究》，载三农中国网，http：//www. snzg. cn/article/2006/1031/article_ 447. html，访问时间：2011 年 1 月 10 日。

完善提供了更多的理论支撑和改革路径。但是，所有这些观点都是围绕两个问题展开的：一是扩大基层民主，以民主解决农村治理中的问题，如"乡镇自治"；二是合理分权，通过在县、乡镇和村合理分配公权力，实现善治，如"县政乡派村治"；三是综合前两种观点，将扩大基层民主与合理分权相结合，达到治理目标。这些观点都具有一定的合理性，但是却忽略了两个重要而基本的问题：一是乡村治理的核心问题是什么；二是改革的成本是多少。

　　首先，乡村治理的核心问题。乡村治理是通过合理设定国家与农民行为的边界、调整和配置国家与农民的关系，实现国家与农民关系的均衡，其实质是权力与权利之间的博弈与均衡。合理的治理结构和模式除了要科学分配权力、划定权力边界之外，还必须具有控制监管权力运行的机制，即监督制约机制，分权与制衡相伴而生，不能分离，否则就背离分权的初衷，因此，更重要的是建立权力监督制约机制，保证权力在设定的范围内行使。绝对的权力导致绝对的腐败。没有监督制约的权力最终将侵犯公民的权利。这也是当前许多农村问题之所以产生的重要根源。如支农惠农资金被基层组织及其人员侵吞问题，就是缺乏对基层组织及其人员的有效监督制约；又如村民自治权利受到行政性权力的干扰问题，等等。因此，"乡政村治"存在的根本问题，不是其自治范围不足、乡镇政府承担的功能过多等，而是缺乏有效管用的权力监督制约机制。而各种替代性设想和理论模型，都没有注意到这个问题，没有将建立权力的监督制约机制作为一个重要问题来考虑，而是将完善的权力监督制约机制、公正有效的司法裁决机制等作为潜在的必备条件。这既受制于研究者本身科学的制约和限制，也没有将乡村治理结构作为一个宪法问题认真对待。乡村治理结构的演进与形成，虽然是受到深刻的社会、历史、政治、经济、文化、法律等多种因素共同影响而形成的，但由于主要涉及权力与权利的关系问题，因此，乡村治理模式是一个宪政问题，必须从我国宪法高度来看待和认识这个问题。作为宪政意义上的乡村治理结构，主要从两个层面来理解：一是从宏观上来看，即从国家整个权力的架构而言，乡村治理结构，涉及国家基层权力的分配，涉及县一级政府、乡镇等权力之间的权力划分；二是从微观上来看，即从乡村治理结构的内部来看，乡村治理结构必须具备一定的权力监督制衡机制。而缺乏权力监督制约机制的"县政乡派村治"、"乡治村政社有"、"乡镇自治"等模式均无法避免当前"乡政村治"中暴露出来的权力无法有效监督和制约带来的种种问题。

　　其次，改革的成本问题。由于没有将如何划分县、乡、村权力分配关系的乡村治理结构问题上升为宪法问题，所以研究此问题的学者从来不需要考虑重新划分县、乡、村的权力范围是否符合宪法、是否需要通过修改宪法来实现。

按照我国《立法法》等法律的规定，涉及国家权力配置的问题属于宪法范畴。宪法修改导致县、乡、村原有权力范围发生较大变动，对于一个拥有 2000 多个县、4 万多个乡镇的国家来说，改革的成本可想而知。因此，重构我国农村治理模式，必须在考虑加强监督制约机制建设的同时，权衡成本，力求在现行制度框架内，加强对权力的监督制约，提出有效管用的改革建议和对策，为完善我国乡村治理机制服务。

三、构建由法律监督参与的乡村治理新模式

通过对派驻乡镇检察室促进完善乡村治理模式的功能和价值的分析可以得知，检察机关的法律监督对现行"乡政村治"的治理模式是一种很好的补充和完善，通过法律监督弥合了乡镇行政管理与村民自治民主管理之间的断层，架通了乡政与村治之间的桥梁。更重要的是强化了对农村公权力的监督制约，促使乡政和村治两者在各自权力范围内运行，为遏制农村公权力不作为、乱作为提供了制度保障，形成了"行政管理＋法律监督＋村民自治"的新型乡村治理模式。这一模式立足于当前我国乡村治理模式的现状和突出，从监督制约公权力入手来解决农村社会治理中的问题，抓住了治理的核心，即如何监督制约公权力，为解决农村治理中的问题提供了较为现实的切入点。当然，并不是说有检察机关法律监督的加入就能够解决乡村治理结构存在的所有问题，乡村治理结构的完善，既需要外部有效的监督制约，也需要内部自身制度体系的健全完善，仅仅是相对于现行"乡政村治"模式和各种改进方案而言，其更具有一定的合理性。这种模式来源于海南省检察机关开展派驻乡镇检察室建设工作后乡村治理情况的实践检验，主动适应了民主法治的治理趋势，兼顾了制度改革的成本收益考量，我们认为，这是现行乡村治理模式改革的一个可以考虑的方向。其意义和价值主要体现在以下几个方面：

（一）监督农村公权力依法规范运行

公权力缺乏有效监督和制约是当前我国腐败问题高发的根本原因，也是农村诸多不稳定因素的根源。"乡政村治"中出现的乡镇干涉村民自治、村民自治组织侵害农民权益等问题，都是公权力缺乏监督制约的结果。检察机关通过在农村设置派驻乡镇检察室，加强农村法律监督，通过发挥协助查办农村职务犯罪、开展诉讼监督等职能作用，促使乡镇政府、公安派出所、人民法庭、村级自治组织等依法行使公权力，有利于减少农村公权力行使过程中的随意性，为农民权益提供更多保障。

（二）弥合了乡政与村治的断层

如前所述，乡政和村治产生的问题主要是由于缺乏有效的权力监督制约机制，两者或是逾越权力边界，或是怠于履行职权，造成乡政与村治之间的功能紊乱，最终损害了农民权益，也使得这种制度设置本身饱受诟病。有法律监督参与的农村治理模式，通过派驻乡镇检察室行使法律监督权，既规范乡镇国家权力的依法运行，促使有关部门公正执法、司法，又规范了村民自治组织的各种行为，消除了掣肘和摩擦，弥合两者之间存在的行政管理与民主自治之间的不相适应，沟通和连接了两种不同的治理方式和手段，促使乡政和村治在各自的轨道上发挥应有作用，实现了乡村治理效果的最大化。

（三）符合我国社会主义民主法治建设的方向

与经济改革一样，我国民主政治改革同样发端于农村，村民自治制度的实施极大地推动了我国农村民主政治建设的进程，虽然还存在种种缺陷与不足，但是民主选举、民主管理、民主监督已深入人心。学术界的研究也大部分集中在如何完善和扩大民主的形式和内容两个方面，如推动乡镇直选、扩大自治范围等，但对于与民主最重要的配套制度——法治，重视不够，研究不多，甚至将法治作为潜在的、无须考虑是否需要完善的前提条件。这种研究脱离了中国实际，大大限制了查找农村基层民主存在的问题和寻求解决问题之道的视域。民主必须需要法治来规范和保障，社会主义民主离不开社会主义法治。因此，推行和完善村民自治，扩大农村基层民主，必须同时注意加强法治建设，用健全完善的法治来规范农村基层民主，而通过构建由法律监督参与的农村治理模式，将法治引入乡政和村治中，发挥法治规范权力运行、保护公民权利的作用，有利于促进乡政和村治的健全和完善，充分发挥其应有的作用。

（四）改革难度低、成本较小

任何一项制度变革都是有成本的。乡村治理模式的各种替代性方案，不管是扩大农村基层民主范围，还是推动国家权力进一步延伸到广大农村，加强对农村的管制力度，都是对现有"乡政村治"模式的改变和替代，会引起现行《宪法》的修改和变动，产生成本与收益的权衡，其成本和难度可想而知。由法律监督参与的乡村治理模式，通过在农村设置派驻乡镇检察室，将法律监督延伸到农村，为现行乡政村治模式加入了法律监督，使乡政和村治能够在各自权力范围内运行，无须对现行制度进行变动，仅需要调整县级检察机关的内设机构布局和资源配置即可实现，其成本远远小于扩大农村民主范围、推行乡镇直选等改革。寄希望于大规模的民主选举来改进乡村治理，牵涉的层面多，能否产生预期的效果难以判断，甚至可能带来新的问题。因此，选择在现行"乡政村治"模式中加入法律监督元素的改革进路，是一种较为稳妥、现实的方式。

（五）更加利于克服现行治理模式的不足和弊端

从上文可以得知，我国当前乡村治理中存在的问题并非是"乡政村治"制度设计本身存在的问题，而是乡政和村治的相关制度配置和落实不到位造成的，特别是缺乏有效的监督制约机制，以致没有发挥"乡政村治"预定的功能和效果。即使主张改变"乡政村治"政策的建议也承认这样一个现实，即现行"乡政村治"框架总体上运行基本正常。这一结论是建立在对 857 个村的科学调查的基础上的，具有代表性。① 既然现行农村政治体系基本运行正常，就不宜作体制上的更换。因为，基本体制和基本政策的连续性与稳定性，是任何一个处于发展中的国家不断前进的基础，也是中国农村改革、发展和稳定的重要前提条件。因此，通过补强"乡政村治"中的监督制约机制，加强对公权力的监督，促使其依法履职，积极作为，发挥功能，实现价值，是解决"乡政村治"中存在的问题的一种有效尝试，海南省检察机关设置派驻乡镇检察室的实践也充分证明了这一点。

---

① 参见中共湖北省委组织部、湖北省社会经济调查队课题组：《村级组织建设研究》，载《中国农村经济》1997 年第 8 期。

第九章 中国特色社会主义农村检察制度的改革与发展

第一节 中国特色社会主义农村检察制度改革发展的重要机遇期

波澜壮阔的中国改革事业，发端于农村，也使得中国广大农村取得了举世瞩目的成就，逐步走向完善成熟的农村改革为中国全面深化改革提供了可资借鉴的丰富经验。研究中国经济体制、政治体制改革，也包括司法改革，不能不研究农村改革，而探询中国特色社会主义农村检察制度的改革发展就更不能脱离中国国情，不能脱离对农村改革的研究。

一、党中央对"三农"问题的重大战略性调整反映了中国农村改革的基本脉络

农业稳则基础牢、农村稳则社会安、农民富则国家强。加强"三农"工作，着力解决"三农"问题，关系党和国家全局，关系实现全面小康社会的宏伟目标，关系中华民族的伟大复兴和中国特色社会主义事业的长远发展，也关系社会主义新农村建设与和谐社会的构建。党中央历来对"三农"工作高度重视，特别是改革开放以后，党中央所发布的"中央一号文件"，集中体现了关于"三农"工作的重大战略性调整和部署。

所谓"中央一号文件"，原指中共中央每年发的第一份文件。该文件在国家全年工作中具有纲领性和指导性地位。"一号文件"中提到的问题是中央全年需要重点解决的问题，也是当前国家急需解决的问题，更从一个侧面反映出解决这些问题的难度。改革开放初期，中共中央在1982年至1986年连续5年发布以农业、农村和农民为主题的"中央一号文件"，对农村改革和农业发展作出具体部署。时隔18年之后的2004年，中共中央发布《中共中央、国务院关于促进农民增加收入若干政策的意见》，"中央一号文件"再次回归农业。

此后至 2014 年又连续 11 年发布以"三农"为主题的"中央一号文件",强调了"三农"问题在中国的社会主义现代化建设时期"重中之重"的地位。现在"中央一号文件"已经成为中共中央重视农村问题的专有名词。

1982 年 1 月 1 日,中共中央发出第一个关于"三农"问题的"一号文件",对迅速推开的农村改革进行了总结,明确指出包产到户、包干到户或大包干"都是社会主义生产责任制",同时还说明它"不同于合作化以前的小私有的个体经济,而是社会主义农业经济的组成部分"。1983 年 1 月,第二个"一号文件"《当前农村经济政策的若干问题》正式颁布,从理论上说明了家庭联产承包责任制"是在党的领导下中国农民的伟大创造,是马克思主义农业合作化理论在我国实践中的新发展"。1984 年 1 月 1 日,中共中央发出第三个"一号文件",强调要继续稳定和完善联产承包责任制。1985 年 1 月,中共中央、国务院发出《关于进一步活跃农村经济的十项政策》,即中央第四个"一号文件",取消了 30 年来农副产品统购派购的制度,对粮、棉等少数重要产品采取国家计划合同收购的新政策。1986 年 1 月 1 日,中共中央、国务院下发了《关于一九八六年农村工作的部署》,即中央第五个"一号文件",肯定了农村改革的方针政策是正确的,必须继续贯彻执行。2004 年 1 月,中央下发《中共中央国务院关于促进农民增加收入若干政策的意见》,成为改革开放以来中央的第六个"一号文件"。2005 年 1 月 30 日,《中共中央国务院关于进一步加强农村工作提高农业综合生产能力若干政策的意见》下发,即中央第七个"一号文件",其中提出坚持"多予少取放活"的方针,稳定、完善和强化各项支农政策。2006 年 2 月,中共中央、国务院下发《中共中央国务院关于推进社会主义新农村建设的若干意见》,即中央第八个"一号文件",对于中共十六届五中全会提出的社会主义新农村建设的重大历史任务进行了全面部署。2007 年 1 月 29 日,《中共中央国务院关于积极发展现代农业扎实推进社会主义新农村建设的若干意见》下发,即改革开放以来中央第九个"一号文件",指出发展现代农业是社会主义新农村建设的首要任务。2008 年 1 月 30 日,《中共中央国务院关于切实加强农业基础建设进一步促进农业发展农民增收的若干意见》下发,即改革开放以来中央第十个"一号文件"。《意见》共分 8 个部分,包括:加快构建强化农业基础的长效机制;切实保障主要农产品基本供给;突出抓好农业基础设施建设;着力强化农业科技和服务体系基本支撑;逐步提高农村基本公共服务水平;稳定完善农村基本经营制度和深化农村改革;扎实推进农村基层组织建设;加强和改善党对"三农"工作的领导。2009 年 2 月 1 日,改革开放以来中央第十一个"一号文件"《中共中央国务院关于 2009 年促进农业稳定发展农民持续增收的若干意见》下发,提出要把保持农业农村经济平稳较快发展作为首要任务，围绕稳粮、增收、强基础、重民生，进一步强化惠农政策，为经济社会又好又快发展继续提供有力保障。2010年1月31日，《中共中央国务院关于加大统筹城乡发展力度进一步夯实农业农村发展基础的若干意见》下发，即改革开放以来中央第十二个"一号文件"，对于在保持政策连续性、稳定性的基础上，进一步完善、强化"三农"工作的好政策提出了一系列新的重大原则和措施。2011年1月29日发布的《中共中央国务院关于加快水利改革发展的决定》，是改革开放以来中央关注"三农"的第十三个"一号文件"，也是新中国成立以来中央文件首次对水利工作进行全面部署。2012年2月1日发布的《关于加快推进农业科技创新持续增强农产品供给保障能力的若干意见》，是中央关注"三农"工作的第十四个"一号文件"，突出强调部署农业科技创新，把推进农业科技创新作为"三农"工作的重点。2013年1月31日，《中共中央、国务院关于加快发展现代农业，进一步增强农村发展活力的若干意见》下发，这也是中央第十五个"一号文件"，"一号文件"连续第十年聚焦"三农"。2014年1月19日，中央发布《关于全面深化农村改革加快推进农业现代化的若干意见》，即改革开放以来中央第十六个"一号文件"全文分8个部分，包括：完善国家粮食安全保障体系；强化农业支持保护制度；建立农业可持续发展长效机制；深化农村土地制度改革；构建新型农业经营体系；加快农村金融制度创新；健全城乡发展一体化体制机制；改善乡村治理机制。

纵观十六个"中央一号文件"，清晰反映了改革开放以来不同阶段、不同年代中国农村改革的重点和工作主题，展现了中国农村改革推进发展提高的全貌。了解这一进程，把握中国农村改革发展的脉络，对于推进中国特色社会主义农村检察制度的改革发展具有重要的指导意义。

二、改革开放以来伴随中国农村改革进程探索发展的农村检察制度

检察工作作为党和国家工作的重要组成部分，必须在党和国家工作大局下开展，为党和国家工作大局服务。这一点也充分体现在检察工作服务中国农村改革的过程之中。"三农"问题在中国改革开放初期曾是"重中之重"，从1982年起连续5年"中央一号文件"高度关注"三农"问题，出台了指导中国农村改革的一系列重大决策，对实现农村改革率先突破、调动广大农民积极性、解放农村生产力起到了巨大的推动作用。在中国农村改革大潮的推动下，检察机关为适应改革开放形势，积极探索深化检察体制改革，进行了一系列开

展农村检察工作的探索，如设置派驻乡镇检察室、检察工作服务站、检察工作队、检察工作组等，创设了农村检察制度多样的组织形式，极大地丰富了农村检察制度。以派驻乡镇检察室为例，1982 年乡镇检察室这一农村检察工作组织形式开始出现，一些地方检察机关探索设立乡镇检察室，在打击农村刑事犯罪、维护农村社会稳定、保护和促进农村经济发展等方面发挥了巨大作用。几年间，乡镇检察室工作快速发展，步入第一个高速成长期。到 1988 年年底，全国有 22 个省、自治区、直辖市的检察机关进行了试点，共设置乡镇检察室（检察办事处）696 个，配备干部 1688 人。

从 1985 年起，党中央将经济建设的重心由农村转移到城市，城市经济建设发展成为党和国家在此后一个时期的工作大局。事实上，在实现社会主义现代化建设过程中，城市化、工业化是社会主义现代化建设的目标和途径。这一时期检察机关服务党和国家工作大局，在一定程度上就是服务城市化、工业化进程，就是服务城市经济建设的发展。这种政策导向使检察工作的重心放在城市经济建设上，这符合当时经济社会发展的客观要求。乡镇检察室工作也在惯性前行后，从 20 世纪 90 年代中后期进入了一个较为漫长的停滞期。

进入新世纪以来，党中央提出了把解决好"三农"问题作为全党工作重中之重的基本要求，明确了统筹城乡经济社会发展的基本方略，作出了我国总体上已到了以工促农、以城带乡发展阶段的基本判断，制定了工业反哺农业、城市支持农村和多予少取放活的基本方针，规划了建设社会主义新农村的基本任务。2004 年至 2014 年，连续 11 年发出指导农村发展的"中央一号文件"，不断加大强农惠农政策力度，制定了一系列具有里程碑意义的强农惠农政策，采取了一系列具有划时代意义的重大举措。[①] 2003 年以来，中央财政支持"三农"的力度加大，"十五"期间，中央财政用于"三农"的资金达 11300 亿元，从 2006 年中央支农资金为 3517.22 亿元，到 2007 年为 4318.32 亿元，再到 2008 年中央财政安排"三农"支出 5955.5 亿元。2009 年，中央政府拟安排"三农"投入 7161 亿元。目前，已经基本构建起强农惠农的政策体系，初步搭建起统筹城乡发展的制度框架，正在形成加快农村经济社会发展的长效机制。与此同时，各地检察机关纷纷围绕服务地方经济社会发展大局，围绕服务社会主义新农村建设，再次掀起了加强农村检察工作、把法律监督延伸到广

---

① 如全面取消农业税、牧业税、农业特产税、屠宰税；实行农业补贴制度；全面放开粮食购销市场和价格；全面推行农村义务教育"两免一补"；普遍建立新型农村合作医疗制度；全面建立农村最低生活保障制度；不断加快农村水电路气等基础设施建设；切实加强农民工权益保护和服务 8 个方面的重大举措。

大农村的探索热潮。2008 年，海南省检察机关在全国检察机关率先开展派驻乡镇检察室工作试点，派驻乡镇检察室重新获得了生机与活力。

三、农村检察制度的改革发展迎来重要机遇

经过 30 多年的改革开放，我国农村的发展速度是举世罕见的，我们这个 13 亿人口的大国不仅从整体上解决了温饱问题，而且很快步入了全面建设小康社会的新阶段。但是，由于我国经济社会发展正处在非常重要的转型期，探索前行的农村改革发展面临的环境更加复杂、困难挑战更加多样，经济社会结构深刻变化对创新农村社会管理、完成农村治理模式转型提出了亟待破解的课题。如前文所述，海南省检察机关在调研中发现，当前影响农村和谐稳定、群众反映强烈的主要问题有：农村基层组织人员贪污、挪用土地征用补偿款、国家支农惠农资金等职务犯罪突出；侵害农民权益案件得不到及时处理，造成大量信访；农村财务混乱，账目不公开，缺乏有效的监督和管理，国家支农惠农资金难以落到农民手中；农村治安案件、刑事案件得不到及时有效处置，引发多种社会矛盾，治安形势越来越严峻；基层政法干警违法违纪得不到有效遏制，严重影响警民关系，等等。这些问题有一个共同特点：绝大部分都是因为基层组织及其工作人员没有正确履行职责，也就是说，主要是因为公权力不正确行使造成的。由此可见，农村治理模式转型的最佳路线应当是优先规制农村公权力的运行——只有基层组织及其工作人员真正依法办事了，才能引导和带动广大农民群众依法办事，从而奠定一个坚实的、足以承载新型治理模式框架的基础性平台，实现基层民主与法治的相辅相成、相得益彰。而在规制涉农的公权力运行方面，检察机关有着独特的、不可替代的作用，在这个进程中，检察机关不是旁观者，而应是积极的参与者，要立足检察机关的宪法定位，主动参与，积极探索，为促进农村治理模式转型，促进党的执政方式转型，促进社会长治久安发挥更加积极的作用。

特别是党的十七大以来，党中央对社会主义新农村建设作出了新的战略部署，为农村检察工作的改革发展提供了指南。党的十七届三中全会通过了《关于推进农村改革发展若干重大问题的决定》，该《决议》明确指出："加强农村法制建设……强化涉农执法监督和司法保护。加强农村法制宣传教育，搞好法律服务，提高农民法律意识，推进农村依法治理"，"健全党和政府主导的维护农民权益机制，拓宽农村社情民意表达渠道，做好农村信访工作，加强人民调解，及时排查化解矛盾纠纷"，"加强农村政法工作"等。党的十八大报告着重强调："解决好农业农村农民问题是全党工作重中之重，……加大强

农惠农富农政策力度……让广大农民平等参与现代化进程、共同分享现代化成果。要健全基层党组织领导的充满活力的基层群众自治机制,以扩大有序参与、推进信息公开、加强议事协商、强化权力监督为重点,拓宽范围和途径,丰富内容和形式,保障人民享有更多更切实的民主权利。"2014 年"中央一号文件"明确提出"改善乡村治理机制","加强农村基层党的建设。加强农村党风廉政建设,强化农村基层干部教育管理和监督,改进农村基层干部作风,坚决查处和纠正涉农领域侵害群众利益的腐败问题和加重农民负担行为。""健全基层民主制度。强化党组织的领导核心作用,巩固和加强党在农村的执政基础,完善和创新村民自治机制,充分发挥其他社会组织的积极功能。深化乡镇行政体制改革,完善乡镇政府功能。深入推进村务公开、政务公开和党务公开,实现村民自治制度化和规范化。""创新基层管理服务。健全农村治安防控体系,充分发挥司法调解、人民调解的作用,维护农村社会和谐安定。"

这一系列重要举措,为加强农村检察工作打开了广阔空间,改革发展中国特色社会主义农村检察制度迎来重要机遇期,检察机关高度重视、强力推进涉农检察工作,不断发展完善农村检察制度,可以说是恰逢其时,大有作为,更是检察机关坚持以党和国家工作大局为中心、为工作大局服务的具体体现。

第二节 中国特色社会主义农村检察制度面临的挑战

党的十七大以来,党中央对全面落实依法治国基本方略、建设公正高效权威的社会主义司法制度作出了战略部署,并批准转发了中央政法委《关于深化司法体制和工作机制改革若干问题的意见》,为检察工作发展进步指明了方向、提供了强大动力。而人民检察院成立以来,特别是检察机关恢复重建以来,法律监督工作取得的成效和经验也为进一步加强和改进检察工作特别是农村检察工作奠定了坚实基础。

一、改革开放 30 多年来农村经济社会的发展变化是农村检察制度不断发展完善的时代需求

把握改革开放 30 多年来我国农村发生的变化是认识和研究我国农村问题的前提和基础。改革开放 30 多年来特别是 20 世纪 90 年代以来,我国农村社

会的发展变化主要体现在：一是在农村社会经济形态方面，随着人民公社制度的解体，农民流动性加大，广大农村已经从传统的"全耕社会"演进为"半耕社会"，或者说由传统的"农耕社会"演进为"农工社会"，社会生产结构呈现出劳动力非农化、次要劳动力农业化，主业副业化、副业主业化，农民收入多元化、非农收入成为增收主要来源以及农业占 GDP 的份额逐步下降四个方面的显著特征。二是在农村社会结构和阶层结构方面，家庭承包责任制的建立，农民从"集体人"转变成"社会人"，自由度增大，社会流动性增加；市场经济体系的建立，农村社会由"熟人社会"变成"半熟人社会"，从"乡土社会"变成"工商社会"；市场经济的发展，生产方式和分配形式的变化以及城乡二元结构的松动，社会各阶层互通的渠道正在萌生，社会阶层结构发生变化，促使农民快速发生分层和分化。三是在农民政治法律意识心理方面，一方面，农民的法律意识、政治参与意识日益增强；另一方面，集体精神、公共意识淡化。四是在乡村治理结构方面，1983 年乡镇政府机构替代了人民公社，农村基层政权的基础逐渐发生了根本性的变化。乡镇政府的主要职能由以前的控制、管理农村生产变成了完成国家税收、粮食任务和对农村社会进行服务型管理。自 20 世纪 90 年代开始，村委会主任开始由村民选举产生，乡村关系由上下级的关系变成了指导关系。2002 年到 2005 年，中央政府实行了农村税费改革，彻底取消了农业税、"三提五统"以及各种在农民身上的收费项目，乡镇政府对村一级的控制减弱，由于不必再收取税费，农村的乡镇政权正在从"汲取型"向"悬浮型"转变。①

　　总的来说，当前的我国农村已经不再是传统小农经济或者计划经济时代的农村，是一个正处于迈向城市化、工业化路途中的农村，是一个进入社会主义市场经济体制下的农村，"乡土社会"、"熟人社会"的特征正逐步消亡，我国农村社会总体形势发生了空前巨变。这些变化，一方面使乡村社会原有的权威日渐式微，失去了解决纠纷、处理社区公共事务的能力，"熟人社会"、"乡土社会"自发形成的地方性规则不足以维持在新的历史条件下的社会秩序，无力解决市场经济条件下出现的新问题；另一方面，"随着国家对乡村经济依赖性的减弱和乡村市场经济的发展，以及传统的权力文化向现代权利文化的转

---

　　①　基层政府过去一直依靠从农村收取税费维持运转，税费改革后变为依靠上级转移支付。在这个转变过程中，基层政府的行为模式也在发生改变，总的趋势是由过去的"要钱"、"要粮"变为"跑钱"和借债。在这种形势下，基层政权从过去的汲取型变为与农民关系更为松散的"悬浮型"。参见周飞舟：《从汲取型政权到"悬浮型"政权》，载《社会学研究》2006 年第 3 期。

变，国家行政权力逐渐退出乡村的政治领域"。① 其结果给乡村社会秩序的稳
定带来了许多问题，如有学者指出，乡村"在国家政治权力退隐以后，浮出
水面的是乡村横暴权力，以及由此带来的种种经济和政治不平等"。② 这催生
了农村社会对国家法律的需求，从国家推行的"送法下乡"转到自发的"迎
法下乡"，农民从对国家法律的排斥转到不得不求助于国家法律的帮助。③ 这
为国家司法权力向农村延伸提供了依据，也契合改革开放以来我国推行的依法
治国的理念和方略。

　　因此，发展完善农村检察制度，不断拓展法律监督在广大农村的场域，其
实质是作为国家司法权力之一的法律监督权向广大农村渗透、延伸的过程，是
弥补国家行政权力在农村社会存在不足的途径之一，也是对"乡土社会"、
"熟人社会"解体后原有权威衰落的有效补充，填充了国家行政权力在农村社
会撤退、原有权威衰落形成的治理空白，是有效缓解当前广大农村原有解决纠
纷、维持秩序的地方性规则失效和国家行政权力退出农村社会后形成的双重困
境的方式之一，契合了当前广大农村社会转型时期对国家权力和法律的需要。

---

① 于建嵘：《岳村政治——转型期中国乡村社会政治结构的变迁》，商务印书馆 2001
年版，第 438 页。

② 陈柏峰：《家门口的陌生人——转型期乡村混混群体与农村社会灰色化》，载 2007
年中国社会学年会"转型期中国乡村治理与乡村建设"论坛。

③ 通常而言，法律是解决陌生人社会所存在纠纷的比较有效的工具，熟人之间则不
大容易诉诸法律。一旦诉诸法律，意味着熟人间的关系开始疏远，或者准备中断，准备成
为"陌生人"。乡土社会、熟人社会对法律有一种本能的排斥，送法下乡是一种包含多种
意图的国家行为。基于这样的判断和逻辑，农村是不需要现代意义上的法律和司法的。当
农村社会发生改变的时候，即我国农村社会从熟人社会迈向半熟人社会、陌生人社会，从
乡土社会转向工商社会的时候，农村的流动性和异质性越来越强，家庭的生产生活进入到
了一个更大的社会市场体系中。伴随着这种变化的是村落社区的复杂性和不确定性增加，
村民间的互动越来越少，基于特殊关系的社区人格信任就很难有效维持，传统的纠纷解决
方式逐渐丧失了原来的地位和作用，基于制度（系统）信任的普遍性规则便显得尤为重
要。因此，今天的国家法律，因其规则的普遍性和背后的惩罚机制，就能够给逐渐陌生化
的乡村社会提供信任，维持基本秩序。社会变迁使得传统的地方性规范和内生权威力量式
微，根本无法应对新出现的混乱状态，乡村社会内生出了对国家力量和法律的需求。在当
代中国，国家法律已日益成为维护社会秩序、促进社会和谐、保障新农村建设的不可或缺
的力量。虽然在乡村社会这样一个急剧变迁的转型时期，迎法下乡不能彻底改变"结构混
乱"的局面，但是在传统结构和规范几乎不能恢复的情况下，它却可以防范和遏制农村黑
恶势力的暗流，保证基本的秩序与公正，促进新的稳定结构早日形成。参见董磊明、陈柏
峰、聂良波：《结构混乱与迎法下乡——河南宋村法律实践的解读》，载《中国社会科学》
2008 年第 5 期。

当前农村社会总体情况发生了巨大的变化，广大农村社会和农民群众对待国家权力、对待国家法律的态度产生了巨大的转折，如果忽视这种变化，依然停留在对农村社会是"熟人社会"、"乡土社会"的判断上，就看不到时代赋予的新形势下发展和完善农村检察制度的深层次内涵和意蕴，也无法领会其重要性。

二、当前我国农村突出矛盾的新变化是农村检察制度发展完善的现实需要

20 世纪 90 年代中后期以来，我国农村存在的突出矛盾与问题也发生了新的变化，主要表现在：

一是农村群体性事件高发，且性质和方式发生了变化。当前，随着我国经济社会深度转型，社会阶层逐渐分化、利益主体日益多元，因分配不公、利益调整失当引发的群体性冲突频发，已经威胁到和谐社会的构建和基层政权的稳定。据统计，从 1993 年到 2004 年，我国群体性事件数量由每年 1 万余起增加到 7.4 万余起，增加 6.4 倍，参与人数从 73.2 万人次增加到约 376 万人次，增加 4.13 倍。同时，群体性事件的规模不断扩大，100 人以上的从 1388 起上升到 6831 起，增加 3.9 倍，年均递增 14.6%。① 2005 年之后，群体性事件发生次数和参与人数虽然有较大幅度下降（2005 年为 2.9 万起，参与人数 199 万人；2006 年为 2.4 万起，参与人数为 159 万人；2007 年为 2.5 万起，参与人数为 134 万人），② 但仍保持高发态势，且群体性事件的类型化趋势日益明显，涉及面更广，社会负面影响更大，如贵州瓮安事件、云南孟连事件等。群体性事件大都发生在县以下地区，农村群体性事件占到总数的 30%—60%。③ 大量发生的群体性事件直接影响社会稳定，干扰改革发展和社会主义现代化建设全局。值得指出的是，有学者跟踪研究江西农村稳定格局的变化后指出，自 20 世纪 90 年代中期以来，影响农村稳定的主要因素已由过去发生在农民与农民之间的群体性事件，过渡为主要针对基层政府和组织的群体性事件。当前农民向政府表达意见和不满的方式，呈现出"三部曲"的特点：在 20 世纪 90

---

① 王胜俊：《健全工作机制维护社会稳定》，载中央党校《报告选》2005 年增刊。

② 参见海南省政法系统领导干部大学习大讨论集中培训专题讲座提纲：《高举"三个维护"的旗帜依法妥善处理群体性事件》（内部）。

③ 宋维强：《抗争政治视野中的农民群体性事件》，载 http://www.qhei.gov.cn/xbkf/tszs/t20060518_ 206679. shtml，访问时间：2010 年 3 月 25 日。

年代中期以前，主要以和平性的"沟通性"方式为主，自 90 年代中期以后，他们的行动越来越带有"迫逼性"的特点，与此同时，"敌视性"方式也已经出现。如今农民的行动方式已不再局限于和平的"沟通性"方式，而在向第二步、第三步推进。①

二是乡镇政权施政能力下降。近十年来，全国乡镇政府普遍出现了财政危机，目前全国 65% 的乡镇共负债达 3200 多亿元，其中以中西部欠发达地区最为严重，这些乡镇还债能力低下，负债仍在不断增长，濒临破产的经济状况已严重制约了乡镇政权的施政能力。② 2006 年，税费改革、农业税取消，从财政上看，使得乡镇基层组织收入来源进一步削减，打击了乡镇基层组织干事的动力、削弱了其为民服务的能力；从税费改革"倒逼"而致的乡镇综合配套改革在给乡镇政权"消肿减肥"来看，也削弱了乡镇基层组织可以动员的力量，从而削弱了其施政能力，部分农村基层政权和基层组织出现了黑恶化、灰色化现象，严重影响和干扰了乡村社会秩序。③ 乡镇政权施政能力的下降，使得农民对基层政权缺乏信任和认同感，也损害了党和政府的形象和威信，导致基层政府和组织对农民群众缺乏号召力，"你让他往东他偏往西"，基层政府权威失灵。

---

①　肖唐镖：《十余年来大陆农村的政治稳定状况》，载《二十一世纪》2003 年 4 月号（第 2 期）。文章指出，自 20 世纪 80 年代初家庭承包经营责任制实施后，江西农村的群体性械斗出现较大幅度的增长，至 90 年代初达到高峰，如：1990 年械斗数量达 749 起，参与人数 9 万人，死伤 2312 人；1991 年械斗数量 493 起，参与人数 7 万人，死伤 2216 人；1992 年械斗数量 103 起，参与人数 1.8 万人，死伤 682 人；1993 年械斗数量 35 起，参与人数 0.43 万人，死伤 79 人。自 1994 年起，农村械斗的数量每年一直维持在 20 起左右。这些械斗的突出特点是：械斗的主体均为农民，而起因多是对山林、土地、水面等资源的争夺，或是家庭或宗族之间的日常纠纷。为预防并调处群体性纠纷、械斗，当时的江西省各级政府投入大量的人力和物力，政府近于成了"救火队"，疲于奔命，省政府主要负责人甚至曾亲往械斗现场进行调处。然而，自 20 世纪 90 年代中期开始，在群体性械斗事件急剧下降的同时，另一种群体性事件却出现上升，即针对基层政府和基层干部的群体性事件日益增多。1994 年，江西省抚州地区数个乡镇发生了大规模围攻基层干部的事件。此后，该省每年皆要发生多起围攻基层干部，甚至冲击、打砸乡县政府的群体性事件，1999 年仅第一季度便发生了 32 起农民群体性事件。

②　于建嵘：《农村黑恶势力和基层政权退化——湘南调查》，载《战略与管理》2003 年第 5 期。

③　参见于建嵘：《警惕黑恶势力对于农村基层政权的侵入》，载《决策咨询》2003 年第 8 期；另可参见陈柏峰：《家门口的陌生人——转型期乡村混混群体与农村社会灰色化》，载《转型期中国乡村治理与乡村建设论坛》2007 年。

　　三是农村土地纠纷引发的矛盾突出。"三农"问题的核心是农民,农民问题的核心是权益,而农民最大的权益是土地权益。我国从1996年至2003年8年内减少耕地1亿亩,农村矛盾由税费问题变为土地纠纷,并位居"三农"问题之首,成为当今农村社会矛盾和冲突最为集中的地方。① 据某省信访部门统计,2008年全省因土地纠纷引发的农民信访数占信访总数的56.5%。当前,农村土地纠纷主要集中在两个方面:一方面是乡镇政府侵犯农民承包经营权、村委会违背民意暗中向外发包土地、土地征收过程中强征强拆或补偿款不到位导致农民失地等类型纠纷;另一方面是农民之间在土地承包经营权流转过程中产生的纠纷。农村土地问题处理不当甚至会引发暴力事件或群体性事件,如四川汉源2004年"10·27"事件、河北定州2005年"6·11"事件等。从2001年至2008年上半年,某省由土地纠纷引发的群体性事件有160起,占全部群体性事件的35.9%。据预测,农村未来10年产生社会矛盾的主要原因是土地纠纷。

　　四是一些村级组织被既得利益者把控。目前,农村一部分基层组织人员和"能人",较村民而言,拥有更多的政治、经济、文化等资源,形成了农村新的经济团伙,为实现其更大的目的,千方百计掌控村级组织(公务员制度使这部分人失去了跻身乡镇以上权力部门的可能),在村民选举中,采取请吃喝等手段拉票、贿选,破坏民主选举程序,把不合格的人选为村干部。拥有相当公权力的村委会、村民小组(经济社)便成为少数人合法敛财致富的工具和矛盾纠纷的滋生源。据某地调查显示,集体上访和群体性事件背后几乎都有基层组织人员组织、教唆和煽动。在村务管理和决策中,主要表现为不召开村民大会、村务不公开、村级财务管理混乱、任意处置集体资产等,使村民自治变成"村委会极少数人的自治",极大地损害了农民群众利益。2008年1月至10月,全国检察机关共立案侦查涉农职务犯罪案件10752人,查办农村基层组织人员4613人,占42.9%,其中村支部书记1615人,村委会主任1037人。② 2007年以来,某省检察机关共依法立案查处涉农职务犯罪案件284件363人,其中农村基层组织人员136件205人,分别占47.8%和56.4%。涉案领域主要集中在农村基础设施建设、拆迁改造、土地征用开发、支农惠农资金管理、农村社会保障和救灾、优抚等专项款物管理等领域和环节。同一般的经

---

　　① 于建嵘:《农村土地纠纷取代税费争议居"三农"问题首位》,载《瞭望东方周刊》2004年9月。

　　② 隋笑飞:《今年前十个月全国检察机关查办涉农职务犯罪超万人》,载 http://news. qq. com/a/20081203/002756. htm,访问时间:2009年4月3日。

济犯罪相比，农村基层组织人员职务犯罪直接侵害农民群众利益，严重影响国家"三农"政策的贯彻落实，破坏党群关系，妨碍农村改革发展，危害党的执政地位。

我国农村矛盾问题的增多，极大地损害了广大农民群众的合法权益，危害了农村社会的和谐稳定，制约了农村经济社会发展。如本书第六章指出的那样，出现这些问题的重要原因之一就是基层国家公权力缺乏有效监督制约，乱作为、不作为现象严重，以致人民群众反映的问题长期得不到有效解决，导致矛盾淤积，甚至上交。① 发展完善农村检察制度，加强涉农法律监督工作，有利于加强对农村基层组织和执法机关的权力监督和制约，确保农村国家权力正确运行，督促其及时、依法处理农民群众诉求，减少不作为、乱作为现象，纠正违法行为，巩固和加强基层政权。

三、广大农民群众的新需求新期待是发展完善农村检察制度的根本动力

改革开放 30 多年来，伴随农村社会深层次的变革，从农民的权利结构到经济模式再到农民的思想意识都在悄然转变。各种摩擦、碰撞随之不断产生，形成了纷繁复杂的矛盾，这些矛盾引发的纠纷除了一些固有的特点外，还出现了许多新情况新特点：一是主体日益多元化，以前的纠纷多是在公民与公民之间发生，现在则出现了许多公民与法人、法人与法人之间的纠纷，有时还涉及村委会等集体组织和基层政权。如土地纠纷多涉及乡镇政权、村委会和企业。二是纠纷类型的多样化，以前的纠纷大多是婚姻纠纷、家庭纠纷、邻里纠纷以及土地纠纷等，而现在纠纷类型日益扩张，越来越多的现代化纠纷出现，如农村土地承包合同纠纷、土地征用纠纷、种植合同纠纷、建设施工合同纠纷等。三是纠纷争执的动因发生了变化，以前的纠纷掺杂的感情因素比较多，多是因为"咽不下一口气"，而现在的纠纷多是利益之争，比较注重经济利益。与此相对应，农民群众的司法需求日益增加，从数量上来看，"随着中国农村经济

---

① 当前发生的群体性事件很多都是由此引起，如近期发生的海南东方感城镇群体性事件表面上看是两个村子的长期积怨，实际上关键因素恰恰是基层政权组织，如村、镇级组织和治安管理部门长期的不作为、乱作为，贵州瓮安群体性事件也是如此。贵州有关领导对瓮安群体性事件作这样的总结：治安状况差、群众缺乏安全感；各种社会矛盾交织，部分群众合法权益得不到诉求，心有怨气；少数干部党性丧失，缺乏危机意识，难树正气；一些部门和干部作风不扎实，不敢面对群众。徐经胜：《偶然事件何以演变成群体事件》，载《大众日报》2009 年 3 月 30 日。

的发展，这种潜在的需求有可能逐步转化为一个现实的需求，尽管自1999年以来全国的民事诉讼案件数量在逐渐下降。鉴于当今中国的农村人口数量大约占了全国人口的60%，因此，从量上看，中国社会对司法的需求也至少有一半来自农村。"从性质上看，"随着中国现代化的进程，中国农村最常见的纠纷已经不再是家长里短、婆媳纠纷。一个有关西部农村法律援助的研究发现，绝大多数农村法律援助案件都是因交通肇事、产品责任引发的侵权诉讼"。①农民群众的司法需求，急需司法机关予以回应，满足农民群众日益增长的需求和期待。

这一判断也契合海南省检察机关在调研中得出的结论。如本书第七章所述，2008年海南省检察院在检察机关服务海南经济社会发展大局的调研中得知，当前农民群众的需求主要体现为盼社会治安好，生活有安全感；盼加大惩治腐败力度，特别是涉及民生领域的腐败犯罪；盼送法下乡；盼能够维护农民合法权益；盼能够保障和实现司法公正；盼方便群众举报、控告、申诉。虽然广大农民群众存在强烈的司法需求和期待，但是在现实中，由于农村检察工作尚处于探索阶段，农村检察工作机构不健全，检察机关还没有完全建立与广大农村、农民群众沟通、联系的制度性机制。面对广大农民群众强烈的涉检需求，应该加快健全完善农村检察工作制度。

四、各级检察机关对农村检察工作的高度重视是农村检察制度发展完善的实践根基

现阶段我国农村经济社会发展的基本特点、农村存在的突出问题、农民群众的新要求新期待和党中央对农村检察工作的部署要求等，都要求检察机关积极做好农村检察工作，促进农村检察工作健康快速发展。

一是最高人民检察院高度重视。2010年，最高人民检察院在总结各地检察机关在新形势下探索农村检察工作经验的基础上，下发了《关于进一步加强和规范检察机关延伸法律监督触角促进检力下沉工作的指导意见》（以下简称《意见》），就农村检察工作机构设置的一般原则、职能、人员等作出了明确规定。根据《意见》，延伸法律监督触角、促进检力下沉，应结合实际、突出重点、加强规范、逐步统一职责任务。要重点在以下七个方面的工作职责内发挥应有作用：接受群众举报、控告、申诉，接待群众来访；发现、受理职务

---

① 朱苏力：《中国农村对法治的需求与司法制度的回应——从金桂兰法官切入》，载《法律社会学研究》2007年第2期。

犯罪案件线索；开展职务犯罪预防；受理、发现执法不严、司法不公问题，对诉讼中的违法问题依法进行法律监督；开展法治宣传，化解社会矛盾，参与社会治安综合治理和平安创建；监督并配合开展社区矫正工作，参与并促进社会管理创新；派出院交办的其他事项。《意见》指出，在新形势下开展农村检察工作，"既要总结和发扬实践的成功经验，又要汲取和借鉴以往的教训；既不能因噎废食，又不能一哄而上；既要在改革中发展，逐步实现统一规范，又要根据各地经济社会发展实际具体对待，不搞'一刀切'。要坚持解放思想，实事求是，与时俱进，通过延伸法律监督触角，为加强基层检察工作、推进三项重点工作落实，提供坚强的组织保障。要边探索、边总结、边规范、边完善，切实做到积极探索、加强规范、不断推进"。《意见》强调，延伸法律监督触角、促进检力下沉，必须坚持依法进行和强化职能的基本原则，做到在检察机关职权范围内配置职责任务，制定工作规范，确保各项执法活动、每个执法环节都能有章可循。要正确处理履行职能与服务改革发展的关系，把履行职能作为服务工作的立足点和切入点，通过依法正确履行法律监督职能，为基层改革发展提供司法保障。《意见》要求，逐步规范延伸法律监督触角、促进检力下沉的组织形式。要继续坚持因地制宜、多措并举。向基层延伸法律监督触角，必须因地制宜、量力而行，要充分考虑基层检察机关现有人力、物力、财力和基层当前的执法环境、群众认可程度等多方面因素，实事求是，逐步推进。《意见》强调，要加强和规范派出检察室建设，"派出检察室的设置布局重点是人口较多、信访总量较大、治安问题突出、辐射功能强的地区，原则上可与人民法院派出法庭对应设置。检察室由基层检察院派出，其名称可统一为'××人民检察院派驻××（驻在地名称）检察室'。检察室的设立、更名和撤销，应报省级检察院审批。要加强检察室队伍建设，严禁从社会上聘请人员行使检察权。检察室不得自行处理信访举报案件线索。"曹建明检察长高度关注农村检察工作的进展，他在甘肃、宁夏、陕西、海南等地调研时，对农村检察工作作出了具体要求和部署："各级检察机关要高度重视对'三农'问题的了解和研究，不断改进涉农检察工作，创新涉农检察工作方式，真正做到解放思想、实事求是、与时俱进，积极探索加强涉农检察工作的有效举措，实现检察工作重心下移，把法律监督的触角延伸到广大农村，更好地服务社会主义新农村建设。"他在海南调研时也对海南检察机关设置派驻乡镇检察室的探索给予充分肯定。曹建明检察长在十一届人大三次、四次、五次会议上所作的《最高人民检察院工作报告》中都对设置派驻乡镇检察室给予了充分肯定。

二是各地检察机关积极探索农村检察工作新机制。理论来源于实践，实践反过来又进一步促进理论的创新发展。农村检察制度既有来自人民检察院成立以来所形成的丰富历史经验，又有新时期的积极探索。当前，主要是来自全国各地检察机关根据我国农村经济社会发展的新形势和广大农民群众的新需求新期待，及时调整基层检察工作方向，整合内部资源，形成的一些农村检察工作的做法和经验，如海南省人民检察院开展了基层检察工作重心下移、检力下沉，设置派驻乡镇检察室的试点工作。通过设置派驻乡镇检察室，加强了对农村公权力的监督制约，在惩治和预防农村职务犯罪、化解矛盾纠纷、促进社会管理创新等方面取得了很好的效果，受到了党委、政府和人民群众的充分肯定，也进一步丰富了农村检察制度的探索，为农村检察制度在新时期的进一步完善和发展提供了实践上的支持。江苏、浙江、江西、山西、广西、湖北、内蒙古、宁夏、山西、上海、北京、天津等省、直辖市、自治区检察机关也在积极探索新时期做好农村检察工作的方式和途径，建立派驻社区、街道检察室、检察工作联络站、联系点等制度，推动了农村检察工作的创新发展。

三是农村检察制度理论研究不断推进。先进的实践离不开理论的指导。如何完善农村检察制度的理论体系，关系到对农村检察制度的价值和意义的认识，关系到农村检察制度的生存和发展，是一个十分重要的理论课题。当前，检察理论对农村检察制度的重视和关注主要体现在以下两个方面：一是体现在对"农村检察制度"这一命题的重视和探索中。立足于完善和发展中国特色社会主义检察制度，从纷繁复杂的农村检察工作实践和历史经验中，结合实际，抽象出了"农村检察制度"这一命题并从理论上加以探索，其本身就是中国特色社会主义检察制度理论体系的创新、发展和完善。二是体现在理论界和实务界对"法律监督向农村延伸"这一命题的重视和探索中。2009年7月初，海南省人民检察院联合《检察日报社》、《人民检察》杂志社联合举办了"法律监督向农村延伸的理论价值与实践探索"理论研讨会，就法律监督向广大农村延伸的理论和实践问题进行了专门探讨。当然，要促进农村检察制度的创新发展，还需要进一步拓展这一命题所涵盖的内容、精神实质和实现路径，真正把源于我国检察实践、体现法律监督特色的农村检察制度发扬光大，形成系统的理论体系。

第三节　中国特色社会主义农村检察制度的改革

我国检察制度的发展有一个重要特点，就是始终贯穿改革创新的精神。无论是人民检察制度创建初期，还是1978年检察机关恢复重建以后，检察制度的创新发展都是通过不同程度的检察改革得以推进和实现的，检察制度和检察工作中改革的步伐从未停止过。改革对中国检察制度的建立和发展具有特别的意义。原因是多方面的：一是历史渊源上的原因，即中国特色社会主义检察制度是通过移植苏联检察制度，结合我国国情，在实践中不断总结修改、完善后形成的，在形成过程中有一个适应、修改和定型的过程；二是 30 多年来我国经济社会快速发展带来的社会转型，使得作为上层建筑的检察制度必须不断修正以适应经济基础发展的需要。农村检察制度的改革是其自身发展完善和适应我国农村经济社会发展、服务社会主义新农村建设的必由之路。

虽然我国农村检察制度的最早起源可以追溯到苏维埃共和国时期，在人民检察制度生成、发展的各个阶段都有其身影，但是我国农村检察制度作为一项体现中国特色社会主义检察制度特色的制度体系，还缺乏一整套完整的理论体系和成熟的工作制度，还需要在理论上和实践上不断加强和改进。其不足主要体现在：

一、农村检察制度的理论体系不健全

近年来，我国检察理论研究取得了丰硕成果，检察理论研究的广度、宽度、深度进一步拓展，建立了体系完整、逻辑层次清晰的检察学理论体系，完善了中国特色社会主义检察理论体系。在农村检察工作实践中，我国检察机关也进行了较多的探索和实践，形成了许多有益的经验和好的做法，但是未能从理论上对其进行必要的归纳和总结，尚未上升到理论体系的高度对农村检察制度进行系统的认识。目前，农村检察制度的研究处于非常薄弱的状态，从已有的研究中国特色社会主义检察制度的著作和研究来看，没有专家学者将农村检察工作的方法、方式、途径等纳入研究范畴，对曾经在中国检察制度史上出现、今天依然在检察实践中发挥作用的农村检察工作形式，如工农通讯员、检察工作队（组）等缺乏应有的重视和认识，对蕴含其中的理论价值和实践意义重视不够，没有从理论层面揭示其制度的历史沿革、理论价值和实践价值。缺乏支撑农村检察制度的理论体系，使有关农村检察制度的相关实践探索充满争议，褒贬不一，在一定程度上给检察实践造成了困惑。因此，发展和完善农村检察制度，首要的任务是完善其理论体系，将其作为中国特色社会主义检察制度的重要一环来认识农村检察制度的重大价值和意义，将其纳入整个中国特色社会主义检察制度体系中来完善和提高。唯有如此，才能真正使农村检察制度找到立足之地，才能推动中国特色社会主义检察制度的不断发展和完善。只有将这些体现中国检察制度特色的农村检察制度放在中国国情的背景下才能体现其价值，证明其存在的意义，彰显其独有的魅力。如果机械地套用西方法学理论，任何一项司法改革都要向西方司法制度和法学理论寻求其合理性论据的话，那么，显然是无法在西方找到任何有关农村检察制度的只言片语的。以对派驻乡镇检察室的研究为例，当前我国检察理论研究存在两种需要改变的倾向：一是重宏观轻微观的倾向。"从中国目前的法学研究现状来看，大量学者的研究都更着重规范性的法律研究，也都更侧重于研究城市工商业发展的需要，司法制度的研究也基本是以现代都市生活为背景的，例如抗辩制的研究、庭审方式改革等等"。① 检察理论研究也是如此，"从 30 年检察理论研究的发展历程看，广大检察理论研究人员坚持以检察制度中的重大理论问题和社会主义法制建设中涉及检察工作的重大现实问题作为研究的主要方向"。② 或许，派驻乡镇检察室因其太小、太不起眼，而为大多数学者所"不屑一顾"。二是重逻辑轻经验的倾向。我国目前的检察学理论研究主要以抽象分析和逻辑演绎为主，从理论到理论的研究进路容易走上抽象研究和逻辑演绎的固有弊端，即脱离实际，且对检察实践缺乏应有的指导作用。列宁在《哲学笔记》中指出："逻辑和认识论应当从'全部自然生活和精神生活的发展'中引申出来。"检察理论研究也应该如此，必须根源于检察实践，从检察实践出发提炼出检察理论，进而指引检察实践的发展。派驻乡镇检察室作为曾经和当下在中国检察实践中出现的、且在世界检察制度上独一无二的一项农村检察制度探索实践，理应得到检察理论界更多的重视和注意，然而，事实上，农村检察工作的理念、制度、工作方式方法并没有在理论上得到应有的重视。

　　产生上述问题的原因，从浅层次上来看，是我国检察理论研究发展的水平有待提高。虽然我国检察理论研究在检察机关恢复重建 30 多年来取得了非常巨大的成绩，但是与日益发展的检察事业之间仍存一定的差距，研究深度和广度滞后于日新月异的检察事业。近年来，我国检察理论研究发展迅速，人民检察制度史的研究也取得了显著成绩，但是并没有对农村检察工作的一些成功经验进行总结，也没有对失败的经验教训进行反思。还是以派驻乡镇检察室为例，作为检察制度的历史性描述的检察制度史，派驻乡镇检察室不管作为成功的经验还是失败的教训理应在人民检察制度史上有一席之地，而不应是空白，为今后的检察工作提供可资参考的经验和教训。③ 这种在理论研究上忽视农村检察工作制度研究的情况正在不断改变。2010 年 4 月 25 日，曹建明检察长在第十一届全国检察理论研究年会上的讲话中指出，"亟须加强对检察实践经验

① 朱苏力：《也许正在发生——转型时期的中国法学》序言，法律出版社 2004 年版。
② 陈国庆：《检察理论研究三十年》，载《国家检察官学院学报》2008 年第 4 期。
③ 刘方：《检察制度史纲》，法律出版社 2007 年版。

的理论概括。对实践中行之有效的经验及时进行提炼总结和归纳概括，既是检察理论研究的重要方法，也是检察理论研究的重要任务。当前，各级检察机关为强化法律监督，维护社会和谐稳定和公平正义，探索了许多新的措施。特别是……探索设立乡镇检察室、检察联络站、聘请检察联络员和巡回检察等新形式，把法律监督触角延伸到基层；创造了不少好经验、好做法。对这些经验、做法，如何从理论上加以概括和升华，特别是有些经验做法既有过去的经验教训，也有今天的创新发展，如何正确认识和科学判断，大有文章可做。"①一些新出版的检察制度史权威性著作开始注意研究诸如"检察通讯员"、"轻骑队"等工作制度，为农村检察制度的历史性研究开了一个好头。②

二、农村检察制度的实践探索还有待进一步加强

　　理论上研究的不足，给实践探索带来许多困惑，甚至偏差。虽然全国各地检察机关在开展农村检察工作实践中进行了许多卓有成效的探索，但是这些探索不同程度上存在重形式、轻实质等问题，主要表现为，一些检察机关在探索农村检察方式方法时，对一些影响农村检察工作顺利开展的关键性、实质性的问题探索得不够，如职能定位问题，即农村检察制度主要承担什么职能？如果职责不清、范围不明，就无法正常、有序地开展工作，而且职能必须围绕检察机关作为法律监督机关的定位来展开，否则就逾越了检察机关的职责范围，同时，又必须充分考虑现实条件的种种制约，在基层检察机关本来就人少案多的情况下，如何发挥作用？诸如此类问题，必须要综合考量，结合实际，准确定位，才能发挥农村检察制度的作用。又如工作机制问题，缺乏有效管用的长效工作机制，农村检察制度就没有生命力，就不会持续健康发展。应该进一步加强这些关系农村检察制度长远的实践探索，为总结农村检察工作经验、提炼农村检察工作理论打下坚实基础。

三、农村检察工作与人民法庭、公安派出所等政法机关的农村工作相比还存在一定差距

　　一是法律地位不明确。全国人大常委会通过的《公安派出所组织条例》

---

　　①　曹建明：《努力以检察理论创新推动检察事业创新发展》，载《检察日报》2010 年 5 月 4 日，第 1 版。

　　②　孙谦主编：《人民检察制度的历史变迁》，中国检察出版社 2009 年版。

规定："为了加强社会治安，维护公共秩序，保护公共财产，保障公民权利，市、县公安局可以在辖区内设立公安派出所。公安派出所是市、县公安局管理治安工作的派出机关。"《人民法院组织法》规定："基层人民法院根据地区、人口和案件情况可以设立若干人民法庭。"而检察机关加强农村检察制度建设，向广大农村延伸法律监督职能，在国家法律层面缺乏设置相关制度性派出机构的依据。检察机关在农村设置类似派出所、人民法庭、司法所等派出机构的唯一依据，是最高人民检察院1993年制定的《人民检察院乡（镇）检察室工作条例》，相比而言，没有人民法庭和派出所的法律地位明确，依据的效力等级低，检察机关只能根据最高人民检察院颁布的内部文件探索性地开展工作，机构设立及工作职能均缺少法律依据，导致检察机关改革和完善农村检察制度面临困难，缺乏"阵地"和"触角"。

二是职能定位不清晰。作为基层司法派出机构，人民法庭具有明确的裁判职能，《人民法院组织法》规定："人民法庭是基层人民法院的组成部分，它的判决和裁定就是基层人民法院的判决和裁定。"派出所具有治安、户政管理职能，乡镇司法所也具有人民调解、安置帮教、法制宣传职能。这些派出机构在扎根基层、面向群众的同时，都具有十分独特而清晰的职能定位，能够直接服务于乡镇基层发展大局，具有上级机关无法取代的优势，更容易得到当地党委政府的支持。而农村检察工作缺乏相关的机构载体，即使一些省检察机关在加强农村检察工作的探索中，尝试设置了一些农村检察工作机构，但是全国各地的做法不一、职能定位缺乏统一性，有的甚至逾越法律监督职能，造成了负面影响。

三是保障机制不健全。检察机关加强农村检察制度建设，设置类似派出所、人民法庭、司法所等派出机构缺乏相应的保障机制。基层派出所、人民法庭和司法所的经费、编制得到中央的明确支持。2004年至2008年，仅中央财政就拨付74亿元专项资金用于中西部地区"两所一庭"用房建设。而检察机关设置的派驻农村组织机构，缺乏中央财政的支持和保障，依赖地方党委政府的认同和支持，取决于各地检察机关在地方党委政府中的位置，各地差异明显，不利于农村检察制度的统一、均衡发展。

第四节　中国特色社会主义农村检察制度的发展与完善

如前所述，改革开放30多年来，农村市场经济的快速发展改变了农村社会的经济生产形态和社会形态，农村出现了新型社会纠纷，也产生了与市场经济相适应的治理结构、社会管理方式，需要加强对公权力的监督制约，而我国农村检察制度在理论研究、实践探索和立法保障等方面均存在一定的不足，因此，改革完善农村检察制度十分必要。

一、我国农村检察制度发展和完善的观念需求

农村检察制度是中国特殊国情与广大农民群众需要相结合的产物，是中国特色社会主义检察制度回应我国农村改革发展中出现的问题的产物。发展和完善农村检察制度，除要坚持农村检察制度的基础理论和基本原则外，还需要在观念上强化实践观念和群众路线观念。法律不是空洞的概念，它源于社会实践，是社会生活的需求和反映。我国农村检察制度的产生、发展和完善来源于广大农民群众对检察机关法律监督的需求，农村经济社会发展过程中产生的种种问题需要运用法律监督权去解决。农村检察工作是检察机关在长期的检察实践中总结、摸索出来的工作方式方法，经提炼到理论层面形成的独具特色的检察工作制度。在发展和完善这一制度时，也应该以实践为基础，坚持从实践中来、到实践中去的道路，始终以在实际工作中是否需要、是否能发挥作用、是否为农民群众需要为指导，走理论联系实际的道路，探索和总结农村检察工作的原则和规律。只有这样，农村检察制度才能不断发展完善，并能获得久远的生命力。群众观念是马克思主义政党的基本政治观点，牢固树立和不断强化群众观念，是我们党的优良传统和政治优势，是始终保持党的先进性的基本内容和衡量标准。农村检察制度是群众路线在检察工作中的体现和反映。发展和完善农村检察制度，需要继续发扬党的群众路线，继续把群众路线与检察专门工作结合起来，以能不能使人民群众满意、能不能满足人民群众的新需求新期待为标准，来改革完善农村检察制度，使之与人民群众的需求和期待相符，切实保护人民群众的合法权益。

二、我国农村检察制度发展和完善的目标

检察制度发展和完善的目标可以用"强化法律监督，维护公平正义"来概括。具体而言，农村检察制度发展和完善的目标包括：

一是满足广大农民群众对涉检问题的司法需求。胡锦涛同志在同全国政法工作会议代表和全国大法官、大检察官座谈时强调，政法工作要"全面把握我国发展的新要求和人民群众的新期待"，"维护人民权益，是党的根本宗旨

的要求，也是做好政法工作的目的。政法工作搞得好不好，最终要看人民满意不满意。要坚持以人为本，坚持执法为民，坚持司法公正，把维护好人民权益作为政法工作的根本出发点和落脚点，着力解决人民最关心、最直接、最现实的利益问题，为人民安居乐业提供更加有力的法治保障和法律服务。"伴随着我国农村经济社会发展和农民群众物质文化生活水平的不断提高，广大农民群众对检察工作提出了一系列新要求新期待。不仅要求保护人身财产安全，还期待保护社会政治权力；不仅要求对社会政治生活的知情权，还期待对社会政治生活的参与权；不仅要求执法公正，还期待执法公开透明；不仅要求社会平安，还期待社会和谐；不仅要求提供社会服务，还期待社会服务态度热情、优质高效，等等。检察机关要把不断满足人民群众的新要求新期待作为加强和改进检察工作的切入点、着力点，作为全面发展和完善农村检察制度的目标和追求，全面提升工作标准和服务水平，重视维护群众的切身利益，善于运用法律手段保障全体人民共享改革发展的成果；尊重当事人的合法权益，在执法办案中加强辨法析理，做好情绪疏导工作；尊重群众意愿，在执法办案、社会管理、法律服务等方面，不断推出便民利民措施，满腔热情地为群众服务。

二是维护公平正义。公平正义的朴素含义包括惩恶扬善、是非分明、处理公道、态度公允等内容，作为法治理念的公平正义是指社会成员能够按照法律规定的方式公平地实现权利和义务，并受到法律的保护。公平正义是社会主义法治理念的基本价值取向，是人类文明进步的重要标志，是社会主义和谐社会的关键环节。农村检察制度改革发展的最终目标是为了维护广大农民群众的合法权益，实现公平正义，通过进一步健全农村检察工作方式，监督制约公权力的依法正确行使，畅通农民诉求渠道，化解矛盾纠纷等，保护农民合法权益，实现公平正义。

三、农村检察制度的改革路径

我国农村检察制度改革必须立足于中国国情，在注意借鉴和吸收一切人类文明的精华的前提下，对我国现行农村检察体制进行改革和完善。农村检察制度是权力监督制约理论和检察工作的人民性的统一，坚持遵循司法一般规律和党的群众工作路线原则。农村检察制度的改革也应在此基础上，从理论、实践和立法等环节共同推动农村检察制度的完善。

（一）进一步加强对农村检察制度的理论研究，提高对农村检察制度的理论认识

要充分认识农村检察制度的重要性，就必须加强对这一问题的研究和探索，从理论上提高对农村检察制度的认识。一是可以将其纳入中国特色社会主义检察制度理论体系中加以认识和研究，充分挖掘其对证成中国特色社会主义检察制度特色的重要价值。中国特色社会主义检察制度的特色是一个内涵十分丰富、不断发展创新的命题，也是一个关系到我国现行检察制度能否持续健康发展的极为重要的命题，需要我们不断总结研究检察实践的本土性的创新做法和经验，拓展中国特色社会主义检察制度的内涵，丰富其内容，增强中国特色社会主义检察制度的说服力。这要求我们对诸如农村检察制度之类的带有我国社会主义特色的制度，更加关注，认真研究，促进中国特色社会主义检察制度不断健全和完善。二是可以将其纳入中国检察学理论体系研究范畴。检察机关恢复重建30多年来，特别是近年来，我国检察学研究发展迅速，学术界和实务界对检察学的理论体系、范畴体系、学科体系等进行了卓有成效的研究，初步形成了中国特色社会主义检察理论体系。处在迅速发展期的中国检察学研究应该将农村检察制度纳入其中，从中开掘出能够体现中国特色、符合中国国情、有利于检察理论和实践发展进步的理论因子，以推动中国特色社会主义检察理论体系的不断完善。理论上的完善和成熟最终会投射到实践中，推动实践的不断发展。农村检察制度理论研究的完善和成熟，也将更好地发挥理论指导实践的作用，推动农村检察工作发展，满足广大农民群众的司法需求。

（二）进一步加强对农村检察制度的实践探索和统筹指导

农村检察制度的发展历史告诉我们，农村检察工作没有现成的理论和工作模式可循，也没有其他国家的"先进"理论和经验可供借鉴，其本身是产生于中国、符合中国国情的"本土法治资源"，来源于中国特色社会主义检察制度的鲜活实践，需要检察机关在实践中不断探索和总结。改革和完善农村检察制度也是如此，必须重视实践探索。虽然我国农村检察制度还存在这样那样的问题，但只要积极鼓励和大力支持对农村检察工作各种有益的探索和尝试，从实践中摸索、总结和提炼农村检察工作的方式方法、实现途径、载体平台、工作模式等，结合现代法治理念，不断用新的经验和成效完善、充实农村检察制度，农村检察制度就能日益完善，愈发系统，走向成熟。如前所述，目前全国各地检察机关都在积极探索农村检察工作的方式方法，设置了在职能定位、性质任务、人员构成、管理方式、机构编制、经费来源等方面都不一样的农村检

察工作机构，如检察工作站（室）、检察工作队（组），等等。通过检察实践，有利于检验各种农村检察工作方式、载体平台等是否真正符合广大农村的实际需要，是否真正能服务农村改革发展、保护农民群众利益的需要，以便在今后的工作中不断改进和完善。虽然如此，但还是要对全国各级检察机关的探索予以及时指导，统筹协调，坚持节约和最大限度利用有限的检察资源的原则，有针对性地选择几项农村检察工作制度先行试点。

（三）进一步加强对农村检察制度的职能定位研究

农村检察制度能否具有强大生命力，不断创新发展，关键在于能否发挥法律监督应有的职能服务农村经济社会发展，满足广大农民群众的新期待新需求。而这离不开对其职能作用的准确定位。只有准确定位农村检察制度的职能，农村检察制度才能发挥预期作用，否则，将会偏离发展方向，甚至走向反面。派驻乡镇检察室、检察联络员等制度的发展历史也证明了这一点。因此，在新时期推动农村检察工作发展完善，关键要将法律监督权与基层检察院实际、广大农村和农民群众的司法需求结合起来，既要在宪法和法律赋予检察机关的各项职责范围内，又要能够有效、管用地解决农民群众迫切需要解决的问题，确立农村检察制度的职责，使农村检察工作既不逾越宪法和法律赋予检察机关的职权，充分体现检察工作的司法性；又要满足广大农民群众的涉检需求，充分发挥和体现检察工作的人民性，维护广大农民群众的合法权益。

（四）进一步健全农村检察工作机制

建立健全农村检察工作机制是检察机关充分发挥法律监督职能服务"三农"，推动社会主义新农村建设的重要途径，是改变以往农村检察工作缺乏稳定性、可持续性，实现农村检察工作制度化、法治化的必要前提。农村检察工作机制包括农村检察工作运行机制、保障机制和激励机制。健全农村检察工作机制，首先要完善由法律监督调查、查办和预防涉农职务犯罪、参与社会治安综合治理、化解矛盾纠纷、便民利民、民行督促起诉、诉讼监督、配合协调等组成的运行机制，涉及农村检察工作的基础设施建设、队伍建设和经费保障的保障机制，农村检察工作绩效目标考核、干部提拔任用等构成的激励机制，实现制度的无缝隙覆盖和衔接，做到用制度管人、管事，确保农村检察工作的规范化。

（五）推动相关立法，为农村检察制度创新发展提供法律保障

目前，全国各地检察机关虽然对农村检察工作进行了许多有益的尝试，总结了一定的经验，也取得了很好的政治效果、社会效果和法律效果，受到了各级党委、人大、政府和人民群众的肯定和欢迎，但是我国至今尚未制定有关农村检察制度的法律，最高人民检察院制定的司法解释也是多年未经修改，严重滞后于当前我国农村经济社会发展和检察工作实际，内容陈旧老化，缺乏系统性和统一性。如果没有国家立法对这些已经取得良好成效的做法和制度予以确认的话，农村检察工作就无法用稳定的、制度性的方法固定下来，极有可能迈上随领导人意志和兴趣变化而变化的道路，不利于农村检察工作的进一步发展。因此，检察机关对农村检察工作的有益探索和经验，需要及时上升为国家法律，用法律的形式予以固定，改变过去农村检察工作中的一些制度和措施经常反复的问题。如在《人民检察院组织法》修改时，可以用专门章节规定农村检察工作的组织形式、设置原则、工作方式，对农村检察制度作出全面、系统、统一的规定；也可以选择几种已经得到实践检验的农村检察工作形式进行具体规定，如派驻乡镇检察室，有步骤地推进农村检察制度的健康发展。2012年全国"两会"，海南省代表团以全团名义向十一届全国人大五次会议提交了修改《中华人民共和国人民检察院组织法》第2条的议案，该议案建议全国人大常委会组织最高人民检察院尽快修改人民检察院组织法，就设置派驻基层检察室作出法律规定，在第2条增设一款："基层人民检察院根据工作需要，可以在街道、乡镇、社区等区域设置若干派驻基层检察室。派驻基层检察室是基层人民检察院的组成部分。"希望在不久的将来，《人民检察院组织法》能够对包括海南检察机关设置的派驻乡镇检察室在内的派驻检察室从法律层面上予以正式认可，推动派驻乡镇检察室建设不断走向成熟，实现"职能规划化、机构正规化、运行标准化、队伍专业化、保障现代化"的目标要求，在服务"三农"、维护农民合法权益中发挥更大的作用。

参考文献

一、著作类

1. 《马克思恩格斯选集》第 1、19 卷，人民出版社 1960 年版。

2. 《列宁选集》第 1—4 卷，人民出版社 1995 年版。

3. 《毛泽东选集》第 1—4 卷，人民出版社 1991 年版。

4. 《邓小平文选》第 1—3 卷，人民出版社 1994 年版。

5. 《董必武法学文集》，法律出版社 2001 年版。

6. 彭真：《论社会主义民主与法制建设》，中央文献出版社 1989 年版。

7. 《中国检察年鉴》（1989—2000 年），中国检察出版社。

8. 最高人民检察院研究室编：《检察制度参考资料》（1—3 编），1980 年印行。

9. 费孝通：《乡土中国》，北京三联书店出版社 1985 年版。

10. 张希坡：《中国革命法制史》，中国人民大学出版社 1987 年版。

11. 卢云主编：《法学基础理论》，中国政法大学出版社 1994 年版。

12. 王桂五主编：《中华人民共和国检察制度研究》，中国检察出版社 2008 年版。

13. 王桂五：《王桂五论检察》，中国检察出版社 2008 年版。

14. 《苏维埃检察制度（重要文件）》，中国检察出版社 2008 年版。

15. 闵钐编：《中国检察史资料选编》，中国检察出版社 2008 年版。

16. 何家弘主编：《检察制度比较研究》，中国检察出版社 2008 年版。

17. 曾宪义主编：《检察制度史略》，中国检察出版社 2008 年版。

18. 李士英主编：《当代中国的检察制度》，中国社会科学出版社 1987 年版。

19. 孙谦主编：《中国检察制度论纲》，人民出版社 2004 年版。

20. 孙谦：《检察·理念·制度与改革》，法律出版社 2004 年版。

21. 孙谦主编：《检察理论研究综述》，中国检察出版社 1990 年版。

22. 朱孝清、张智辉主编：《检察学》，中国检察出版社 2010 年版。

23. 张智辉：《检察权研究》，中国检察出版社 2007 年版。

24. 张智辉、杨诚主编：《检察官作用与准则比较研究》，中国检察出版社

2002 年版。

25. 林钰雄：《检察官论》，台北学林文化事业有限公司 1999 年版。

26. 龙宗智：《检察制度教程》，法律出版社 2002 年版。

27. 王同庆：《中国特色检察制度研究》，中南大学出版社 2000 年版。

28. 周其华：《中国检察学》，中国法制出版社 1998 年版。

29. 石少侠：《检察权要论》，中国检察出版社 2007 年版。

30. 甄贞等：《法律监督原论》，法律出版社 2008 年版。

31. 马勇霞主编：《法律监督向农村延伸的理论价值与实践探索》，中国检察出版社 2009 年版。

32. 姜伟主编：《中国检察制度》，北京大学出版社 2009 年版。

33. 邓思清：《检察权研究》，北京大学出版社 2007 年版。

34. 王然冀：《当代中国检察学》，法律出版社 1989 年版。

35. 林海主编：《中央苏区检察史》，中国检察出版社 2001 年版。

36. 金明焕主编：《比较检察制度概论》，中国检察出版社 1991 年版。

37. 李心鉴：《刑事诉讼构造论》，中国政法大学出版社 1996 年版。

38. 韩大元主编：《中国检察制度宪法基础研究》，中国检察出版社 2007 年版。

39. 卞建林：《刑事起诉制度的理论与实践》，中国政法大学出版社 1992 年版。

40. 程荣斌主编：《检察制度的理论与实践》，中国人民大学出版社 1990 年版。

41. 曾宪义主编：《检察制度史略》，中国检察出版社 1990 年版。

42. 陈卫东主编：《检察监督职能论》，群众出版社 1988 年版。

43. 陈瑞华：《刑事审判原理论》，北京大学出版社 1997 年版。

44. 龚祥瑞：《西方国家司法制度》，北京大学出版社 1993 年版。

45. 陈林生：《刑事诉讼法论》，台湾中华书局 1991 年版。

46. 钟海让：《法律监督论》，法律出版社 1993 年版。

47. 鲁明键：《中国司法制度教程》，人民法院出版社 1991 年版。

48. 熊先觉：《中国司法制度新论》，中国法制出版社 1999 年版。

49. 宋冰编：《程序、正义与现代化——外国法学家在华演讲录》，中国政法大学出版社 1998 年版。

50. 朱苏力：《法治及其本土资源》，中国政法大学出版社 1996 年版。

51. 朱苏力：《送法下乡——中国基层司法制度研究》，中国政法大学出版社 2000 年版。

52. 朱苏力：《道路通向城市——转型中国的法治》，法律出版社 2004 年版。

53. 徐勇：《乡村治理与中国政治》，中国社会科学出版社 2003 年版。

54. 徐勇：《中国农村村民自治》，华中师范大学出版社 1998 年版。

55. 徐勇：《中国农村与农民问题前沿研究》，经济科学出版社 2009 年版。

56. 赵树凯：《乡镇治理与政府制度化》，商务印书馆 2010 年版。

57. 吴毅：《村治变迁中的权威与秩序》，中国社会科学出版社 2002 年版。

58. 荣敬本等：《从压力型体制向民主合作体制的转变》，中央编译出版社 1998 年版。

59. 张厚安、徐勇、项继权：《中国农村村级治理》，华中师范大学出版社 2000 年版。

60. 吴理财：《改革与重建——中国乡镇制度研究》，高等教育出版社 2010 年版。

61. ［法］孟德斯鸠：《论法的精神》（上册），张雁深译，商务印书馆 1961 年版。

62. ［美］杜赞奇：《文化、权力与国家》，王福明译，江苏人民出版社 2003 年版。

63. ［美］塞缪尔·亨廷顿：《变革社会的政治秩序》，李盛平等译，华夏出版社 1988 年版。

64. ［美］博登海默：《法理学——法律哲学与法律方法》，邓正来译，中国政法大学出版社 1999 年版。

65. ［美］琼·雅各比：《美国检察官研究》，周叶谦等译，中国检察出版社 1990 年版。

66. ［英］洛克：《政府论》（上、下篇），叶启芳、瞿菊农译，商务印书馆 1964 年版。

67. ［英］李约翰·J. 爱德华兹：《皇家检察官》，周美德等译，中国政法大学出版杜 1991 年版。

68. ［日］伊藤荣树：《日本检察厅法逐条解释》，徐益初等译，中国检察出版社 1990 年版。

69. ［日］法务省刑事局编：《日本检察讲义》，杨磊等译，中国检察出版社 1990 年版。

二、论文类

1. 郑法：《农村改革与公共权力的划分》，载《战略与管理》2000 年第

4 期。

2. 贺雪峰：《二十世纪中国乡村治理的逻辑》，载《中国乡村研究》2007 年第 5 期。

3. 沈延生：《村政的兴衰与重建》，载《战略与管理》1998 年第 6 期。

4. 于建嵘：《乡镇自治：根据与路径》，载《战略与管理》2002 年第 6 期。

5. 于建嵘：《警惕黑恶势力对于农村基层政权的侵入》，载《决策咨询》2003 年第 8 期。

6. 于建嵘：《农村黑恶势力和基层政权退化——湘南调查》，载《战略与管理》2003 年第 5 期。

7. 于建嵘：《农村土地纠纷取代税费争议居"三农"问题首位》，载《瞭望东方周刊》2004 年 9 月。

8. 陈柏峰：《家门口的陌生人——转型期乡村混混群体与农村社会灰色化》，载《转型期中国乡村治理与乡村建设论坛》2007 年。

9. 董磊明、陈柏峰、聂良波：《结构混乱与迎法下乡——河南宋村法律实践的解读》，载《中国社会科学》2008 年第 5 期。

10. 中共湖北省委组织部、湖北省社会经济调查队课题组：《村级管理方式研究》，载《中国农村经济》1997 年第 8 期。

11. 朱苏力：《中国农村对法治的需求与司法制度——从金桂兰法官切入》，载《法律社会学研究》2007 年第 2 期。

12. 孙谦：《人民检察的光辉历程——纪念人民检察院恢复重建 30 周年》（上、下），载《检察日报》2008 年 6 月 1 日、6 月 4 日。

13. 马勇霞：《把法律监督的触角延伸到广大农村》，载《求是》2009 年第 12 期。

14. 马勇霞：《延伸法律监督触角，促进农村社会管理创新》，载《人民检察》2010 年第 16 期。

15. 黄卫国：《检察理论研究视域下的派驻乡镇检察室》，载《中国检察官》2010 年第 3 期。

16. 贾志鸿：《发挥派驻农村检察室的触角功能》，载《人民检察》2009 年第 15 期。

17. 崔跃武：《论基层检察室制度》，载《政治与法律》1988 年第 3 期。

18. 江西省人民检察院：《江西省乡（镇）检察派出机构的现状、问题及对策》，载《中外法学》1992 年第 6 期。

19. 王润范等：《浅谈检察机关派出机构的法律依据、地位、作用及任务》，载《中国刑事法学杂志》1992 年第 9 期。

20. 荣礼瑾：《乡镇检察室——中国检察制度的一项创举》，载《人民检察》1995 年第 3 期。

21. 蒋峰：《试论设置派驻乡镇检察室的紧迫性》，载《中国刑事法杂志》1995 年第 1 期。

22. 张树海：《对乡镇检察室的调查与思考》，载《人民检察》1996 年第 2 期。

23. 段德泉、陈士忠：《浅谈乡镇检察室在维护农村社会稳定中的作用》，载《国家检察官学院学报》1996 年第 8 期。

24. 李兴华：《设立乡镇检察室的几个原则》，载《人民检察》1996 年第 9 期。

25. 王祺国、翟黎明、蒋元清：《检察机关聘请检察助理员的工作探讨》，载《西北政法学院》1987 年第 4 期。

26. 杨康健：《浅析检察助理员的特点与作用》，载《法治论丛》1991 年第 6 期。

27. 鲍荣寿、陆曙光：《开拓检察工作思路的有益尝试——江苏省无锡市聘任检察助理员情况调查》，载《检察理论研究》1992 年第 3 期。

28. 冯志峰：《中国运动式治理的定义及其特征》，载《中共银川市委党校学报》2007 年第 2 期。

29. 冯志峰：《中国运动式治理的成因及改革》，载《唯实》2007 年第 2 期。

后　记

　　"逝者如斯夫，不舍昼夜"。屈指一算，我参加工作已 39 年了。职业生涯中有两次从事检察工作的经历。第一次在 1989 年 8 月，我刚结束在中央党校三年的学习，调任银川市检察院副检察长，1994 年当选检察长，直到 2001 年调到银川市委工作，这一干就是 12 个年头。12 年，是一个生肖循环。记得离开银川市检察院时，我曾感慨地对彼此都依依不舍的干警说："我把人生最美好的年华都奉献给了检察事业！"冥冥之中与检察工作有一种解不开的情缘，2007 年组织上将我从宁夏调到海南，再次从事光荣的检察职业。虽是从北到南、由川入海，但没有感到有空间上的巨大跨越，老兵归队，倍感亲切，由衷地感恩组织。

　　刚到海南时，正值建省二十周年之际，全省上下奋力推进国际旅游岛建设，经济社会发展在新的起点上面临大发展、大飞跃的新机遇，如何更好地为海南经济社会发展提供更加有力的司法保障，是海南检察机关必须回答的重大课题。2008 年 4 月，省检察院党组决定：开展大调研活动，下基层，接地气，察民情，听民意，求良策。院领导带队分赴各地，在调研中发现，虽然检察机关经常开展涉及农村突出问题的专项法律监督工作，但是广大老百姓对法律监督的强烈需求与对检察机关的认知程度形成了强大反差，这深深地触动了干警的心灵。一位副检察长说："与其说我们是在基层干部群众中调查研究，不如说是基层干部群众在对我们进行国情、社情、民情教育。"进入 21 世纪，特别是党的十六大召开以来，党中央和国务院出台了一系列关于农村经济社会发展的政策，强农惠农资金投入不断增加，农村经济活力持续增强，农民生活水平极大提高。但是，在"乡政村治"的农村社会治理模式下，新的矛盾和问题也更加凸显：农村土地矛盾纠纷突出；村级财务管理存在漏洞，经常发生挪用、贪污等现象，强农惠农资金被贪污侵占、套取、截留；农民合法权益受侵害时有发生，群众维护自身利益困难；村委会换届选举问题突出，村"两委"换届往往被四种人操纵，即口袋深的（有钱）、路子广的（有后台）、家族大的（人多）、拳头硬的（恶势力团伙）。而基层政权建设相对薄弱，检察机关在农村没有像公安派出所、人民法庭、司法所那样的机构，法律监督成为

"空白点"，村级自治组织干部缺乏有效监督制约，极少数党员干部与民争利，侵害农民切身利益，严重伤害了群众感情，损害了党群干群关系。得民心者得天下，农村稳则社会稳。老百姓心里盼农村社会治安好，生活有安全感；盼加大惩治腐败力度，坚决查办涉农职务犯罪；盼送法下乡，提供法律服务；盼保护农民合法权益，主持公道；盼基层组织执法公正，伸张正义；盼畅通诉求渠道，方便举报、控告、申诉。

调研带回来的老百姓的迫切期盼和检察干警的强烈感受，好几个月都萦绕在院党组一班人的心里。像我们这些当过知青下过乡的人，对农民群众的期待感同身受，深知农村社会和谐稳定在一个以农业为主、农村人口居多的国度的重要性。农村检察工作是中国特色社会主义检察制度的重要基础，作为人民检察院，如果不能为老百姓撑腰做主，不能依法保护农民群众的根本权益，那么就有愧于"人民"二字，就不配叫"人民检察院"。我们理应有所作为、有所担当！

经反复研究论证，我们提出了基层检察工作重心下移、检力下沉，把法律监督触角延伸到广大农村，设置派驻乡镇检察室的工作思路。通过设置派驻乡镇检察室，健全农村基层政权组织，检察室与公安派出所、人民法庭、司法所构成完整的相互配合、相互制约的依法治理农村社会的工作链条，充分履行法律监督职能，加强对基层组织及其工作人员的监督，确保权力依法规范行使，维护农民群众合法权益，保障农村社会稳定，促进农业经济发展。这一大胆探索创新得到了最高人民检察院、海南省委省政府的高度重视和大力支持。目前，已设置 37 个派驻乡镇检察室，覆盖 500 多万农民群众。实践证明，在广大农村设置派驻乡镇检察室有利于畅通农民群众诉求表达渠道，惩治和预防涉农职务犯罪，有利于健全完善农村基层政权组织的监督制约体系，与党的纪律监督、群众监督、舆论监督有机结合，形成监督合力，有利于促进农村基层组织及其人员依法履职，自觉接受监督制约，勤政廉政，保证党的强农惠农政策落到实处，维护农民群众合法权益，有力促进了农村和谐稳定，巩固了党的执政基础，为完善中国特色社会主义检察制度，加强和改善基层社会治理体系和治理能力现代化拓展了新路径。

2008 年以来，海南检察机关派驻乡镇检察室建设得到了最高人民检察院、省委省政府、全省各级党委政府和广大干部群众的充分肯定，被誉为"农民家门口的检察院"、"枫桥经验的海南样本"。最高人民检察院检察长曹建明对此给予高度评价，认为海南省进行了非常有益的探索，积累了非常好的经验，为全国检察机关进一步加强涉农检察工作树立了非常好的典范。最高人民检察院在海南召开现场会，向全国推广我省的做法经验，中央政法委对其也给予了充分肯定。2012 年，海南省代表团向十一届全国人大五次会议提交了修改《中华人民共和国人民检察院组织法》第 2 条的议案，建议在修改检察院组织法时，可就设置派驻基层检察室增设新的条款，争取进一步明确派驻检察室的法律地位。当前，派驻检察室建设已从海南走向全国，山东、浙江、江苏、上海、重庆等地派驻检察室建设如火如荼，探索出不少新的经验和做法。今年全国"两会"上，曹建明检察长在最高人民检察院工作报告中指出，全国检察机关已在人口集中的乡镇、社区设立派出检察室 2758 个。设置派驻基层检察室成为国家治理体系和治理能力现代化不可或缺的基础性工作。

"大鹏之动，非一羽之轻也；骐骥之速，非一足之力也。"海南省检察机关派驻乡镇检察室建设之所以能够取得这样的成效，得益于最高人民检察院党组和领导的关心支持，曹建明检察长，原检察长贾春旺，党组副书记、常务副检察长胡泽君，原党组副书记、常务副检察长张耕，副检察长朱孝清、孙谦、姜建初、张常韧，纪检组组长莫文秀，原政治部主任李如林，原检察委员会专委童建明等领导亲莅海南视察指导，给予了有力支持。得益于海南省委的高度重视，原省委书记卫留成最早肯定了我们的这一思路，并要求省委政法委研究支持我们的做法；现任省委书记、时任省长罗保铭在百忙之中亲自听取汇报，研究解决派驻乡镇检察室的编制、经费等问题；时任省委政法委书记肖若海多次协调有关部门，解决派驻乡镇检察室建设中的困难和问题。省四套班子多位领导分别视察指导工作，对这个新生事物鼓舞支持、精心呵护。得益于中央党校党建部副主任张志明教授，《求是》杂志社总编室原副主任、编审杨进保等同志不畏辛苦，直接深入乡镇检察室实地调研，与检察室干警同吃同住，随同干警一起走村进户，解决群众诉求，获取大量第一手资料，供我们决策参考；得益于《检察日报》、《海南日报》、《人民日报》海南记者站、《光明日报》海南记者站等媒体的大力支持，帮助我们总结经验、发现问题、改进工作。得益于省检察院党组百折不挠的坚强决心和一任接着一任干的顽强毅力，以及贾志鸿、黄卫国、高海燕、陈马林、冯刚、徐亚辉、李庶成等院领导班子和各级检察院，特别是派驻乡镇检察室广大干警的进取拼搏和担当奉献。还有许许多多关心支持这项工作的领导、同事和朋友，受限于篇幅，不能一一致谢，在此一并表示诚挚的感谢！

在推动派驻检察室建设的过程中，我们有一个格外强烈的体会，那就是基层党委政府，特别是改革发展稳定第一线的干部群众对派驻乡镇检察室的价值和意义的认识往往比检察机关的同志更加深刻、更加到位，他们从健全完善国家基层政权、加强和巩固党的执政地位、维护和实现公平正义、确保国家和社会长治久安的高度来理解这项工作的重要性和必要性，并给予了强有力的支持和保障，推广的速度、效果、作用超出了起初的预期，值得深思。这种现象或许反映了我国社会转型期的一个共性问题，即在推动中国社会民主法治建设的进程中，我们将太多的精力放在了那些看似"文明"、"先进"的域外经验上，习惯用书本得来的西方标准来考量和强调一项制度的合法性，对那些来源于本土的司法实践和实用措施重视不够，对其价值意义挖掘研究不深入，忽视了制度运行的社会环境和广大老百姓的需求。相反，长期奋斗在改革发展稳定基层一线的干部群众，每天都要直面层出不穷的新情况、新矛盾、新问题，在他们看来，一个能够用最低成本解决实际问题的制度才是好的制度，派驻乡镇检察室也许就是如此。看来，如何沟通理论和实践，架通两者之间的桥梁和纽带，还需要一个较长的过程。

由于本书的主题在学术界尚没有得到广泛的研究，没有现有的研究成果可供参考和借鉴，相关资料收集也较为困难，加上本人长期从事实践工作，理论水平有限，积累不足，一些观点仅是抛砖引玉，是一己之见，难免有这样那样的偏颇和错误之处，敬请各位专家学者和同仁批评指正。同时，也希望能够有更多的专家学者关注中国特色社会主义农村检察制度的理论研究，共同推进农村基层的民主法治建设。

本书是海南省哲学社会科学 2009 年规划课题最终研究成果，其出版面世得到海南省社科联的部分经费支持，也得到了中国检察出版社和马力珍编辑的大力支持，感谢他们对本书出版的贡献和努力！

马勇霞

2014 年 4 月于海口南渡江畔